本书编写人员

主　　编：姚文俊　王志红

副 主 编：柳文生　汪重阳

编写人员：牛荣芳　许庆堂　刘金英　刘艳丽
　　　　　杜晓波　张燕燕　范　瑛　郭华君

殷·都·样·板

“主体多元”在殷都

ZHUTI DUOYUAN
ZAI YINDU

主编　姚文俊
执行主编　金耀林

山东文艺出版社

图书在版编目(CIP)数据

“主体多元”在殷都/姚文俊，金耀林主编. —济南：山东文艺出版社，2011.9
(殷都样板)
ISBN 978-7-5329-3591-8

Ⅰ.①主… Ⅱ.①姚… ②金… Ⅲ.①中小学—教学研究 Ⅳ.①G632.0

中国版本图书馆 CIP 数据核字(2011)第 173450 号

主管部门 山东出版集团
集团网址 www.sdpress.com.cn
出版发行 山东文艺出版社
电子邮箱 sdwy@sdpress.com.cn
地　　址 济南市英雄山路 189 号
印　　刷 山东新华印刷厂德州厂
版　　次 2011 年 9 月第 1 版
2011 年 9 月第 1 次印刷
规　　格 开本/170×240 毫米 16 开
印张/21.25 插页/2 千字/335
定　　价 35.00 元

总　序

近几年，河南省安阳市殷都区接连唱响了“基础工程、人才工程、质量工程”的教育三部曲，使全区中小学办学条件极大改善，教育改革全面推进，教育教学质量迅速提升。

第一部曲：基础工程——资源整合，实现了城乡一体化。“调整学校布局，实现规模办学”，让农村孩子也享受到城市孩子一样的优质教育。

2003年2月，时任殷都区区长的李南沉在对所管辖区的农村29所学校进行调研时，当看到一个个村落分布着零星的学校；空荡荡的教室，孤零零的几个学生；破旧的黑板，透风的门窗……“看到这些黑屋、土台、泥孩子，我心里真不是滋味！当时就想我们宁可党政机关不购车，不涨工资，也要改变农村教育现状！”

2004年，在区财政收入仅5600万的基础上，殷都区就敢拿出8000多万搞教育硬件建设，将其中29所农村中小学整合为5所“10年不维修，20年不落后，30年留有发展空间”的高标准的新型农村学校。殷都教育发展第一部曲在河南省乃至全国均产生了较大影响，河南省教育厅厅长蒋笃运在视察之后感慨地说：“你们这都赶上省会学校了！”

第二部曲：人才工程——引进人才，组建高端专家队伍。“引进人才”已被大家解读为破译安阳市殷都区素质教育成功推进的密码。

2007年7月，殷都区被确立为“全国教育改革实验区”。2008年12月，中国教育学会对殷都区进行阶段性验收，并给予高度评价。期间，邀请了谈松华、张民生、陈锁明、肖川等全国著名学者教授，以及魏书生、孙双金、卢志文、窦桂梅、华应龙等10余名在全国具有较大影响的教育专家前来讲学；组建了由中国教育学会会长顾明远、国家总督学顾问陶西平、原教育部基础教育司司长王文湛等19位享誉全国的教育大家组成的“殷都教育改革与发展高端智囊团”；聘请安阳市20位知名中小学教育专家为“殷都区教育发展顾问”。

聘请全国人大代表、中国教育学会小学教育专业委员会理事长、原安阳市人民大道小学校长姚文俊为殷都区教育总顾问；聘请了安阳市政协原副主席、享受国务院政府特殊津贴专家、省政府督学、特级教师金耀林为殷都区教学总顾问；聘请了安阳市名校、安阳市资深校长、原五中校长安世侠为殷都区外国语中学校长；聘请了林州市第二实验小学原校长、河南省教育厅学术技术带头人原绿色为殷都区教体局副局长兼中国小屯教育集团总校校长；聘请了安阳市文峰区教研室原教研员、河南省名师张宏敏为殷都区教体局副局长兼教研室主任……

第三部曲：质量工程——科研引领，全面提升育人质量。融主体教育思想与多元智能理论为一体的主体多元教育思想，是殷都教育发展第三部曲的主旋律。

2009年6月，殷都区委、区政府决定将“少年儿童主体多元发展实验研究”在全区教育系统全面铺开。成立了殷都区教科培中心、成立了姚文俊校长工作室、金耀林名师工作室；成立了以姚文俊先生为首的“主体多元教育实验”领导小组。

2009年10月，成立了“主体多元教育实验”讲师团和报告团；成立了“主体多元教育实验”专题论坛；开辟了“主体多元教育实验”网络专版；构建了由实验学校和专家为主体的“推广分包网络”，传、帮、带、扶，辐射全区每个学校。

2009年12月，殷都区提出“打造主体多元高效课堂”的目标。前面的理论学习只是第三部曲的前奏，课堂是教学的主阵地、是课改的主战场，打造殷都特色主体多元高效课堂是全面铺开主体多元教育实验的突破口。为此，殷都区委、区政府作出决定：从今年伊始，我区与中国教师报名校共同体正式合作，进入全面推进“主体多元教育，打造高效课堂”的培训和实施阶段。

在这里，我们不能不提殷都区委书记李南沉，人称“课改书记”。在他任职的殷都区，课改成为最大的政治。他常说，教育改革不只是教育内部的事，要上升为全区意志。他让区委常委、组织部长分管教育，并公开说，谁不课改，立马拿下！他并不是像其他重视教育的官员一样，只是给教育“拨款”。他对教育的重视突破了“行政领导”“物质支持”的局限，而达到了“思想领导”“精神指导”的境界。为了让全区教育工作者更加理解并领会这次教改，他特意向大家推荐了四本书——杜威的《民主主义与教育》、卢梭的《爱弥尔》、袁贵仁的《马克思的人学思想》和拉伯雷的《巨人传》，之后又陆续推荐了《窗边的小豆豆》和电影《三个傻瓜》。在全区教育经典名著阅读研讨会上，他带头畅谈了自己的读后感：“现在，我们从学校开始，来一场彻底的思想革命、体制革命、心灵革命，培养一代新人、一代巨人……我们要有一种气概，打不开保守的大门，就把房顶掀掉！”对于“育人标准”，他的一贯理念是：允许孩子各个方向的发展，长成参天大树是有用人才，长成低矮的苹果树、梨树也是我们所需要的。对于“高效课堂”，他反复告诫：把学习知识的效率作为高效课堂的最高追求是一种伪高效。只追求知识接受，只追求成绩高低的教育是应试教育。高效课堂的本质是让学生愿意学习、学会学习的同时形成自学能力和自我发展能力，是为学生走向社会奠定一生幸福的基础。打个比喻，穷人关注的是如何吃饱，富人关注的是如何吃好、吃得更合理。我们称应试教育为“穷人教育”，关注的仅仅是分数高低，而素质教育应被称为“富人教育”，分数已经成为高效课堂的副产品，不存在吃不饱的问题，而是如何吃好的问题，不存在分数上不去的问题，只是分数高的同时全面发展的问题。

“教育改革拓展到哪里，政府支持就延伸到哪里。”殷都区委副书记、区长张建国的话掷地有声。

殷都区的区域整体推进课改不再是教育内部的事，而是上升为全区的意志。

在这里，我们更要提到的是中国教育学会小学教育专业委员会理事长、原安阳市人民大道小学校长姚文俊。主体多元教育是他在实践中总结出来的一项重要成果，是融主体教育和多元智能理论为一体的新的理论体系。他说：“主体教育是一种发展学生主体性即自主性、主动性和创造性的实践活动，是培养学生的一种内在精神。智能教育是一种面对有差异的学生创造适合每个学生发展的教育，即开发学生多元智慧潜能的实践活动。主体多元发展教育就是把激活的主体性这种内在精神作用于学生智慧潜能的长项，使人人都成为最佳的我。”他又说：“‘主体多元’不仅要成为殷都教育人的语言符号，更要注入血液、融入心灵，真正转化为相应的教育教学行为。”他的“以学生发展为中心，既要诚心诚意地让学生做主人，又要进行严肃严格的基本训练，围绕知识与能力，过程与方法，情感、态度、价值观的三维目标，坚持学生主动、教师主导、问题主线、活动主轴的教学原则，培养学生的自尊自信、自主学习、小组合作、动手实践、探究创新”的教育主张已成为殷都教师所追求的目标。我们“主体多元”的“主体”就是教育要以学生而不是以老师为主体；“多元”就是促进学生个性发展，评价孩子要多一把尺子，不能唯分数论。目的在于调动学生学习的自主性、主动性和创造性，让学习成为学生的一种内在精神需求，不仅愿意学，而且会学；不仅学习课本知识，而且学习课本以外的知识，懂得知识是怎样来的；不仅学习知识，而且获得学习知识的能力。这是一种对传统教育的颠覆，是一种从思维到行为的质的变化。按照这一理论，他提出：以高效课堂为突破口，把构建发展性教学系统作为实施主体多元教育实践的主要抓手，构建"双向五环"高效课堂模式。所谓"双向"，指的是教与学双方要实现互相干预，形成内在的互动；所谓"五环"，指的是课堂上关键的五个环节，即：学生预习与教师导学，学生合作与教师参与，学生展示与教师激励，学生探究与教师引领，学生达标与教师测评。在"双向五环"中，"双向"是按纵向构建设计教与学的内容，其核心是发展；"五环"是按照横向构建设计内容的，其核心是结构。"双向五环"组合在一起就使教、学内容形成了一个纵成线横成面的网络化结构。正是这样一种结构，根本上改变了传统教学模式中'我教你学'的单向结构，从而决定了这样的课堂效率是高效的。

在这里，我们还要提及以李志宇为首的殷都区教体局的执行力，无论是"领悟力、预测力、计划力"还是"服从力、组织力、创新力、问责力"都做得非常到位。无论是对模式的确立、模式的解读、模式的培训、模式的推行、模式的探索、模式的攻坚，都做到了不遗余力。回顾一下我们的改革轨迹：理念洗脑、培训风暴、理论测试、固模过关、模式验收、百课大赛、百师会战、问题诊断、难题攻坚；还有"政治文明三大举措进校园"、学生为主体的校园文化、800 多个学生社团；特别是与中国教师报名校共同体合作，组织安排对方派遣的100余位名师、20余位专家深入学校，走进教室，与教师、学生零距离接触，确保了课改健康顺利地向前推进……哪一样都是在教体局的精心策划、周密安排下有条不紊、步步深入。

殷都的改革刚刚开始，殷都的课改仅是起步，相比单个学校的课改，区域课改则是一个更为复杂的系统工程，殷都区的改革价值或许就在这里。改革初见成效，前进仍有曲折，"殷都经验"似乎并不完美，但殷都区域课改已经走过了最艰难的时刻，取得了阶段性成效。殷都教育人在风雨中坚定了信心，更重要的是，自上而下、自下而上形成了一种"改革自觉"。

2010年5月以来，各级媒体对殷都教育改革进行了详细的报道：2010年5月22日、29日，《教育时报》以"学生快乐学习，教师幸福工作"为题进行了报道；2010年7月14日，《中国教师报》以"'双向五环'模式下的区域课改"为题报道殷都区高效课堂改革；2010年9月3日，《中国教师报·区域周刊》以"课改是最大的政治"为题对殷都区委书记李南沉进行专访；2011年5月21日，《教育时报·管理周刊》头版头条对李南沉书记进行专访；2011年6月7日，《香港文汇报》对李南沉书记进行专访，解读殷都教育现象。特别是2011年4月27日，《中国教师报》以9个版面全面报道殷都教育改革；2011年5月18日，《中国教师报·教育家周刊》以两个版面对殷都区领导和专家进行专访。

殷都第三部曲正在进行之中，时值巩固深化阶段之际，我们推出了殷都区主体多元教育改革丛书，旨在为全国的教育同仁们探索区域课改的成功经验，推动区域教育均衡发展，提升区域教育核心竞争力等方面，提供一个样本，并起到抛砖引玉的作用。

本丛书能得以出版，要感谢中国教师报总编助理、采编部主任李炳亭，感谢中国教师报名校共同体，同时，也感谢山东文艺出版社的领导和编辑，在此，一并致谢！

写在前面的话

高扬人的主体性，开发学生的智慧潜能

姚文俊

随着时代的前进，教育观念在教育实践中不断变革和创新，人们对教育本质的认识也在不断深化。农业经济社会是以土地为主要标志，进行的是土地革命，人们认为教育就是传授知识和技能；工业经济社会是以技术为主要标志，进行的是技术革命，人们认为教育就是为生产服务；当今人类进入知识经济社会，它的标志是创新，进行的是一场智慧革命，人们认为教育应以人为本促进学生的发展。

而未来的社会随着全球化浪潮的不断高涨，将受到多元文化的交流和碰撞的深刻影响，科技、经济、政治、文化、生态诸领域必将发生深远而广泛的变化，人类将生活在一个开放的、多样化的、充满矛盾和变化的更富有挑战性的世界。教育要培养适应这种未来世界的公民，必须与时俱进，进行历史性的、前所未有的、在某种意义上可以说是革命性的变革。

经济的全球化必然带来教育的国际化，在西方教育与东方教育的交融与竞争之中，在传统教育与现代教育的传承与扬弃之间，在素质教育与应试教育的矛盾与斗争之时，经过反复比较、考量与实践，发现“主体”“多元”这两个关键词能够引领我国基础教育走上一个科学健康发展的道路。发展人的主体性，开发的人的智慧潜能，是高扬人的主体性的未来社会的教育本质。这种主体多元教育认为每个学生都是一个特殊的个体并有特殊的个性，需要尊重和关怀；认为教育应促进学生生动活泼、主动地发展，给每个学生提供思考、创造、表现及成功的机会；坚信每个人都有自己的智能长项，只要创造适合每个孩子发展的教育，就能使人人都成为最佳的我；相信所有学生都会学习，不存在绝对意义上的差生，需要耐心与指导、区别对待。

然而，当前我国素质教育举步维艰，应试教育愈演愈烈，择校之风屡禁不止，学生负担越减越重，培养出来的是片面而又被动发展的人。学生的独立人格得不到应有的尊重，自主权利得不到必要的保证，兴趣爱好得不到充分的发展，个性差异得不到合理的承认。培养出来的学生缺乏进取精神，害怕困难，回避矛盾，缺乏主动参与、大胆竞争的自我表现能力。这样的人已经不能适应经济全球化深入发展、综合国力竞争日益激烈、科技革命加速推进的时代要求。

时代要求我们培养的人必须具有自尊自信等独立人格；必须具有较高的成就动机，强烈的竞争意识，高度的任务意识和较强的责任感，广泛的爱好和较强的社会适应能力；必须具有创新意识、创造性思维和动手实践能力。这种人不仅具有为国家富强及人民富裕而艰苦奋斗的献身精神，又有不断追求新知、勇于创造的科学精神。

正是出于一个老教育工作者的教育良知和教育情怀，经过深思熟虑，我提出并设计了“少年儿童主体多元发展实验研究”这个课题。2007年，经申报被中国教育学会立项为国家“十一五”重点课题，并以此课题为抓手在安阳市殷都区开展了区域性的教改实验，至今已经四年有余。

《“主体多元”在殷都》是殷都区“少年儿童主体多元发展实验研究”项目的阶段成果之一，它包括“理论研究”“实践探索”“阶段成果”和附录四个部分。这本书注重现代教育理论与教育实践的紧密结合，在主体多元教育思想指导下，通过创造性的教育实践活动，力图把现在的“教育学生”发展为“学生教育”，创造出一种“学生发展教育论”，丰富和发展现代教育科学理论和实践。

《“主体多元”在殷都》是集体智慧的结晶。它凝聚了殷都区教育人和殷都区特聘专家、教育发展高端智囊团以及中国教师报名校共同体的心血与汗水。它汇集了我国许多教育专家、学者以及上级教育行政领导和殷都区委区政府的智慧、关爱和支持，在此特表示衷心的感谢，并对关心和支持教改实验的学生家长和全体师生表示感谢。

《“主体多元”在殷都》由教科培中心姚文俊主任和王志红老师任主编，参加撰稿的共八人，根据专题顺序依次是：“问题的提出”“方案设计”和“阶段成果综述”由王志红撰稿，“理论解读”与“媒体报道”由张艳艳撰稿，“前期准备阶段”和“初步探索阶段”由牛荣芳撰稿，“课题引领”“多元评价”和“教学系列”由郭华君撰稿，“科研培训”由许庆堂撰稿，“德育系列”由杜晓波撰稿，“活动系列”由刘金英撰稿，“家教系列”由刘艳丽撰稿，“社会各界反响”和“附录”由范瑛搜集整理。最后由安阳市教师专业发展团队重要成员柳文生和汪重阳两位老师总体编审。

“主体多元”已经成为殷都最响亮、最具特色的语言符号，不仅在口头更在心头，不仅是我们育人的方向和目标，更是我们工作、思考和生活的方式。正是因为深切体会到你、我、他都是主体，你们、我们、他们都能多元发展，所以孩子们能在学习中体会快乐，老师们能在工作中享受幸福。

本书编写过程中参考了许多专家学者以及同行的文章，非常感谢他们。由于时间仓促，能力和学识有限，难免出现纰漏，敬请批评指正。

目 录

Part 1
第一部分

理论研究

"少年儿童主体多元发展实验研究"问题的提出

21世纪社会进入知识经济社会，机遇与挑战并存，人类面对的新形势和新问题纷繁复杂。教育是面向未来的事业，谁先掌握了领先的教育，谁就在竞争中处于战略的主动地位。不少发达国家都在进行着广泛而深入的教育改革，从当今世界教育改革动向可以看出，重视人的主体性和"教育个性化"已成为教育改革的一个重要趋向。未来社会的竞争是智慧的竞争，要进行的是一场智慧革命，这就要求我们培养的人既有主体性，又有认识世界和改造世界的能力。教育的主旋律就必须以人为本，既发展人的主体性，又开发人的智慧潜能。

然而，我国素质教育发展到今天仍不甚令人满意。在过去一个相当长的时期内，不太注重研究教育对象，也未能充分重视人的个性独立与自由和谐的发展，强调人对社会的服从而不是创造。教育要促使人的社会化，被片面地理解为对社会的顺从，忽视了学生的主体地位和主体性发展，没有尊重学生的智能特点，没有诚心诚意地让学生做主人。过分注重严肃严格基本训练，过度关注孩子基础知识的"学"和基本技能的"习"，且高标准、严要求。这样培养出来的学生长大之后缺乏人格精神、创新意识和实践能力。

纵观未来社会对人才的需要以及世界教育的发展趋势，审视殷都教育现状，我们提出了“少年儿童主体多元发展”的问题，并作出实验预想：诚心诚意让学生做主人，严肃严格进行基本训练，把人的内在精神即主体性作用于人的个体差异的智能开发上，把主体教育进一步引向深入，善待差异，实施扬长教育，使每个学生都能成为最佳的我。

这个问题是否具有研究的价值，我们从理论、政策和事实三个方面进行了论证。

理论依据

从理论认识的角度看，马克思主义人学观、主体教育论及多元智能理论奠定了理论基础，杜威的“儿童中心主义论”及陶行知“教学做合一说”提供了理论支持。

1. **马克思主义人学依据**

发展学生主体性体现了马克思主义关于人的全面发展教育学说的精神实质。人的本质是什么？马克思主义关于人的发展理论从哲学、政治经济学、社会主义学说等不同方面进行了论述。基本观点是：人是在劳动基础上形成的社会化的高级动物，是社会历史活动的主体，区别于其他动物，人具有主动性、自主性、社会性、抽象思维能力以及高度创造性等基本属性。马克思对人的本质的分析，突出了人的社会历史性与自觉能动性的特点。主体性，是人的本质的最高层次、最高表现，是全面发展的人的根本特征。主体性强的人，就是自觉能动性强的人，是在客体面前拥有主动权和自由的人。这种人在客体面前，在条件许可范围内，能最大限度地发挥自身的力量去认识世界、改造世界和创造世界，从而做成那些缺乏主体性的人认为做不到的事情。这里要特别指出的是，当前我们面临着对人的主体性发展的现代意义的思考，在20世纪50年代以后，随着现代科技、现代社会的深刻变革以及人文主义思潮的发展，对人的研究也进入了一个新的时期。当代，面对现代科技的迅猛发展，生产过程日益智能化以及新科技革命带来的危机，人们追求的是人与社会的协调发展，追求人的自由充分的发展，要求从现代社会高度，培养开拓创新型的人才。教育对人的发展和对社会的发展所起作用的大小，基本上取决于它在多大程度上培养出主体性强的人以主动适应社会发展的要求，即为社会培养既具有相应的知识技能又具有创新精神和能力的人，这样的人尤其具有开拓进取、创新意识和竞争、合作精神，他们能够随机应变，办事能力强，工作效率高。教育是致力于培养主体性愈来愈强的人的事业，已经从美好的理想逐步走向现实，从科学的理论转化为实践。杜威的“儿童中心论”，维果茨基及赞科夫的“教学与发展理论”，我国教育工作者关于师生关系的探讨以及促进学生生动活泼主动发展的各种实验，其研究成果正在验证马克思曾预言并描述的历史进程：人的依赖（附）关系→以物的依赖为基础的人的独立性→自由个性。

2. **主体教育论依据**

主体性是一种哲学概念，主体教育论认为，主体性的实质是人的一种内在精神，它能使人产生一种内动力，主体性强的人会把这种内动力变成一种内驱力，成为一种自觉能动的行为。主体教育是一种教育哲学思想，主体教育是一种发展学生主体性的实践活动，即发展学生的自主性、主动性和创造性。发展学生主体性体现了教育教学工作最重要的规律性。在教育教学过程中，学生作为认识的主体，是在教师指导下有目的地去获取对于客观世界认识的知识，发展社会适应性，这是一个能动的反应过程。学生认识的能动性，一方面表现为学生对外部信息的能动选择上，主要受学生本人兴趣、需要以及所接受的外部要求的推动和支配，表现为自觉性、选择性；另一方面表现为学生对外部信息的内部加工上，受学生原有知识经验、思维方式、情感意志、价值观等制约，表现为独立性、创造性，而学生作为认识主体，他们的实际活动则决定着认识的起点、范围、程度水平和个性差异。如果学生缺乏自我意识，缺乏自我控制、自我调节的能力，缺乏主体性，那么认识过程就不可能发生。正是依据教学认识的基本原理，抓住主体问题以揭示教学过程的规律，提高教学质量。

3. **多元智能理论基础**

智能是人认识世界和改造世界的一种功能。智能教育是一种承认差异、尊重差异、善待差异、开发人的智慧潜能的扬长教育。目前脑科学、心理学、教育学资深专家研究的结果认为，人的大脑智慧潜能有语言沟通、数理逻辑、空间视觉、科学探索、身体运动、音乐旋律、人际交往、自我认识等，但具体到每个人，都拥有不同的智能优势组合，智能结构与功能强弱并不相同。智能教育论认为，大脑是智能的特质载体，人的智能是多元的，但有长有短；智慧的潜能是丰富的，但有大有小。真正的教育应该是正视差异、善待差异。两千年前，我国的孔子提出“因材施教”，就是尊重学生的个性差异，同多元智能论有异曲同工之妙。由此看来，新课程改革就应当实施有差异的教育，做到扬长补短。

4. **“儿童中心论”和“教学做合一说”理论支持**

杜威在批判旧教育的过程中提出“儿童中心主义”思想，把教育的重心从教师、教材那里转移到儿童身上，“儿童变成了太阳，而教育的一切措施则围绕着他们转动；儿童是中心，教育措施便围绕着他们而组织起来”。他认为，儿童的天性本是好学，他反对传统的灌输和机械训练，强调从实践中学，主张“做中学”。作为杜威的学生，陶行知批判地吸收老师的观点，提出生活教育理论的教学论，倡导“教学做合一”，特别强调要亲自在“做”的活动中获得知识。要求“教”与“学”同“做”结合起来，同实际的生活活动结合起来。

这两种教学论都要求教师尊重学生，突出学生的主体地位，重视学生的“做”与“行”，培养他们的学习和生活能力。其实，我国从孔子、墨子、荀子到王夫之、颜元都是重行致知的。从这个意义上讲，对我们的教改实验是有启发意义的，是主体多元教育的理论支持。

政策依据

从党和国家的政策与教育法规看，坚持以人为本、全面实施素质教育是教育改革发展的战略主题，少年儿童主动活泼、多元和谐的发展是素质教育的核心，主体多元教育是实施素质教育的载体。

《义务教育法》明确提出：要全面实施素质教育，提高教育质量，搞好中小学课程改革。抓好素质教育，是党中央、国务院作出的重要决策，是事关创新人才培养和创新型国家建设的基础和关键，也是着眼于国家和民族未来的战略考虑。

《国家中长期教育改革和发展规划纲要》指出：国运兴衰，系于教育；教育振兴，全民有责。在党和国家工作全局中，必须始终坚持把教育摆在优先发展的位置。按照面向现代化、面向世界、面向未来的要求，适应全面建设小康社会、建设创新型国家的需要，坚持育人为本，以改革创新为动力，以促进公平为重点，以提高质量为核心，全面实施素质教育，推动教育事业在新的历史起点上科学发展，加快从教育大国向教育强国、从人力资源大国向人力资源强国迈进，为中华民族伟大复兴和人类文明进步作出更大贡献。

《纲要》还指出：要以学生为主体，以教师为主导，充分发挥学生的主动性，把促进学生健康成长作为学校一切工作的出发点和落脚点。关心每个学生，促进每个学生主动地、生动活泼地发展，尊重教育规律和学生身心发展规律，为每个学生提供适合的教育。努力培养造就数以亿计的高素质劳动者、数以千万计的专门人才和一大批拔尖创新人才。

从国家的教育政策、法规与教育发展规划看，“以人为本”、“促进学生主动活泼地”健康发展以及“创新”已经成为现代教育的主题词，把教育放在优先发展的战略地位是时代的要求，全面实施素质教育已经成为一项基本国策，势在必行。

素质教育的概念是这样表述的：素质教育是一种面向全体学生，全面提高学生思想道德、文化科学、劳动技能和身体、心理素质，促进学生生动活泼、主动发展的教育。但深思起来，素质教育的实质是什么？培养出来的人基本特征是什么？怎样培养出具有这些特质的人？是依靠自身内在的因素呢，还是借助外界强加给的力量呢？北京师范大学王策三、裴娣娜教授和华中师范大学王道俊、郭文安教授等对这个问题进行了深入的研究，他们共同认为：实现人的全面发展就是要激发人的主体性和开发人的智能多元性。《国家中长期教育改革和发展规划纲要》也提出：“坚持以人为本、全面实施素质教育是教育改革发展的战略主题，是贯彻党的教育方针的时代要求，其核心是解决好培养什么人、怎样培养人的重大问题，重点是面向全体学生，促进学生全面发展，着力提高学生服务国家服务人民的社会责任感、勇于探索的创新精神和善于解决问题的实践能力。”由此看来，抓住了主体性和多元性，就抓住了人全面发展的精神实质。当前的素质教育研究需要再往前走一步，即抓住少年儿童主体多元发展问题就是抓住了素质教育的核心和灵魂。

事实依据

从殷都区教育现状看，少年儿童主体多元发展实验是殷都教育发展的实际需要，殷都区具备此项实验的基本条件。

殷都区是河南省安阳市工业、金融、文化的汇聚地，是工业强区、文化大区。西依巍巍太行，东接安阳古城，北望幽幽燕赵，南据富庶粮仓，美丽的洹河横穿东西，国家大动脉京广铁路、107 国道纵贯南北，世界文化遗产殷墟坐落在这里。

多年来，殷都区委、区政府始终把教育放在优先发展的战略地位，先后实施了一系列卓有成效的教育改革。2003 年，区委区政府加大教育投入，进行“教育资源整合”，唱响了殷都教育第一部曲：投资 7500 万元把 29 所农村中小学整合成 5 所高标准的新型农村学校，全区教育实现了新跨越，实现了优质均衡发展，几代人的梦想终成现实。2005 年，教育主管部门实施名师工程，奏响了殷都教育的第二部曲：面向社会公开招聘名师、学科带头人百余名，与本区名师、学科带头人共同组建起一支教书育人的精英团队，充分调动了全区广大教师投身教育、终身学习、追求专业化成长的积极性，培养了一种团结奉献、勤奋求实、科学探索、争创一流的团队精神。殷都教育的第三部曲亟待一线教育工作者来谱写、唱响。

几年来，殷都教育的硬件和软件建设已逐步完善，但摆在殷都人面前的突出问题是：如何提升教育质量，真正实现殷都教育跨越式发展。经过多方论证、考察，区委、区政府决定：依靠教育科研振兴殷都教育！明确提出“内练真功、外树形象、走内涵式发展”的教育创新之路，确定了“创办优质教育、建设特色学校、打造教育精品”的宏伟目标。

然而，殷都区是工业大区，位于城乡结合部，由于复杂的历史原因，城乡教育发展不均衡。正是因为这种不均衡就更需要一种能促进少年儿童主体多元发展的教育模式。因此，这里适合开展少年儿童主体多元发展的实验研究。

我们以外国语小学为例，从学生、家长、教师、学校多角度论证考量。

学校现有学生 1500 余名，其中 75％来自周边农村，大部分学生热爱劳动、单纯善良，求知欲强，他们有较强的独立生活能力，愿意和别人交往。绝大部分学生只关心自己的语文、数学学习成绩，活动范围较小，活动内容比较单调，在家里最经常的活动就是写作业、看电视、与其他孩子一起玩，行为习惯相对较差，不重视兴趣爱好的培养。来自市区、厂区的孩子行为习惯较好，见识较广，较善于跟人交往，长于表达，爱好也相对广泛，但是自理能力、劳动习惯较差。总之，学生的个性特长与行为习惯、基本素质参差不齐，各有长短。

家长的职业分布百分比为（%）：工人 26.7，农民 40.3，军人 1.8，教师 6.6，医务人员 2.9，干部 4.8，商业服务人员 12.0，个体户 1.0，未填写 3.9。家庭教育的认知水平：80%左右家庭和睦、幸福，关心孩子的健康成长。虽然家长们的文化水平参差不齐，教育方法上也存在不少困惑，但多数家长认为不能一味地追求孩子成绩好，坚决反对其他方面一概不管，部分家长能经常关心孩子情感上的变化，注重培养孩子的学习习惯和独立生活能力，对孩子们的未来发展充满了期待。

从学校现有的软硬件来看：学校建校初就确立了“科研兴校、特色强校”的发展思路。学校拥有现代化的教学设施——配有多媒体学术报告厅、语音教室、计算机教室、舞蹈厅等 28 个功能室，修建了标准的篮球场、排球场、乒乓球活动区，铺设了 200 米标准塑胶跑道，电脑 150 台，建有局域网并与国际互联网连接。优越的教育环境为学生的全面发展奠定了坚实的物质基础。并拥有一支敬业爱岗、师德高尚、业务精湛的高素质的教师队伍，为学校的跨越式发展奠定了人才基础。

因此，主体多元教育实验符合孩子发展的需要，符合现代教育的理念，也符合社会的需要，能得到家长的认同和支持。

正是在这样的基础上，2006 年，殷都区委、区政府聘请全国人大代表、国家有突出贡献专家、中国教育学会小学教育专业委员会理事长、原人民大道小学校长姚文俊先生，担任殷都区教育总顾问、首任教科所所长，之后对殷都教育进行了严密的考察、科学的论证，提出了"少年儿童主体多元发展实验研究"课题，于2006年向中国教育学会小学教育专业委员会申报，此课题作为"十一五"规划重点课题被立项研究。2007年殷都区又凭借此课题成功申报为中国教育学会殷都教改实验区。这个问题的提出在殷都教育改革史上具有划时代的历史意义。

“少年儿童主体多元实验研究”方案设计

主体多元教育模式设计

根据主体多元理论并在北京师范大学和安阳市人民大道小学联手合作开展的主体教育实验研究的基础上，我们适应现代教育的需要，构建了将主体教育思想与多元智能理论相融合的主体多元发展教育模式。这一模式初步设计为一个中心、两条原则、三个重点、四个系列、五种成果。简称“一、二、三、四、五”模式。

一个中心：以学生全面和谐、主动活泼发展为中心。注重突显两个方面：一是发展学生的自主性、主动性和创造性；二是开发学生的语言沟通、数理逻辑、空间视觉、科学探索、身体运动、音乐旋律、人际交往、自我认识等智能。

两条原则：在教育、教学和管理实践中，努力把诚心诚意地让学生做主人和严肃严格地进行基本训练这两条基本原则融会贯通。

三个重点：抓住影响实验研究的三个重点问题进行深入研究。一是强化理论学习，注重教育思想创新；二是加强校本培训，不断优化组合师资队伍；三是研究制度创新，构建质量目标评价体系。

四个系列：一是德育系列。构建以学会做人为重点，以“五爱”（爱惜生命、孝敬父母、关心他人、热爱集体、报效祖国）为基点，以集体主义教育为核心的三维内容体系。二是教学系列。以知识和能力，过程与方法，情感、态度和价值观为重点。加强基础，优化结构，促进发展，构建出学科课程、活动课程、环境课程三维交叉课程结构，形成发展性教学系统。三是活动系列。以自主性组织、自主性活动、自主性评价为重点。通过活动发展学生特长：1－3年级重点是激发兴趣；4－6年级重点是培养爱好；7－9年级重点是发展特长，形成“我之最”。四是家教系列。以创建家庭道德环境、智力环境、生活环境为重点，培养学生学会生活、学会认知、学会做人的优良品质。

五种成果：课题结束时，这项实验研究要从五个方面出成果，即：出质量、出经验、出理论、出名师、出名校。

出质量：我们的质量标准是使学生在打好全面发展的基础上，逐步形成个性特长，即“全面＋特长”。

出经验：我们实验研究出来的可操作性的东西，同行认可，能够借鉴。

出理论：在理论研究上力争对现有教育学、教学论有所突破，能初步构建出主体多元教育理论框架，并有一定影响。

出名师：实验学校的教师由原来的“教书匠”向“研究型”教师转变，有的要成为名师和专家。

出名校：依靠教育科研，打造殷都第一流，安阳有影响的特色学校。

实验研究计划与措施

开展实验研究计划分四个阶段来进行：

第一阶段：前期准备阶段（2006.7—2007.6）；

第二阶段：初步探索阶段（2007.7—2008.12）；

第三阶段：深入发展阶段（2009.1—2011.12）；

第四阶段：总结成果阶段（2012.1—2012.12）。

开展实验研究要采取的突破性措施：

1. 制定三个文件，规范实验研究的行为

教科所研制并下发《殷都区教育科学研究所“十一五”教育科研规划课题指南》《殷都区教育科学研究所“十一五”教育科研课题管理办法》《殷都区教育科学研究所“十一五”教育科研课题申报书》三个文件，召开全区科研兴教动员会，组织课题申报与评审立项，从中选出优秀课题向全国、省、市教科研部门推荐，以调动广大教师参与课题研究的积极性、主动性和创造性，推动教科研工作在短时间内迅速开展。

2. 确定实验学校，选好突破口

为了保证实验研究扎实有效地进行，遵循教育科研的规律，先选试点率先开展实验，在区属学校中选择三所有代表性的、在同类学校中基础相对薄弱的学校作为实验校，带头破题攻关。再根据实验校的实际需要和基本状况选好各自的突破口，集中精力投放于一点，选点突破，给实验校以信心和抓手。

3. 抓好师资培训，培育研究团队

培育高质量的教师队伍，是进行实验研究，保证学校可持续发展的前提。根据全区的师资状况，本着“面向全体，突出骨干”的培训原则，开展内容与形式灵活多样的教师培训工作，培养实验骨干，培育研究团队。

（1）搭建教师专业成长学习平台，开办“殷都教育论坛”

聘请高端专家在政策解读、教育策划、学校管理、教育科研等方面指点迷津，具体指导并及时交流；学习和借鉴全国教育改革的前沿理论和实践创新的成功经验。提高教师的理论水平，更新教师教育理念，改进教育教学方法，为今后课题研究奠定理论基础。

(2) 有计划、有重点、分层次进行科研培训，培养研究队伍

为使"少年儿童主体多元发展实验研究"这一课题为全区教育人认可，要有计划地进行全员培训，对教体局机关及局二级机构工作人员培训，重点实验学校的实验教师的重点培训，区属各学校的主要领导、各级骨干教师进行课题研究培训。使大家对主体多元教育理论有一个全面了解，学习教育科研的方法途径，提升教育理念，增强信心，激发全区主体多元理论认识思想大讨论，形成浓厚的教育科研氛围。

在培训形式上采取走出去和请进来两种方式。走出去考察见习是指到具有深厚的文化积淀和课题研究经验的名校考察研修、离岗见习，目的是通过外出考察，开阔实验校领导和教师的视野，解放思想，激活智慧，找准方向。请进来交流培训，目的在于逐步形成实验校专职研究队伍。在系统的考察学习之后进行实验研究，针对实验中出现的问题邀请各方面的专家进行有针对性的交流培训，指导教育科研，培育殷都区以课题组为龙头，以实验校为核心的科研队伍。

4. **借助外脑，引领科研兴区之路**

首先，要成立"教育发展高端智囊团"。为保证学校发展规划的前瞻性，促进学校管理理念、教育科研的持续更新，为更多地吸纳先进经验，真正实现殷都教育跨越式发展，计划聘请中国教育学会会长顾明远先生、联合国教科文组织亚太地区主席陶西平先生等国内知名教育专家组建殷都教育发展高端智囊团，使之成为殷都区教育发展的智慧宝库、殷都区教育决策高水平的导师团队、教师专业成长最前沿的引领专家。

同时，开发利用安阳市优质的教育资源，加强与市内师范、中学教育的横向沟通、纵向衔接，形成协调发展的教育体系，计划聘请安阳市第一中学、安阳师院等20位校长为"殷都区教育发展顾问"，让他们为

殷都区传播先进思想理念，传授教育科研方法，实现借助外力谋求发展的战略目标。

5. **创办《殷都教育科研》杂志、《殷都教育报》和"殷都教育网"**

为了搭建殷都教育改革交流的平台、学习的平台、展示的平台、宣传的平台，创办《殷都教育科研》杂志、《殷都教育报》和"殷都教育网"，全方位、多层次、多角度地为教育科学研究和课题实验提供交流平台。

6. **成立集科研与培训于一体的机构**

为了加大实验区课题研究力度，培养科研骨干，培育研究团队，要成立集科研与培训于一体的机构，由教科所和培训中心两个部门组成。一方面负责全区各级课题实验指导、检查和评估工作；一方面负责全区各级教育常规和科研课题培训工作。两方面分工合作，相互配合，高效推进课题实验。

7. **建立学习型组织，打造教育科研精英团队**

课题实验既要有中坚力量，又需要辐射力量，所以，要从区属各学校优秀教师中选聘兼职研究员和兼职编辑，这支队伍是进行教育科研和课题实验的生力军。这支队伍在主管教育科研的专门机构的领导下，为殷都区的科研兴区战略发挥重要作用。这个组织要规定学习和研究内容，阅读相同书籍，交流学习心得，开展主题漫谈，参与科研实验，参加大型活动，促进课题实验研究的开展和将来的推广。

8. **举办学期和年度科研兴教研讨会**

每学期期末，都要听取实验学校校长科研兴教的汇报，并召开由课题负责人参加的殷都区年度科研兴教研讨会。在此基础上调整计划，改变策略，相互借鉴，资源共享。

9. **面向全区，加强教科研课题实验指导**

有计划、有目的地对全区各学校课题研究工作进行指导。设计灵活多样的课题调研方式，比如听课、师生座谈、领导汇报、专题研究、问卷调查等指导并引领课题研究朝着预期目标前进。及时发现实际问题开展培训或举办论坛讲座，确保主体多元发展实验研究能够扎实有效、全面深入地开展。

主体多元教育理论解读

主体教育论（摘录）

主体教育论的观点，散落在论文和专著里，下面是分别摘录其中的一些观点，分列如下：

1. **黄济《人的主体性与教育》**

主体性的发挥

在同一个历史阶段，在同一个社会历史舞台上，人们的发展也是各不相同的。不仅不同阶段的人的发展不同，即使同一个阶段每个个体的发展也不完全相同。社会是一个大舞台，在这个舞台上，有的人可以演得有声有色，有的人不仅是表演者，而且还是剧作者，这都与主体性的发挥有关。

正确的认识自我，是弘扬主体性的前提。

要发扬人的主体性，必须正确处理主客观的关系，对于客观世界来说，人是认识的主体、历史的主体，主体性是人的本质属性。

主体性与教学

要全面正确地处理好师生关系、教与学的关系，用主体思想来设计教育中的全部工作，使学生真正做到自主、自立、自觉、自强、自信，作为学习的主人。

在师生关系上，要把教师的领导与弘扬学生的主体性辩证地统一起来，教师的任务就是要将学生的自觉性、积极性充分调动起来，不但要教学生“学会”，还要教学生“会学”，突出学生自学能力的培养，是教学过程中学生学习主体性的具体体现。

2. 石中英《主体教育的文化透视》

主体教育是文化启蒙

主体教育的文化批判与文化启蒙是相伴相行的。因为，文化批判本身就是一种促使人们特别是广大教师和青少年一代学生觉醒的力量。它使人们认识到在消极的传统教育文化影响下形成的那种价值观念和人身依附关系对现代人性、生活和社会的威胁和戕害，明白它们不是一种积极的建设性的力量，而是一种消极的破坏性的力量。要想在社会发展速度日益加快，变化的复杂性和深刻性也日益增加的当今世界取得生存与发展的机会，维护生存与发展的权利的话，就必须扼制这种力量，使每一个人都以一个主体的姿态出现，自主、自力、自强、自信、自制。这是一种时代的需要。主体教育在最基本的方面，就是唤醒和焕发教师和学生的这种主体意识，培育学生的主体人格，开展一场面向未来的心理革命，革除世代传承的不适合当前个体和社会发展需要的那些劣根性，如因循守旧、柔弱，讲裙带关系，轻自然认识，缺乏民主观念。让每一个学生都得到生动活泼的发展也就是提倡一种新的文化精神，一种全新的生活方式和生存方式。

主体教育是精神唤醒

作为一种文化启蒙，精神唤醒，主体教育就不是简单地向学生传递有关的知识，促进他们学习效率的提高，做片面追求升学率的新式武器，而是要通过主体教育环境的创设，以教育教学工作为中介，在学生的意识的深处唤起或激发起对一种新生活方式和更高的精神世界的渴望，并由此规范自己的行为方式。

主体教育是新文化建设

主体教育是一种文化批判、文化唤醒，同时也是新文化的建设，这是从主体教育实践方面来说的。主体教育以育人为本，就是要在人的内心和行为两个方面同时造就一个人，造就一个不同于以前的人的独立自主的、有热情、有个性、有尊严、有社会责任心的人。也只有这样的人才是适合社会主义市场经济时代需要的人。

3. **王道俊《关于教育的主体性问题》**

主体教育论的含义

主体教育论不只是一般地肯定受教育者在教育活动中的主体地位，而且把基本的着眼点放在受教育者的主体性上。它立足于人的社会实践，从促进人的主体性发展的角度，解决人与外部世界的矛盾。具体来说，这有两层含义：

其一，在教育目的上，注重培养受教育者个性素质的主体性品质，使受教育者正确认识外界、认识自身、认识自身与外界的关系，明确自己的历史地位和人生意义，形成实现历史责任和人生理想的价值目标和实践能力，成为立足现实又超越现实的社会历史活动的主体。在这个意义上，教育成为一种培养社会历史主体的活动。

其二，在教育过程中，尊重受教育者的主体地位，发挥受教育者的主体性，培养受教育者既立足自身发展的现实，又超越自身发展现状的价值追求与自身教育能力。这就是说，把受教育者看做自身和发展的主体，把教育活动看做对受教育者的学习与发展的引导和规范。

这两层含义，可以说前者是从历史观、文化学角度提出的，后者是从认识论、心理学角度提出的。虽然二者提出的角度不同，它们却是互相联系并互为条件的；没有前者，后者会迷失方向；没有后者，前者将会落空。

北京师范大学王策三教授指出：主体性，这是全面发展人的根本特性。

教育者的主体性

教育者在教育活动中的主体性，实质上是教育规律、教育规范与教育艺术的统一。

主体教育论的最高目的

主体教育论强调教育要为人的全面发展服务，要尊重人的价值和人的主体地位，不是把人单纯训练为工具或手段，而是把人培养成社会历史活动的主体。

主体教育论立足于人的社会实践，把受教育者的主体性的发展看做全部教育活动的基础，把培养受教育者成为社会历史活动的主体看做教育的中心主题或最高目的，把追求人的解放与社会解放看做教育的最高理想或终极关怀，这可能会弥补我们现在教育学理论的缺陷，使我们的教育学理论更全面，更科学、合理，更带实践性，更具中国特色。

4. 杨小微《试论学生主体性及其发展条件》

学生主体性的特殊之处

学生是特殊的人，主要特殊在他具有成长为人的一切可能性，但在当下他又不是一个严格意义上的个体的人。也就是说学生是成长中的个体的人，他的主体性处于一种未定型的但朝着一定方向，沿一定规范前进的状态。

主体性教育的核心价值

个体的主体性发展依赖于个体素质的全面和谐发展，因此，主体性教育首先应致力于个体素质的全面建构。与以往教育的不同之处在于，主体性教育更关注个体的素质结构特性，如构成内容的完整性和基础性、构成状态的和谐性以及建构过程中的积极主动性，藉此为受教育者在今天的学习活动及日后的生活过程中得以适时发挥能动性、自主性与创造性等主体功能特性奠定良好的基础。在年青一代身上形成以良好素质结构为基础的积极的建设的和创造的主体性品质，正是主体性教育的价值取向的核心之所在。

丰富主体性教育应树立两种意识

如何丰富主体性教育过程呢？这肯定是有多种途径和方式值得探索的。据笔者看法，首先应更新教育观念，尤其应树立两种意识，即营造学校教育生活的意识和学生是学校教育生活的主人的意识。

5. **王道俊、郭文安主编《主体教育论》**

让学生成为教育的主体

主体是相对于客体而言的，一般指有健全意识、能够能动地进行认识与实践活动的人。学生主体，则指能动地参与教育活动的个人，主要是发展中的青少年儿童个体。他们虽然处于发展之中，但与成人一样，是能够能动地作用于客体的主体。一方面，能积极作用于自然、社会，认识世界，改造世界；另一方面，还能积极作用于自身，认识自我，调节与完善自我，在认识世界的活动过程中，不断加深对自身的认识，促进自身的发展。而自我的发展与自主意识的增强又将反过来更好地认识和改造世界。教育活动实质上是引导学生认识世界、积极作用于世界、认识自己、努力提高自己的过程，在这个过程中，学生是积极活动的主体、不断发展的主体。因此，明确学生是主体对教育工作具有重要意义。

学生主体有多种特性，一般具有整体性、能动性、独特性、发展性等。主体性并不是主体各种特性的简单相加，而是它们发展到一定阶段上的结晶，主要表现为自主性、自觉性和创造性。要提高学生的主体性，使其成为教育主体，就必须了解它的一般特性。

我们知道，教育的目的、任务与功能，其中包括教师的职责和作用，都是为了培育学生，促进学生的发展、主体化。学生的发展、主体化，是进行教育的出发点、基础、依据和要实现的目的。从根本上讲，学生是第一位的，学校教师与教育是在学生发展需要基础上产生和发展起来的。离开了学生主体性的发展，教育则失去了依托和生命力。学生的发展质量及其能否成为社会发展的积极力量，是衡量教育质量的主要标准。

教育过程中应当怎样发挥学生的主体作用呢?

首先，要提高学生的主体意识。从小学低年级起，就应开始这一工作。用通俗而实际的道理，使学生懂得学习是青少年最重要的任务，只有通过学习才能增长知识、提高素养、符合时代要求，成为栋梁之才。使他们确认学习是自己的事，师长只能引导、帮助而不能包办代替，有主人翁感。要养成他们对自己的学习与工作或活动进行计划、检查与反思的习惯。这里，关键是要注重提高学生的自我意识和自我教育能力。其次，引导学生独立进行探索。学生的学习，离不开教师的引导。但事事依靠教师排忧解难，则学生的积极性就不能发挥。因此，学生主体作用的发挥与学生一定程度的独立活动有关，包括教师引导下的和个人进行的独立活动。学习只有通过个人积极进行的独立观察、思考与作业，以及独立评价、选择与反思、调整，才能充分发挥其主体作用，发展其智慧、才能与个性。再次，激励学生努力去自我实现。学生主体作用的发挥总是与他们满足一定的欲望、需要与目标相联系的，包括近期的各种具体需要，如好奇与求知欲，争取好成绩，得到老师、父母的表扬等；也包括中远期各种目标与理想，如改变学习落后状况，发展爱好与专长，成为现代化建设人才等。在教育过程中，要因势利导，使学生从实现近期的各种欲求入手，培养他们学习与工作的初步兴趣与信心，逐步发展到能实现自己确定的较远大的目标，形成一种自觉的、稳定的内在动力，使之能发挥出最大的潜能和创造性。

人是教育的出发点

何谓教育的出发点？教育的出发点就是教育最直接、最基本的着眼点，同时也是教育所指向的最高目标。教育的出发点是什么？是人。人是教育最直接、最基本的着眼点，同时，培养人也是教育的最高目标。具体讲，“人是教育的出发点”有如下基本含义。

第一，培养人是教育的根本职能。教育的对象是人，教育是培养人的活动，这是教育的本质所在，教育之所以为教育，全赖乎于此。正是这一点，决定了人的问题是教育的中心问题，决定了人是教育最基本的着眼点。

第二，教育的直接目的是满足人自身生存和发展的需要。促进人的自由、全面的发展是教育的最高目的。

第三，从根本上讲，教育应当把人作为社会的主体来培养，而不是把人作为社会的被动客体来塑造，这是现代教育观的核心。

多元智能论（摘录）

国际上对多元智能理论的阐释以加德纳为代表，国内以陶西平为代表，理论运用于实践的研究摘自于《多元与和谐》这本书。

1. **加德纳**

《再建多元智慧》

★MI（即多元智能理论的英文简称—编者注）观点最重要的精神就在于认真地考虑人类的个别差异。

《学习的纪律》

◇每个人都有8种智能，每个人都有不同的智能形态，不同的强项和弱项。每个人的智能分布都不相同。大脑的最新研究表明，即便是基因相同的同卵双胞胎，他们处理信息的方式也各不相同。

◆大部分学生都不会成为科学家，只要学会基础算数，就足以应付日常生活和工作所需。但是如果不让学生学习科学与数学思考方式，就等于让他们对所生存的世界保持无知状态。

□成功的教育，是让学生知道该如何接触学科中的“智识之心”或“实验的灵魂”，学生透过不同的角度观察这个世界。

■我喜欢深度甚于广度，建设性甚于积累，为求知而求知甚于实用论，个人化甚于统一式教育，以及主张公立教育。我偏好以学生而非老师为中心的教育，我主张发展有个别差异的教育。

▽找出引人入胜的切入点，灵活运用不同的方法，吸引较多的学生，使他们保持长久的兴趣，并进而加深了解的程度。

▼当一个人积极地探索新领域或新素材，不断地发问、找寻答案时，大脑处于最佳学习状况，也最能保持其功能。被动的经验只会使大脑的功能渐趋衰弱，也不会造成持久性的影响。

○学习应该是探索各个不同的重要事物，并学会如何运用训练有素的方式思考，而不是规定学生每年学习五十或五百个事先规定好的课题。

《多元智能》

●通过这些智能的不同组合，创造出了人类能力的多样性。对于每一种智能来说，人类都具有一定的基本能力。

△智能是原始的生物潜能，只要大脑没有受伤，如果有机会接触利于培养某种智能的环境和条件，几乎每个人都能在那一种智能的发展上取得非常显著的效果。我们不能忽视，不能假设每个人都拥有相同的心理智能，而是应该努力确保每个人所受的教育，都有助于受教育者最大限度地发挥其智能潜力，在每个人身上得到最大的成功。

▲每个个体都以不同的方式学习，表现不同的智能特点和组合。毫无疑问，如果我们忽视这些差异，坚持要所有的学生用同样的方法学习相同的内容，就破坏了多元智能理论的全部基础。

☆随着人们逐渐认识到智能的概念不能脱离个体所生活的环境，特别要指出的是，智能分布的概念认为人仅仅依靠自己的大脑单独从事生产活动的情况是微乎其微的。与此相反，人类个体需要与各种人、各种无生命的物体合作才能从事生产活动。因为这些存在着的实体与人类的活动如此密切地结合在一起，所以将它们看成是人类个体智能的触角和延伸，是很合理的。

★人类的神经系统高度分化，有较大差异。

◇按照我的观点，心理学家们花费了太多的时间给人排名次，几乎没有时间来帮助他们。评估的主要目的应该是帮助学生。评估人员有责任为学生提供有益的反馈。如识别他们的强项和弱项领域，提出应该继续学习或投身于有关领域的建议，指出哪种习惯是有创造性的以及未来评估可以预期的是什么等等。特别重要的是，有些反馈采取了切实可行的建议的形式，指出了个体独立于可相比较的学生团体中名次以外的强项。

◆除非对学生在不同领域以不同认知过程学习的状况进行准确的评估，再好的课程改革也没有多大用处。

2. 陶西平为《多元智能活动开放课程》所作序言

多元智能理论的开放性

传统的智力理论认为，智力是以语言能力和数理逻辑能力为核心的、以整合的方式存在的一种能力，实际表现为解答问题、寻求特定问题的答案，以及迅速有效地学习的能力，这种能力是是否成功地解答问题的关键，能够比较准确地预测学生在学校里的表现。而霍华德·加德纳的多元智能理论中的智能概念不是指解答问题的能力，而是指解决问题和生产产品的能力。它突出了人在实践中的能力，比如：解决问题包括学习中的问题、生活中的问题、工作中的问题；生产产品包括物质产品、精神产品。解决不同的问题和生产不同的产品，对所需要的智能有不同的侧重，因此，人的智能是多元的。这种“多元”是开放的“多元”，不是封闭的“多元”，人们将不断地对人的智能种类进行开掘，某种能力只要得到实践的和生理解剖的足够证据的支持，就可以进入多元智能的框架之中。多元智能理论的开放性对于我们正确地、全面地认识学生具有很高的借鉴价值。各种智能只有领域的不同，而没有优劣之分、轻重之别。因此，每个学生都有可资发展的潜力，只是表现的领域不同而已。教师应当从促进学生发展的最终目的出发，从不同的视角、不同的层面去看待每一个学生，而且应当促进其优势智能向其他智能领域迁移。教师评价学生再也不应以传统的文化课学习成绩与能力作为唯一的标准与尺度。多元智能理论扩充了智力的内涵，并超越了传统的智力概念，加强了智力理论与教育的联系，更重要的是使智力水平突破了传统的智力理论的范畴，不以智力测验的结果作为衡量智力高低的唯一依据。

多元智能理论的启示

多元智能理论对传统智力理论指导下的教育特别是课程体系提出了挑战，在美国教育改革的理论和实践中产生了广泛的积极影响，并且已经成为当前美国教育改革的重要理论基础之一。同样，对我国正在进行的课程改革也有着极为有益的启示。

启示之一：我们的课程改革应当以培养多元智能为重要目标。长期以来，我们的教育以培养传统的学业智力为中心，导致课程结构过于单调，课程内容过于局限，教学模式过于统一，评价方式过于僵化。我国的基础教育课程难度与世界各国相比是大的，但学生的创新能力却不是强的。我国的学生在各种学科竞赛中成绩优异，而实践能力却落后于人。这与我们的学校教育过分注重传统的课业学习智力有很大关系。这就需要全面推进素质教育，肩负发展学生智力的使命。但是，素质教育不应只发展学生的传统意义上的课业学习智力，而更应重视发展学生的多元智能。这应成为我国当前教育课程改革的重要目标之一。

启示之二：我们的课程改革应当以培养创新精神和实践能力为重点。

借鉴加德纳的多元智能理论，不仅现实生活需要每个人都充分利用自身的多种智能来解决各种实际问题，而且经济的发展和社会的进步也需要人们创造出社会需要的各种产品。当前，培养创新精神和实践能力对于我们来说，已不是一个一般的教育目标，而是关乎全面建设小康社会的大事。实施素质教育要以培养学生的创新精神和实践能力为重点。培养创新精神和实践能力的关键是要求学生具有创新思维，并能将新的理念付诸实践。多元智能理论为培养创新精神和实践能力提供了重要的理论依据——通过培养学生的多元智能使学生实现由善于解答问题向善于解决问题转变。

启示之三：我们的课程改革应当树立人人都能成功的学生观。多元智能理论指出，每个学生都有自己的优势智能领域，学校里人人都是可育之才。我们应当关注的不是哪一个学生更聪明，而是一个学生在哪些方面更聪明。因此，我们的教育必须真正做到面向全体学生，努力发展每一个学生的优势智能，提升每一个学生的弱势智能，从而为每一个学生取得最终成功打好基础。

启示之四：我们的课程改革应当树立因材施教的教学观。传统的教学观认为，教学就是教师向学生传授知识的过程，就是教师按照预定的方案、用有限的时间、在规定的场合、按照一定的流程把书本知识单向传递给学生的过程。在课堂教学中，教师和学生都失去了个性，教学也形成了固定的模式。多元智能理论则要求形成因内容而异和因人而异的“因材施教”的教学观。多元智能理论认为，不同的智能领域都有自己独特的发展过程并使用不同的符号系统，因此，教师的教学方法和手段应根据不同的教学内容而有所不同。同时，同样的教学内容，又应该针对不同学生的智能特点进行教学，创造适合不同学生接受能力的教育方法和手段，并能够促进每个学生全面的多元的智能发展。

启示之五：我们的课程改革应当树立多元多维的评价观。评价具有导向作用，不同的评价观对基础教育的发展产生不同的导向。借鉴多元智能理论，我们应该改变单纯以标准的智商测试和学科成绩考试为主的评价观。在评价的内容方面，不能仅仅局限于传统的课业学习智力，而应当是多元的；在评价的方式方面，也不能只注重书面的考试，而应当探索多维的评价方式。当然，在高一级学校和用人单位进行选拔时，也不能只注重考试的结果，而应当探索多元多维的选拔方式。当前，不得不考虑的问题是，人们认为只有考试成绩才能保证选拔的公平和公正，但我们不能为了维护这一看起来的公平公正，而放弃了实际上的公平和公正，也就是人的发展的公平与公正。我们只有注意评价内容的全面性与评价方式的科学性，才能使评价真正成为促进每个学生充分发展的有效手段。

3.《多元与和谐》借鉴多元智能理论开发学生潜能实践研究暨 DIC 国际合作项目组

追溯多元智能理论

借鉴多元智能理论的实践研究，在中国内地可以追溯到 1984 年，从那时开始，就有一批从事智残儿童教育和农村教育的工作者，以关爱“弱势群体”的深情，默默地开发这些学生的潜能，促进他们多元发展。随着我国教育改革的逐渐深入，人们对先进理论的渴求日益增长。在原国家教委专职委员郭福昌同志的支持下，由北京教育学院梅汝莉教授牵头，于 2000 年初成立了中国教育服务中心优秀教师经验研究推广部。当年该部在北京即召开了“开发学生潜能，深化教育改革”研讨会，聘请美国亚利桑那大学发现项目负责人琼·梅克到会作学术报告，她向与会者介绍了多元智能理论及她所开发的这一项目。会议期间，由中国著名教育专家陶西平代表中方与琼·梅克教授签订了 DIC 国际合作的框架协议书，当年就吸收了 50 余所项目学校。2001 年 3 月 15 日，《中国教育报》以《向传统教育评价的挑战——多元智能理论》为通栏标题，专版报道了这一项目，至此，揭开了借鉴多元智能理论进行大规模有组织实践研究的序幕。

这个课题有两个关键词，一个是“借鉴”，一个是“实践”。

中国有着优秀的教育传统，孔夫子被尊称为世界十大思想家之首。加德纳创立的多元智能理论，指出了人的差异的普遍性，为个性发展提供了重要的理论依据，这与孔子的“人性论”的素朴观念以及因材施教的原则是相通的。

借鉴多元智能理论，防止走入误区

借鉴多元智能理论的实践研究必须注重实效，防止走入误区。本课题曾发现如下几种情况。

多元智能理论倡导多元情境化的教学，在实践中容易走入的误区之一是搞“花架子”。多元情境化的教学方法，并不是多元智能理论所首创，长期以来老师们多用其来“激情、激趣”。而多元智能理论在此基础上又赋予它新的功能：其一，为因材施教服务，适应不同智能类型学生的学习风格；其二，“为深刻理解而教”。加德纳认为，任何一个重要的复杂的概念都可以运用多种方式来理解和表达，多元情境化的教学恰恰是为深刻理解这些重要的复杂的概念服务的。我们对多元互动情境化教学功能进行了重新定位，有效地避免了“种了人家的田，荒了自家的苗”的后果，把“乐玩”误当“乐学”等教学误区。

在实践中容易走入的误区之二是将“会学”与“学会”相对立。在贯彻素质教育的初级阶段，在我国教育界曾经流传一句话：从“学会”转变为“会学”。但这二者绝不是“非此即彼”的关系，不能由一端转向另一端。多元智能理论强调教学必须关注学生“如何思考”，但是，它所谓的“会学”的标准是能够运用知识来解决实际问题，这不就是“学会”了吗？这一理论将“会学”与“学会”辩证地统一起来了，值得我们借鉴。

在实践中容易走入的误区之三是将研究性学习的优越性绝对化。加德纳曾经倡导研究性学习。但是，他在强调研究性学习的重要价值后，却语重心长地告诫人们：没有任何医治教育百病的灵丹妙药，也没有通向知识天堂的阳光大道。有的知识需要背诵，那就应该背诵，有的知识需要计算，那就应该计算，如此等等。他认为各种教学方法都有其独特的作用，教学方法应该是多元的，而不要用一种方法来覆盖全部教学过程。当前，对我们来说，在倡导研究性学习的同时，也不应该用它完全取代接受性学习。

多元智能理论的精髓与人的个性发展

经过研究，我们认识到多元智能理论的精髓提出了人与生俱来就拥有多种潜能。并明确指出，由于人与人潜能结构不同，从而形成了人与人之间的差异。这一理论直接影响关于个性全面发展的教育理论与实践。

总结我国教育发展的历史，关注个性发展始终是教育的薄弱环节。改革开放之后，在马克思主义“人学”理论的支持下，关于人的个性发展教育才艰难地浮出水面。如何正确促进学生个性的健康发展，是一个亟待研究的新课题。我们的新视点是，研究如何使“学生个性与社会性的协调发展”，如何在坚持基础教育全面发展的统一要求基础上发展学生个性的问题。

该理论认为，只有对与自己不同的事物给予尊重，才能维系世界的多元化发展，才是现代意义的多元化理念，它要求人们承认差异、尊重差异。

加德纳对新世纪充满着憧憬，他很清楚未来的世界将为人的个性发展创造更为宽裕的环境，与众不同的是，他还认识到个性发展必须与社会多元需要的环境相协调。他说：“这个千禧年将会把世界带向更个人化的方向。这个个人化并不是所谓的自私或是为自己，而是指对每一个个人的了解和尊重。”个性的高度发展意味着人类个体发展多元化程度的提升，这本来即是多元智能理论的核心内容，当然也是现代社会发展的需要。……多元智能理论要求学校教育学生承认人与人之间、民族与民族之间的差异，学会尊重差异，它认为只有对与自己不同的事物给予尊重才能维系世界发展的多元性。多元智能理论倡导的个人化，正是有别于个人中心主义的个性化。

加德纳深知“智能是原始的生物潜能”，但是“只要大脑没有受伤，如果有机会接触利于培养某种智能的环境和条件，几乎每个人都能在那一种智能的发展上取得非常显著的效果”。加德纳根据多元智能的研究，对教育开发人的潜能寄予了新的希望，“我们不能忽视，不能假设每个人都拥有相同的心理智能，而是应该努力确保每个人所受的教育，都有助于受教育者最大限度地发挥其智能潜力”，期盼教育能够“在每个人身上得到最大的成功”。

潜能，不是显能，也不是特长。因此，往往是学生的不良行为中会折射出他们的智能强项，这对我们教育的智慧与良知，诚然是尖锐的挑战。加德纳曾经指出：“人类历史上很多最有创造性的天才，都曾经存在明显的学习上的问题，爱迪生、丘吉尔、毕加索，甚至爱因斯坦，都是这样。”……只有将个性发展建立在正确认识潜能的基础上，教育才有可能走出尴尬与遗憾的窘境，使每个学生都获得应有的发展。……孙栋是该校 2000 级服装班的学生，有一次，他在教室的黑板上画了“班长——是班主任的狗腿子”的漫画，班主任老师不仅没有被他的恶作剧激怒，反而从他的不良行为中发现了他的绘画天赋，让他担任班里美术兴趣小组的组长和学校班刊的美术编辑，圆了他的大学梦。

至于何谓“人的个性发展”，简言之，“马克思把人的个性叫做‘自由个性’，就意味着：只有独立才能自主，只有自主才能自由，只有自由才有‘个性’”。

我们明确提出了在集体教育中发展学生个性的主张。在强调个性与社会性相统一的思想时，我们指出，离开了对人独特潜能的开发，教育的一切功能都将丧失根基。学校正确处理个性与社会性的关系时，决不能回到单纯的“社会本位”的框架中去，而必须认真贯彻“以人为本”的指导思想，开发学生的潜能，张扬他们的个性和创造性，这是借鉴多元智能理论的前提。……指出每个学生存在智能的差异性，强调创设以个人为中心的学校，这是多元智能理论的核心观念。……在反对工业化时代教育“标准化”的浪潮中，我们认为，不能全盘否定具有统一性特点的集体教育，特别是在我国班级授课制还是基本的教学组织形式时，更应当研究将集体教育与个性化教育相结合的教学策略，研究集体教育与个性发展相互促进的教育，研究我国普遍适用的现代因材施教原则。

加德纳认为：“……智能的优势可以调动起来，帮助学生”在他们的优势领域“表现优秀”，“起码在某些时候，这些智能强项能够用于弥补……不足”。我们正是希望借助学生个体智能长项的发挥，能够更有效地弥补其不足，并使学生的智能强项在“补短”的过程中得到更大的发展。经过六年的实践，大致有如下三种扬长补短的方法比较有效。

其一，发现学生的长项，激励学生主动克服缺点。

其二，认真总结学生的强项，将其中体现的良好心理品质作为“补短”的思想资源。

其三，学生采用自主有效的学习方法以补其短。

多元智能理论及其实践给我们一个重要的启发：现代的因材施教，不能仅仅依靠老师，更重要的是应当引导师生共同研究“学”。

多元智能理论揭示，不同的学生有不同的学习风格或不同的有效学习方法，成功的教学应该是“以学论教”的实践。我国的《学记》是迄今为止人们所知道的世界上第一步系统阐述教学的论著，尤其耐人寻味的是中国的先哲们只用一个“学”字来概括“教育”。这绝非《学记》作者的独创，它有古老的渊源。留存的金甲文，就是用一个“学”字来表示一所学校的。后来，经过一番钩沉集腋的工作，人们逐渐认识到“以学论教”是中国古代教学的一大特色。

加德纳指出：“每一个孩子都是一个潜在的天才儿童，只是经常表现为不同的形式”，“对于一个孩子发展最重要最有用的教育方法是帮助他找到一个他的才能可以尽情施展的地方，在那里他可以满意而能干”。

“少就是多”的课程设置原则

加德纳在论及多元智能理论“对课程的启示”一文中指出，要改变课程企图涵盖一切而导致肤浅的毛病，提出“应该奉行‘少就是多’的原则”。那么，课程设置和实施时应该抓住的“少”是什么？怎样的“少”才能繁衍成“多”呢？加德纳认为，具有“最终状态”和“最后表现”的知识就是应该成为“课程设计和评估程序的基础”。

素质教育的课程功能包括三方面的内容：一是知识与技能，二是过程与方法，三是情感、态度与价值观。这三个方面体现一个目标，就是塑造学生健全的人格，显然与多元智能理论开发智能与塑造健全人格相统一的思想是一致的。

加德纳深刻地认识到，人的智能受一定社会价值观的制约，这一理论在他的智能定义中就有直接的表述，例如他说：“智能是在特定的文化背景下或社会中，解决问题或制造产品的能力。”

以智启德，塑造健全人格

多元智能理论所界定的智能，在一定程度上已经成为人格修养不可分割的部分，这集中体现在“以智启德”上。

多元互动情境化教学模式

所谓“模式”，在我们看来它并不是固定不变的“格式”，而是一种可供教学设计使用的思考方法，是基本理念的“物化”或落实。我们提出的教学模式，是为了增强实践研究的操作性，促进人们将理论渗透到教学行为中去。在当前新课程改革推行之际，不能仅有理念，也应当有体现课程理念的操作方法，这是我们重视实践研究，并努力归纳相应的教学模式的原因。经过六年的实践研究，本课题在借鉴与总结实践经验的基础上概括了两个教学模式：其一是“多元互动情境化教学”，其二是“多元智能的问题连续体”。

教学的多元化之“多元”指的是教学“切入”的方法可以是多元的，它尤为重视学习知识的多元思维方法、多元表达方法和评价的多元取向。

“多元智能问题连续体”教学模式

借鉴多元智能问题连续体的实践探索，我们总结出“当学生能够将知识与经验转化成正确解决问题的方法并将问题成功解决时，相关的能力就此产生”的论断。

多元智能理论为达成深刻理解、学以致用的教学目的，要求学生学会思考，借以提高他们的理解能力。……培养会思考的人，是教育义不容辞的责任；在“问题解决”教学中关注学生“如何思考”，引导他们思考，是教育的明智选择。

借鉴多元智能评价理论的实践探索

多元智能评价的立足点在于促进发展，实现教育公平。

加德纳认真考察了美国的现行学校，尖锐地指出，标准化的测试完全脱离了丰富多彩的实际生活和智能各异的学生实际状况，造成教学内容的狭窄性，教学方法的单一性，致使这样的学校不可能开发学生多方面的智能。

加德纳声明，他并不反对全盘否定标准化的“统一观点”……他反对的是在“统一观点”指导下的标准化评价，因为它扼杀了绝大多数学生多方面智能的发展。

加德纳在《多元智能》一书中把考试分为两种模式：一种是非情境化的，通常用纸笔进行，是建立在客观的、无情境的方式基础上的，他称之为“正规考试模式”；另外一种是“师徒制模式”，这种评价只能在自然发生的、包含一种技艺的特殊情境下实现。

加德纳曾说：“与其制造无法衡量智能的测验，并将学生分类而限制了他们的成长，我们不如设计帮助个体开发和培养他们自己能力的方法。”

加德纳在《多元智能》一书中明确提出教育的直接目的，在于培养人具有“真正理解并学以致用的能力”。很多译文都将加德纳这一论断简要地概括为“为深刻理解而教”。能否达成这一目标，是教学评价的主要依据。

我们受多元智能理论的启发，对理解进行了重新理解，与中国传统的“知行合一”论相会通，并赋予“理解”以个性化实践和创造的特性。

我们进行了学校内部对学生实施多元发展性教学评价的实践探索后，在学校教学领域对我国基础教育来说，必须将教学目标由只强调“知道什么”，变为“知道什么”与“如何思考”相结合。“知道什么”重在结果，“如何思考”重在过程。而且“如何思考”恰恰是“过程性评价”的关键，可以借助这一评价引领学生思维的发展，使学生在掌握知识的过程中提高驾驭知识的能力，这对他们终生学习至关重要。知道什么与如何思考是辩证统一的，二者不可分割。

多元智能理论倡导教育公平，真正意义上的“公平”绝不是世俗所谓的“平均”，中华民族的“和谐”观认为各得其所、各有所获才是真正的公平。

姚文俊先生论述主体多元教育

姚文俊，中国教育学会小学教育专业委员会理事长，原人民大道小学校长，殷都区首席教育总顾问，殷都区教科培中心主任，中国教育学会殷都教育改革实验区课题负责人，“少年儿童主体多元实验研究”课题的总设计师，在实验研究过程中对主体多元教育思想做过多次解读，现将四次讲话的主要观点摘要如下。

1.“主体多元发展实验研究”是主体教育思想和多元智能理论相融合的新理念——坚持科学发展观，创建全国一流教改实验区的思考

(1)“主体多元发展实验研究”是主体教育思想和多元智能理论相融合的新理念

主体性是一种哲学概念，主体教育是一种发展学生主体性的实践活动。什么是主体性？主体性是人的最基本的行为特征，主要特质是自主性、主动性和创造性。自主性是人对自身的认识，表现在行为上是自尊自信、自律自理、自我判断决断、自我调控等。主动性是人对客观世界的认识和作用，也就是人们常说的人都有主观能动性，表现为成就动机、兴趣和求知欲、参与意识与能力、社会适应性。创造性是人对现实的超越，是主体性的最高表现，表现为创新意识、创造性思维能力、动手实践能力、创新人格等。

主体教育就是要发展学生的自主性、主动性和创造性，在教育教学过程中要改变两只眼睛总是盯着学生的缺点、毛病，把批评、训斥、惩罚作为常用的教育手段。要用欣赏的眼光、宽容的胸怀、理解的态度、善待的方法对待每一个学生，使学生的独立人格得到应有的尊重，自主权利得到必要的保证，个性差异得到真正的承认，兴趣爱好得到充分的发展。主体教育论认为：主体性的实质是人的一种内在精神，它能使人产生一种内动力，主体性强的人会把这种内动力变成一种内驱力，成为一种自觉能动的行为。

智能教育是一种承认差异、尊重差异、善待差异，开发人的智慧潜能的扬长教育。智能是人认识世界和改造世界的一种功能。目前脑科学、心理学、教育学资深专家研究的结果认为，人的大脑智慧潜能有语言沟通、数理逻辑、空间视觉、科学探索、身体运动、音乐旋律、人际交往、自我认识等，但具体到每个人，智能结构与功能强弱并不相同。智能教育论认为，大脑是智能的物质载体，人的智能是多元的，但有长有短；智慧的潜能是丰富的，但有大有小。真正的教育应该是正视差异、善待差异。

以数理逻辑智能来说有一个很典型的例子。湖南的佟一周从数理逻辑智能来说是最低的，土话说就是一个傻子。在学校里老师教给他一加一等于二，他当时知道，但过一分钟再问他就不知道，就傻到这个程度。爸爸感觉孩子学习无望。后来发现一听音乐，他身上就出现律动，又蹦又跳，爸爸就开始培养。8 岁的时候，周周就开始指挥乐队，13 岁的时候就成为中国少儿交响乐团的指挥，出国演奏 800 多场。外国人不相信，很多人问他一加一等于几时，才知道是真的。在我们传统的教育下，一个标准、一把尺子去量不同的孩子，不仅不科学，而且会断送孩子的一生。怨谁？怨教育制度，也怨我们教师缺乏先进的教育理念去指导我们的教育教学行为。

如果把主体教育思想与多元智能理论相融合，构建出一种主体多元发展的教育模式，把人的内在精神即主体性作用于人的个体差异的智能开发上，不就把主体教育进一步引向深入了吗？在教育教学过程中，教师首先观察了解学生进而分析研究学生，根据善待差异原理，实施扬长教育，使每个学生都能成为最佳的我。这就是少年儿童主体多元发展实验研究的理论支撑。这就是李书记在几次讲话中提到的“主体多元”四个字。

开展少年儿童主体多元发展实验研究也是想寻找东方教育与西方教育的结合点，创造出一种适合学生发展的教育。

以美国为代表的西方教育注重诚心诚意地让学生做主人。关注的是人的个性发展，把尊重学生、欣赏学生、宽容学生、善待学生作为教育的宗旨，主张学生参与表现，社会实践，动手创造。

我去过 20 多个国家。我在美国的一所小学听了一节作文课。我们上作文一般是命题作文。比如中国教师让学生写“记一次有意义的活动”，帮助学生审题会这样做：首先指导学生明确要写活动，活动有很多呀，对，是有意义的，写多少次呢？一次就够了。美国的老师怎么教学生写作文呢？让学生到图书馆去看书，学生在阅读中看到哪一部分有兴趣，就在这里列提纲，回到教室，同学们去研究，研究过以后自己写，写好以后挂在教室后面，并写上一句话，请求大家帮助。同学们互相看过之后，在下面写评语。一周之后，每个同学把别人给自己写的方方面面的意见看过之后进行修改，然后大家再交流，到最后自己也满意了再交给老师。老师看过之后就在他的作文后面画个笑脸，你的文章小朋友都满意了，老师还能不满意吗？我想这样的作文教学值得我们借鉴。

在美国听一年级识字教学，我觉得也值得学习。老师一上课就说，把你昨天看到的、想到的、听到的用画画出来。学生画好后找老师评价，老师先问：“你画的是什么？”学生说：“我画的是空中几朵云！”老师说：“你看着老师写的就是你画的内容。”学生趴到老师肩膀上看老师怎样写，然后回到座位上去练。由于学习内容是他自己看到的、想到的，自己画的，因此学习不仅没有负担，而且是在快乐中学习。学生写完字母后又去找老师评价。老师看到有个别的单词写得不规范，又掉了个字母，就给他画一个小朋友的脸滴着两滴眼泪。小朋友看过以后就明白了自己有错误，回到自己的座位上对照老师写的发现了自己的错误，于是认真改写后让老师看，这时老师又给他画一个笑眯眯的笑脸。学生在这个过程中学会了学习。实事求是地说，西方的教育确实是做到了诚心诚意让学生做主人。

以美国为代表的西方教育关注的是诚心诚意让学生做主人，尊重个性，注重创造。以中国为代表的东方教育注重的是严肃严格的基本训练，关注孩子的基础知识和基本技能的训练，以高标准严要求为宗旨。但

“过错、过错”，什么事太过了，也就错了。所以以美国为代表的西方国家也正在借鉴我们的优势。但我们中国的“严肃严格”也太过了，学生的负担超出了生理和心理所能承受的极限。什么是负担？负担就是你应该负起的责任。现在孩子没有幸福感，是因为孩子的负担太重了。学习是孩子的天性，孩子现在厌学、逃学，二年级的学生在作文中就这样写：“我想像爷爷一样，早点退休。”所以我们这个主体多元发展教育就是想寻找东方教育与西方教育的结合点。

诚心诚意让学生做主人，就是要发展学生主体性；严肃严格地进行基本训练，就是要开发学生智慧潜能。我们在实验设计时，把这两条作为实验研究的基本原则，就是想把人的内在主体性和人的智能多元性融会贯通，创造出一种适合学生发展的教育。

(2) 关于“少年儿童主体多元发展实验研究”的设计

根据主体多元理论并在北京师范大学和安阳市人民大道小学联手合作开展的主体教育实验研究的基础上，我们适应现代教育的需要，构建了将主体教育思想与多元智能理论相融合的主体多元发展教育模式。这一模式初步设计为一个中心、两条原则、三个重点、四个系列、五种成果，简称“一、二、三、四、五”。(承前省略)

2. **促进学生主体多元发展是教育的核心和灵魂**

殷都区对中小学生主体多元发展问题进行了积极的理论研究和实践探索，认识到促进学生主体多元发展，是教育的核心和灵魂，并取得了一定的阶段性成果。同时在实验研究过程中也开始对主体多元教育与当前大家都关注的全面发展教育、素质教育和实现教育现代化等问题有了一些粗浅的认识，进而增强了我们继续把学生主体多元发展实验研究深化下去的信念和力度。

(1) 主体多元教育与人的全面发展问题

人的全面发展问题是马克思教育思想的核心，也是毛泽东教育思想的精髓。大家天天讲，连续讲了几十年，并早已作为我们的培养目标写进党和国家的教育方针。目前我国越来越多的理论工作者和实际工作者围绕着教育如何促进人的发展问题，从诸多方面进行理论研究和实践探索，并已呈现出有积极影响的不同教育模式。但是，人的全面发展的根本特征是什么？为什么要追求全面发展而避免片面发展呢？并不是都想得深、讲得清的问题。21 世纪初，北京师范大学王策三、裴娣娜教授和华中师范大学王道俊、郭文安教授等对这个问题进行了深入研究，他们共同认为，人的全面发展最根本的特征就是主体性。王策三教授讲："我们之所以要培养全面发展的人，就是要发展人的主体性。抓住了主体性，就抓住了全面发展的精神实质。"我认为，这几位教授已经把人的全面发展的根本特征讲清楚了。但当前的教育实践中有时把全面发展视为平均发展，有时偏重于认知结构而忽视人的精神培养。我们现在培养的学生虽然在知识技能等方面存在着一定的缺陷，但这不是主要的缺陷，最主要的缺陷是一种内在的主体多元发展。我国青少年学生在国际数理化大赛中不少人可以拿金牌、银牌，但几十年我们所培养的堪称世界一流的科学家、学者屈指可数，更不用说培养出一位诺贝尔奖获得者。人的全面发展不仅是指德智体美劳等方面的知识技能得到发展，而且还应包括人的内在精神的发展，如人格精神、创造精神等。主体性是人作为对象性活动的主体所具有的本质特征，是作为认识主体的人在处理外部世界关系时表现出来的一种功能特征，是主体在作用于客体的活动中表现的能动性，它具有独立性、主动性、创造性等基本的本质特征。主体性强的人就是自觉能动性强的人，是在客体面前拥有主动权和自由的人。这种人在客体面前，在条件许可的范围内最大限度地发挥自身的力量去认识世界、改造世界和创造世界，从而做成那些缺乏主体性的人认为做不到的事情。当前我们的教育不仅在行为上存在片面性，而且在认识上也对"全面"产生片面的理解。比如，在我们的教育过程中，强调的是人对社会的服从、顺应而忽视人的自身发展，致使学生独立人格得不到尊重，自主权得不到保证，兴趣爱好得不到充分发挥，个性差异得不到承认，结果培养出的人主体多元得不到发展。学生在独立性和自主性上，常常表现为处于被人规定，被人指派，被人掌握的境地，不能根据需要主动地选择适合自身的教育，也不去积极取得独立的人格地位；在主动性和能动性上，常表现为没有明确的目标，缺乏进取精神，害怕困难，回避，缺乏社会交往、主动参与、大胆竞争等意识和能力；在创造性和批判性上，常常表现为不善于独立思考，盲目随从别人，办事不灵活，喜欢循规蹈矩，不爱表现自己，缺乏理解分析和解决实际问题的能力等。

因此，抓住主体多元教育不仅是抓住了全面发展教育的实质，而且也正好切中当前教育的弊端，对推进当前教育改革，全面贯彻党的教育方针，促进学生全面发展将起到积极有效的作用。

（2）主体多元教育与素质教育问题

目前，我国素质教育正处在一个由“应试教育”向素质教育转变时期。素质教育吸引着越来越多的人开始对这一问题进行理论研究和实践探索。我们认为“应试教育”是依据传统教育和现实教育中的弊端而定名的，素质教育是作为一种与“应试教育”相对立的教育思想而提出的。一般人都认为“应试教育”是一种面向少数人的选拔性教育，实施的是一种不完全的教育，培养出来的是片面而又被动发展的人。而素质教育则是一种面向全体学生，全面提高学生的思想道德、文化科学、劳动技能和身体心理素质，促进学生生动活泼发展的教育。但深思起来，素质教育的实质是什么，培养出来的人的基本特征是什么，并没有深入研究以至达成共识。当前的素质教育比较注重学生素质结构的研究，强调学生的全面发展，但学生整体素质的发展及某一方面素质的发展靠的是什么？是依靠自身内在的因素呢，还是依靠外界强加给的力量呢？教学认识论告诉我们，教学过程是一个学生认识发生发展的过程。学生在教师的“传道、授业、解惑”面前不是消极被动的，而是一个认识内化的过程，即根据自身的需要主动进行选择，并化为自身的东西。学生在教育教学过程中这种自主能动地获取知识技能的行为就是其主体性的表现。因此，在教育教学活动中，教师要尽量面向全体学生，为每个学生的自主教育、自我发展提供和创造必要的条件和机会。作为处在主体地位的学生更要充分发挥自己的主体性（即独立性、主动性和创造性），学会认知，学会做事，学会生活，学会生存，学会做人，这是我们的教育特别是素质教育所追求的。主体性强的人，把自然生存条件置于自己控制之下做自然的主人，把适应和改造社会的实践活动置于自己控制之下做社会的主人，对自我进行解剖、设计和改善，做自己本身的主人。其次，教师要观察了解学生进而分析研究学生，根据善待差异原理，实施扬长教育，使每个学生都能成为最佳的我。主体多元教育就是要不断地提高受教育者的主体意识、能力和主体人格，使其成为进行自我教育的社会主体。当前的素质教育研究需要再往前走一步，即对学生素质发展的核心和灵魂问题，主体多元发展问题进行深入的理论研究和实践探索进而构建出诸多主体多元教育模式。

（3）主体多元教育与实现教育现代化问题

现在大家在深入学习和进一步理解邓小平“教育面向现代化，面向世界，面向未来”的过程中，开始注重研究教育现代化问题，并已初步形成一定的共识，即在坚持正确的办学方向的前提下，实现教育思想现代化、教学体系现代化、师资队伍现代化和教育条件现代化等，进而培养出具有现代化素质的人才。教育现代化是以社会现代化发展为前提，进而又为实现社会现代化服务的。当今世界正处在一个以经济发展和科技实力为基础的综合国力激烈竞争的新时代，未来世界将是一个科技迅猛发展而又充满竞争和挑战的世界，我国也将以巨人的步伐向着富强、民主、文明的国度迈进。社会现代化的进程，又将要求教育必须走向现代化，培养现代化所必需的人才。因此，作为教育自身必须主动“适应”围绕着现代化社会对人才的需求积极进行改革，通过教育现代化，培养现代人。但是现代人的基本特征是什么？怎样才能有效地培养出这样的人？这也是当前研究得不够深入的问题。

人本来就是认识的主体和自然界的主人，但由于社会历史的原因，使得人并不从来就是独立和具有自主权利的人。在专制社会里，少数人统治、压迫、剥削多数人，致使多数人没有平等的地位和民主的权利，成为没有独立自主的个体。与专制社会相比，生长在社会主义条件下的人成为社会的主人，有了自己的人格地位和民主、平等的权利，自身的聪明才智和创造能力得到了发展，现代化程度越高，人的依附性越少，人越不做财富的奴隶，精神境界将越来越高，所追求的将是自我人生价值和个性全面自由的发展，成为主体性强的人。这种人自尊、自信、自主、自强，能自我调控，独立判断决断；这种人有良好的道德品质和健康的心理，有理想，有抱负，对国家和社会有强烈的责任感和奉献精神；这种人能主动获取知识技能，具有主动参与、大胆竞争、勇于进取、开拓创新的精神。现代化的教育正是要培养这种具有现代特征的人。现代化的社会是高扬人的主体性的社会，现代人的基本特征就是有主体性。现代化的教育就是要运用主体多元教育思想，通过一系列的教育改革，培养出现代社会所需要的具有这种主体性的人。

纵观世界发达国家的教育都在围绕着学生个性、主体多元发展问题，进行多领域的改革，我国中小学教育现代化也应该围绕着学生主体多元发展问题进行理论研究和实践探索，支持和鼓励多种教育模式的呈现，逐步求得理论上的共识和实践中的认同，进而形成具有中国社会主义特色的现代化教育。

3. **殷都区全面推进“主体多元”教育，打造高效课堂动员暨培训会动员报告**

我国基础教育已进入一个坚持科学发展观，依靠教育科研促进内涵发展，全面提升育人质量的新阶段，并呈现出五种情势：一是实施素质教育已基本形成共识，但还没有真正转化为广大教育工作者的教育教学和管理行为。二是九年制义务教育已基本普及，但教育的均衡发展尚未真正解决。三是孩子上学问题已基本解决，但上好学、接受优质教育的问题并没有满足家长的需求。四是教师队伍在数量上基本满足，但整体素质偏低，不能完全适应素质教育及新课改的需要。五是校长队伍已基本稳定，但专业化水平偏低，教育家型校长数量甚少。

以上五种教育情势都跟质量有关。质量是个“一果多因”的问题，一般说来育人质量的高低，受三大要素所制约：一是物质条件，二是教师素质，三是学生来源。

20 世纪 80 年代初，山东经济大发展，带来教育的振兴。学校面貌焕然一新。但因没有素质较高、结构合理、相对稳定的师资队伍，教育质量没有明显的提升。后来山东加大对教师优化组合的力度和校本培训的力度，教育质量才逐步提升上来。深圳也遇到制约教育质量提升的难题，原来的一个小渔村，总设计师邓小平“画了个圈”，很快变成了特区，经济的高速发展带来了教育的振兴。它借鉴了山东的经验教训，在大办教育之前，先向全国招聘校长、教师，而且高薪聘任，诱发了“孔雀东南飞”。尽管在教师队伍组建上借鉴了山东的经验，但由于生源一时难以优化，再加之教育的周期较长，学校更需要自身的文化底蕴，短时间内想把一个地区教育办成优质教育谈何容易。时至今日，深圳的校园美，教师的工资高，但真正的总体教育质量还比不上内地的大中城市。别的学校我不了解，就安阳外国语小学而言，恐怕制约质量提升的主要因素，不一定是物质，也不一定是师资，而是学生来源。因此我认为，外树形象固然重要，但更为重要的是内练真功，走内涵式发展的道路。

如果说物质条件主要是政府行为，那么现在各级政府经费投入已基本到位；如果说教师配备、师资培训主要是各级教育行政部门的责任，那么现在教育主管部门正在积极地履行自己的职责；如果说学校生源的好坏与家庭教育有关，那么现在众多家长为了孩子在经济投入和智力开发上不惜付出。

学校是专设的育人机构，确保育人质量的主阵地。学校的一切人员所从事的一切活动都是为了育人。因此，全面提升育人质量这是历史赋予学校教育的政治任务，是一个不可回避而且必须认真回答的问题。向学校教育要质量，向校长管理要质量，向教师课堂要质量，已成为全社会的共同呼声，也是基础教育发展新阶段的一个重要标志。当今学校教育抓住提升育人质量就叫“好钢用在刀刃上，智慧用在关键处”。

联系殷都教育，我们在加大教育投入力度实现城乡教育一体化的基础上，又适时引进人才，优化教师队伍，实施名师工程。从 2006 年起区委区政府就明确提出科教强区、科研兴教战略，把外树形象，内练真功，走内涵式发展道路作为指导思想，把创办优质教育——把主体教育思想与加德纳多元智能理论相融合，创造出一种主体多元发展的教育模式；建设特色学校——全面发展打基础，个性发展有特长；打造教育精品——出质量、出经验、出理论、出名师、出名校，全面提升育人质量作为奋斗目标。先后成立了教科所、教科培中心、全国校长培训基地。成立殷都区教育智囊团，由专职和兼职的著名专家、教授、优秀校长、特级教师所组成。确定实验学校，研究制订实验方案，组织外出考察。并正式成功申报全国教改实验区，“少年儿童主体多元发展实验研究”成为我国“十一五”重点科研课题。如果说加大教育投入力度，促进教育均衡发展实现城乡教育一体化是唱响了殷都教育的第一部曲，适时引进人才、优秀教师队伍、实施名师工程是唱响了殷都教育第二部曲的话，那么成功申报国家教改实验区，开展主体多元发展实验研究，向科研要质量就是又唱响了殷都教育的第三部曲。正当我区主体多元教育由点到线再到面向前推进并选择发展性教学系统为突破口、以提升育人质量为目标在全区铺开的关键时候，以李炳亭先生为主力的中国教师报名校共同体的研究成果《高效课堂 22 条》问世并传入我区。一向重视、支持、参与、引领我区教育的区委书记李南沉同志在认真拜读的基础上及时发出指示：人手一册，认真拜读，先临帖，再破帖，进而打造我们主体多元教育的高效课堂。因此，就有了今天的“两厢情愿、相得益彰、合作共好”的新局面。

什么是质量？分数、升学率是检测质量的一种手段而不是质量的本身。我们所追求的质量不是口号式的办学质量、管理质量、教育质量、教学质量等笼统的工作质量，而是育人质量，即学生全面、和谐、主动、活泼的发展。这种发展凸显在主体性的激活和智能的开发上，即把主体性这种内在的精神作用于智慧潜能的长项，使人人成为最佳的我。

怎样提升育人质量呢？当然方法途径多种多样，但首先要向课堂要质量。用我们主体多元教育的质量观来审视现实的课堂，有目中无人的无效课堂，有知识本位的低效课堂，也有学生本位的有效课堂，但不是我们所追求的高效课堂。我们要打造的是主体性和多元性相融合的课堂，即把激活学生的自主性、主动性和创造性作用于学生多元智能的开发上。

打造高效课堂是我们主体多元发展性教学系统的一个重要组成部分，但不是全部，它还包括调整教学计划、优化课程结构、研制评价体系。基础教育不是选拔适合教育的学生，而是创造适合不同学生的教育。好的教学是在调查了解学生、分析研究学生的基础上对有差异的学生实施有差异的教学，通过有差异的评价激励学生有差异地发展。那种“一张试卷、一次考试、一个标准”来评价每一个学生既不合情又不合理，既没有科学性又没有激励性。因此，在创建发展性教学系统过程中必须重新构建新的育人质量评价体系，确保教学改革沿着正确的方向健康地发展。

育人质量是学校生存与发展的生命，也是教育不断探索追求的永恒主题，构造发展性教学系统打造高效课堂是提升教育质量的必由之路。国际经验表明，在人均 GDP 超过 1000 美元后，人们对教育等公共服务的需求开始进入到快速增长阶段。

从我国现状看，2003 年人均 GDP 突破 1000 美元，2007 年已达到 2360 美元，中国老百姓素有的重视教育的传统也更加彰显出来。当前由于物质生活水平的不断提高，人民群众对教育的期盼正在呈现出新特点：(1) 希望获得更加平等的受教育机会，通过教育改变命运创造幸福的人生。(2) 希望接受更高质量的教育，切实让子女成人成才。(3) 希望拥有灵活多样的受教育途径，拓宽自我发展道路获得更多选择的机会。(4) 希望通过教育获取更多的知识，丰富精神文化生活，提高精神境界。在所有上述这些方面，我们广大学校教育工作者都负有重要的使命和直接的责任。刘延东同志在谈到自己对教育工作的认识体会时曾经说过教育的“六个千万”：教育事业关系到千秋万代，涉及千家万户；谈教育千言万语，看教育千差万别；办教育千辛万苦，办好教育千方百计。我想，我们每个人也会有同样感受，愿同仁们想人民群众之想，急人民群众之急，增强责任感、紧迫感，更加努力地工作，以实际行动和优异成绩为办人民满意的教育作出更新更大的贡献。

4. 我对殷都区创建高效课堂的一些思考（摘要）

(1)“主体多元”高效课堂的提出

随着生产发展和社会的进步，人们对教育本质的认识越来越深刻。未来的社会是高扬人的主体性和开发人的智慧潜能的社会，进行的是一场智慧革命。知识经济的标志是创新，教育的本质是智慧，殷都教育特色是“主体多元”，故在“高效课堂”前加了“四个字”。

课堂的本质是育人，高效课堂的任务是提升育人质量。现实有：负效课堂＝摧残伤害人，无效课堂＝目中无人，低效课堂＝知识本位，有效课堂＝学生本位，高效课堂＝主体多元。

（2）“双向五环”基本模式的提出

“双向”是指我们的课堂遵循教学过程的递进和学生认知发展的规律，是由教师和学生双边，通过教与学的互动，既发展学生的主体性，又开发学生的多元智能，进而达到教学相长、双赢共好的最优化的育人效果。

“五环”指课堂教学实践过程中五个相连的基本环节。即学生预习·教师导学，学生合作·教师参与，学生展示·教师激励，学生探究·教师引领，学生达标·教师测评。

“双向五环”是一种把学生的主体性这种内在精神作用于学生多元智能开发上的主体性和多元性相融合的课堂教学基本模式。这一模式的实质是以学生全面和谐、主动活泼发展为中心，在教学过程中既要诚心诚意地让孩子做主人，又要严肃严格地进行基本训练；围绕知识与能力，过程与方法，情感态度价值观三维目标；坚持学案主导、学生主动、问题主线、活动主轴等原则，把学生预习与教师导学、学生合作与教师参与、学生展示与教师激励、学生探究与教师引领、学生达标与教师测评融为一体。在教学过程中建立民主、平等、合作的师生关系，构建师生互动、生生互动，师生成为“学习共同体”的一种新型的育人模式。

李南沉书记解读主体多元教育

李南沉，殷都区区委书记，他以对教育的“重视、支持、参与、引领”闻名全国，是“少年儿童主体多元发展实验研究”课题的最强有力的支持者，多次以独到的视角解读主体多元教育，现集中摘录他关于主体多元教育的重要讲话。

1. **李南沉书记在殷都区教科所 2009 年结题表彰暨“五个一”课题**

立项大会上的讲话（摘要）

（2009年6月12日，根据录音整理）

（1）对“主体多元”教育理念的理解

“主体多元”是新的教育理念，在殷都区实验了三年，取得了一些成果，可以说已经“生根、开花、结果”，但还没有达到我们理想中的境界。

我感觉，教育首先应该是快乐的、幸福的。“主体多元”教育理念的核心也应该体现出学生是主动的、快乐的、幸福的。因为学习是儿童的天性，孩子一出生，脑子一片空白，像海绵见了水一样，空白的大脑见了知识，会主动吸收。但在实践中，很多时候，这个过程并不快乐，也并不幸福，不是一个自愿的过程，而成为一个被迫的过程。学习本来是儿童的天性，像小树苗在阳光下自由生长，压都压不住，为什么变成了拔苗助长？为什么变成了一个非常痛苦的过程、被迫的过程、叫人操心劳力的过程？问题的症结出在哪儿？我觉得大家应该认真反思！今天受到表彰的同志、承担课题的同志，已经悟到了这个道理，实践了一些新的教育理念，初步摸索了一些办法。但是，是不是其他更多的老师和校长都理解了“主体多元”这一新理念的核心意义？我看还不尽然。

很多时候，我们强迫学生学习，把儿童学习的天性、快乐的灵感扼杀了。根源就是我们对学生太功利化了，要让他们考试、排名、争先、高分，追求升学率。所以我们看到很多极端的例子，学生与家长、老师强烈对抗，有得病的，有出逃的，更甚者自杀。孩子抱着向往已久的心情欢天喜地来到学校，但是，经过两三年，有些地方，80%甚至更高比例的学生就开始讨厌学习、害怕学习，这是学校教育最大的失败！学校不是学生快乐的天地，而成为扼杀学生天性、残害幼小心灵的场所，太可怕了，太残酷了！

我们所说的主体教育，实质就是发展学生的主体性。它的核心是通过实践活动，焕发学生的一种内在精神，使其产生一种积极进取的内在动力，进而转化为一种内驱为——“我要学，不是要我学”，“我要学会，不是要我学会”，“我要助人，不是要我助人”等。这种“内化”是主体教育的最高境界。

所以，重视教育不能仅仅表现在投多少资，多投资搞好硬件建设是必须的，但绝不是全部，更不是最重要的。最重要的应该是树立科学的教育理念，并采取一系列措施，确保科学的教育理念能够实施。教育工作追求的效果，就是充分发挥学生的天性即主体性，让学生在快乐中学习，让学生的自主性、主动性和创造性得到最佳的发展，让学生在一个又一个的成功中感到学习的愉悦。

我们所说的智能教育，实质就是开发学生的多元智能，它的核心就是“教育要扬长”。通过调查了解学生，分析研究学生，面对有差异的学生，实施有差异的教育，促进学生个体健康地发展。

“少年儿童主体多元发展实验研究”就是通过一系列的教育实践活动，把激活学生的一种内在精神作用于其智慧潜能的长项，使学生沿着“全面发展打基础，个性发展有特长，我要成为最佳的我”的教育目标，健康地发展。所以说，“主体多元”的教育理念包含了方方面面的内容，可以写成长篇巨著，但是万变不离其宗，最重要的一点，就是尊重学生的天性，发挥学生自身天然存在的学习愿望，以多元化的眼光去赏识每个孩子的特长，让学生在快乐中学习，让学生感到学习是一个快乐的过程，而不是以统一的模式去控制每一个学生。这是我对“主体多元”教育理念的理解。凭殷都区老师的素质、学识、敬业精神，我相信大多数人真正理解这一理念并不是太难。这个理念必须成为大家的共识。

愿意学习与被迫学习有天壤之别。举例来说，过去，共产党打天下时，被蒋介石称为“草莽”、“土匪”，领导的大多数还是没有知识的农民，武器装备与国民党完全没有可比性，数量更有十倍甚至百倍的差距。

而国民党掌握全国的大权，有 800 万大军，论装备，论军官的文化素质，都占绝对优势。为什么最后会失败呢？最关键的一点，国民党军队的大多数军人都是被迫的、从心里是不愿意的。而参加共产党军队的，都是自愿的，一些富裕户甚至心甘情愿把家产全部捐了出来，大家都愿意抛家离舍，都愿意把生命捐出来参加革命，这就厉害了！最终，愿意的、装备等各方面都很差的“弱小”军队，打败了被迫的、装备精良的“强大”军队！

教育工作也是如此。刚才一位老师的发言就很好，追问诸葛亮是怎么死的。我们教师的敬业精神非常可贵，很累，但是这种特别的累，尤其是小学教师应该反思。一个教育家说过一句虽然难听，但一针见血、令人回味的话，“特别累的教师，身上有特别可恨之处”。这句话用在抹杀教师的敬业精神上是特别错误的，但是用在反思“我们为什么这么累”上，值得我们认真感悟一些东西。如果采取强迫的方式进行教学，就是面对两三个学生也会非常累，何况一个班几十个学生呢？刚才说了，一个“弱小”的、愿意的军队能够打败“庞大”的、被迫的军队。套用在教育上，学生以愿意的、主动的心态学习一个小时，效果会胜过一天被迫的学习。如果我们用“主体多元”的教育思想，启发学生愿意学习的天性，掌握知识，比强迫学生学习一天的效果还要好，也许我们就不太累了。

我们的很多老师工作累，首先是非常可敬的，同时，检查一下会发现，我们对“主体多元”的理念理解还不够，处于探索阶段。但是，如果是完全不理解、不用“主体教育”的理念，而用强迫的方法压抑学生天性，如果这样累的话，就应该立即“刹车”。毛主席讲过，“世界上的任何事，怕就怕‘认真’二字”。套用主席的话，世界上的任何事，怕就怕“愿意”二字，殷都区的教育应该追求“愿意”二字。当学生都愿意学的时候，你就是一名成功的老师，你就会是一名不特别累的老师。

前几天，和几个记者朋友谈起被迫学习与愿意学习的区别，一个朋友举了他女儿上学的例子。他女儿三年级以前的老师非常会带学生，从来不布置家庭作业，他女儿每次放学回来都是高高兴兴的，到家后向他"炫耀"学习了什么，又懂了什么。学生每天都在进步，老师被学校认可，也被家长认可。暑假时候布置的作业，是养一个小昆虫，学习一种打扑克的技巧。开学后，让大家展示各自养的小昆虫，组织扑克比赛，看谁学得好。在这种教学方式下，他们班级的成绩在学校一直遥遥领先。这就非常怪，很多人不理解这是为什么。到了四年级，换了班主任，可要了命了，一开始就是练练练，写写写，背背背，抄抄抄，晚上到家也不放过，通知家长进行监督，家长没办法，只有进行监督。然后，很多学生厌学，笑容再也没有了，快乐再也没有了！最后，家长联合起来强烈要求把这个老师换了。这个老师很累呀！很敬业呀！很委屈呀！但是，在敬业中扼杀了学生的灵魂，抹杀了学生的天性，使他们再也不快乐。

所以，要理解新的教育理念的核心就是：让学生主动地学，快乐地学，幸福地学。同时，让老师教学的过程也是幸福的过程、快乐的过程，而不应把老师逼得天天加班加点，牺牲星期天，牺牲节假日。

2. 李南沉书记与教育系统座谈时的讲话（摘要）

(1) 关于考试

首先，要在认识上统一。"主体多元"教育方法是为了让学生更好地学到知识，考试、分数和"主体多元"这种新方法不是矛盾的，不是对立的，这是我们要首先认识的。现在，有些校长和教师有一种看法，那就是一说搞素质教育就不要分数了，或者说要升学率就不可能要素质教育，这种简单对立的思想是错误的。所以，要首先统一思想和认识，考试、分数和"主体多元"绝对不是对立的，只是说让学生获得知识的方法不同，效果不同。

有的老师担心，推行"主体多元"教育与市里没有接轨，学生不参加考试，会直接导致分数和升学率下降。但实际情况不是这样的，如果真正把“主体多元”思想贯彻到教学实际，学生掌握了，老师掌握了，那成绩和升学率肯定会直线上升。因为这种学习方法，比被动的、强迫的学习方法，效率高得多。

一个新的方法必然会有不顺利的时候，如果新方法没有掌握，老方法也丢了，有可能导致成绩下滑。但是，如果我们操作好了，这个曲折可能会压到最低限度，甚至可以没有这个曲折。所以，宁肯让成绩下来，也必须推进这个方法。就像小孩学骑自行车，刚开始可能会摔倒，但不能埋怨自行车不好。道理一样，不能说一时的不适应，就永远不去学。所以，关于考试，这次拿的“考试、考核、考评一体化”整改措施，我觉得很好，是一个与老体制、老方法既接轨又具有新意的方法。

其次是要在方法上统一。一是变考试为评比。考试往往是单一的，不管过程的，而且是非常严厉的，带有淘汰性的，这种淘汰的性质本身跟“主体多元”是对立的。“主体多元”思想追求的是“一个也不放弃”，如果按照评比、竞赛的方法，我觉得就和“主体多元”思想比较吻合了。谁也不淘汰，不是简单的考试，而是从各个方面去比较，在比较中激发学生学习的动力。二是变一元为多元。一元就是“以分数论英雄”，多元就是从各个侧面和角度来评价学生。一个学生是立体的，如果仅仅用分数来描述一个学生，那就太片面了。一个活生生的生命，也决不能仅仅用分数贴标签。就好比，一个学生可能成为一棵参天大树，也可能成为硕果累累的果树，也可能长成一颗歪歪扭扭的葡萄树，都非常好。所以，决不能简单地拿一方面来定论，决不能用一张卷子定一个学生的乾坤，而是要多元、多侧面地评价学生，这样才不会出现某个学生因为成绩不好而被全部否定。

以此类推，学生不仅学习好要认可，在助人为乐、爱护集体财产、组织学生活动、尊老爱幼、维护班集体荣誉等方面好也要被认可。只要学生不丧失信心，那他就会取长补短、互相激励、全面提高。

三是“主体多元”应该也适合于对校长、教师和学校的评价。对教师、校长、学校也不要单独以分数和升学率来衡量，都要多方面、全方位地评价，都要用多元的思想。

关于对考试的认识，我觉得是大多数校长和老师面对的一大难题，这个如果不突破，新思想就没法起步。为什么老师给我反映上来这个问题后，我很重视，我知道，很多老师和校长没法突破这个障碍。如果不考试，成绩下来怎么办？如果不用分数评价学生，拿什么评价老师和校长？所以，要认识到分数和升学率与“主体多元”新思想、新体制绝对不是对立的，而是完全一致的。“主体多元”思想贯彻了，学生成绩会直线上升，考试分数的提高仅仅是“主体多元”思想的一个标志，绝不是一个目的。

(2) 关于课堂教育和实践

“主体多元”的根本思想就是让学生在知识的园地惊喜地去学习。就像带着孩子到公园、动物园去玩，在玩耍和高兴中，学到了很多知识。如果能把课本知识当成一个游乐园或动物园，老师带着学生在知识的园地游玩，那学生就会是非常惊喜的，在兴奋中、在快乐中接受知识。

我们经常说要给学生减负，少布置家庭作业，这都还是用老的观念来思考问题，甚至都是伪词，为什么呢？因为如果让学生把学习当成负担，然后去减，那本质上就错了。学生学习不应该是负担，而应该是他们的天性，应该让他们愿意学。如果愿意学，还会有什么负担啊？所以，忍受学习和享受学习，一字之差，天壤之别。如果学生都是享受学习，都像逛公园、逛动物园一样学习，那还有什么减负问题啊！

所谓减负，还是建立在让学生抄抄抄、背背背上面。我们现在不是要减负，而是要彻底颠覆原来的学习方法。像少布置家庭作业，强制性不让补课，这都是在老的教育方法和观念前提下，治标不治本的方法，实际上是跟老师出难题的方法。老的标准和方法没有变，又不让老师去加班加点，不让布置家庭作业，那么成绩怎么能上得去呢？根本的考核标准没有变，光在细节上改变怎么能改变得了呢？所以，压根不再用这些东西来考核，就不会存在所谓的减负，学生和老师也就会没有额外负担了。

所以说课堂教学，要在发挥学生的主体兴趣的前提下，加以老师的引导，进而展开讨论，激发学生的兴趣和动力，使他自己主动地去问，积极地去探索、去学习。如果学习成为学生最大的快乐，老师还用布置家庭作业吗？所以对新的教学理念基本的东西要有一个统一的认识，我们认识上统一了，就要灌输给每一个校长、每一个老师，这是很抽象地讲一下，这里面还应该有一个具体的方法。

（3）关于评价体系建设

建立对学生、对老师新的评价体系，这个评价体系是主体多元教育理念的核心和灵魂，因为没有这样一个新的评价体系，那么新的教育理念就根本没办法实现。刚才金主席话讲得就很深刻，不建立对老师的评价体系，在向老师们灌输新理念时就很不容易被接受，实践工作中“主体多元”的理念就不可能实现。所以说用主体多元教育思想建立这样一个评价体系，为新的教育理念开辟道路、提供支撑。

同时新的评价体系也是新的职级制（老师职级制、校长职级制）的基础。没有这个评价体系，你如何去给老师排级呢？沿用老的职级制？你这边用老的方法去排级，老师们自然还是会用老的方法去教学生，新的教育理念就无从实现。所以必须把新的评价体系建立起来，体现主体多元教育的职级制才有实践的基础。金主席说了另一个很好的概念，就是新的评价体系应该是简单的、便于操作的。不能说非常简单，也应该是相对简单的，绝对不可以也不应该是复杂的。真理都是简单，那就是一是一，二是二，没有半点含糊。比如说：多元，就是一个综合的评价体系，围绕一个主体、一个多元。所谓主体就如何能够让学生愿意学，由逼我学转变为我要学，这是评价体系的第一个核心。第二个就是多元，不单是指学生的学习成绩、课本上知识掌握程度，还应该从学习、生活的方方面面，去全面评价一个学生。真正从学习中得到快乐和幸福是一个主体。比如说，学习好也可能是压力很大的学习好，也可能是非常幸福快乐、自然天成的学习好，我们要的是第二种境界和效果。什么是快乐的标准？什么是幸福的标准？老师每天都无所事事，上班不上班都一个样，那就是幸福？学生像放羊一样无人管束，不去学习，就是快乐？这绝对不是幸福和快乐。“快乐就是在取得成功中、在不断创造中感到快乐。”就像学生进了动物园一样，看到一种动物，去仔细观察动物，学习有关动物的知识，感到很快乐。鼓励学生通过动手动脑，想了办法有一种创造而感到快乐。所以在成功和创造中感到快乐，这才是快乐的标准。不能误解为所谓快乐就是什么事也不做，不考试了，不用学习了，甚至书本一撕就放羊了，那是快乐？那是对应试教育的一种逆反，你看现在很多学生一考试完，把书本一撕，那是一种发泄，那不是快乐。再一个什么是幸福，“幸福就是在受到认可、受到赞赏中获得幸福”，对老师也好，对学生也好，尤其是对学生在受到认可受到赞赏中获得幸福。这就是幸福的教育，快乐的教育的核心内容。如果我们不把幸福和快乐给定义了，那就会被曲解，曲解为在应试教育的情况下，我也不考试了，我也不用学习了，那就是快乐，那就是幸福，绝对不是这样。在主体多元思想这个新的教育理念里面，学习的过程应该是让学生主动地学习，取得了成功，创造性地学习，然后他感到快乐。这个过程是个快乐的过程，而不是痛苦的过程。他取得了成绩，得到及时的认可和赞赏，他感到很幸福，然后老师对学生认可和赞赏，学生幸福。整个教育系统对教师认可和赞赏，老师很幸福，是这样一个概念，这个也必须让全体老师认识到。我们所说的幸福和快乐，不是在旧教育体制下的逆反心理，不是无所作为。

（4）关于如何全面贯彻主体多元新理念

我们要充分利用假期，把校长包括我们教育局全体人员，进行封闭式培训，管吃管住，专题讲，讲完后讨论，把这种主体多元新理念要扎扎实实灌输到每一个人的脑子里，灌输后就让大家讨论，讨论的过程是一个深刻理解的过程，相互启发的过程。校长培训好，然后再到各个学校对全体教师进行培训，全体老师以学校为单位进行培训，我们下去指导。然后对家长、对学生也要开展讨论，引导学生和家长，从家长中了解他们的愿望，了解对学校的意见和建议，交流我们主体多元的新理念，启发家长提意见、提建议。还有学生，从小学生到初中生，我们要找一些学生开会，在灌输主体多元教育新理念的过程中，我们要把学生把家长当做主体，而不是把他们当成完全被动的客体。我们要从学生和家长身上获得灵感、听取意见、汲取营养，不要小看家长和学生，他们是感同身受的当事人，当事人应该最有发言权，我们一定要理解这些东西。“春江水暖鸭先知”，我们都是气候氛围，他们才是真正的感受者，春江水暖不暖我们得先问鸭，鸭先知，他们是在水里浮着的，我们要引导性地让家长和学生谈感受、谈建议。我老是相信一句话：每一个母亲都是天生的教育家。让我说，主体多元思想和每个做母亲的对孩子的教育方法都是一脉相承的。他是一个天然的东西，你说哪个孩子生下来他母亲不会教育呀，从不会说话到会说话，从不会走路到会走路，上学之前都是母亲教育的，教育得都很成功，哪个也没有说没学会说话，没学会使筷子，没学会走路。母亲在教孩子说话的过程中，教孩子走路的过程中，教孩子用筷子的过程中，这些最简单的东西，实际上都贯穿着主体多元思想。但是来到学校就不是了，应试教育一上，那可是要了命了！咱家长教育婴儿是怎么教育呀，很少批评，他会“啊”的时候，就赶紧表扬，真好真好！那个时候母亲是快乐的，如果把这个时候的母亲比作教师，教师应该是快乐的，那么这个孩子是快乐的，他会“啊”，他就受到表扬，受到赞赏，受到认可，他会“啊”一声受到认可了，他会尽量去

“啊、啊、啊”。当孩子会说第一个字的时候会得到特别的赞赏，母亲不是装出来地高兴，是发自内心地高兴，孩子也是由衷地高兴和快乐。这种母子关系，在孩子的最初成长过程中，双方都是幸福和快乐的，孩子就是在快乐和幸福中从一个不会走路不会跑也不会说话的幼儿变成了天真活泼的儿童，一直到交到我们手里。之前应该说他们所遵循的都是主体多元的思想，他们虽然不是自觉的但是天然的，这也就更加证明主体多元思想天然的真理性，虽然孩子不是千篇一律的，但他（她）都会受到母亲的赏识。所以说在贯彻主体多元的思想过程中，一定要经常大量地和家长沟通和学生沟通。贯彻主体多元思想的过程中，一定要用主体多元的概念，要把学生和家长当做主体，经常大量地从他们的愿望里面汲取我们的营养，获得我们的灵感，不要把他们当成客体，不要把他们仅仅当成我们工作的对象。

3. **在殷都区推行主体多元教育打造高效课堂动员暨培训大会上的讲话（摘要）**

(1) *要树立以学生为中心这个理念*

我们每个老师只有真正理解了以学生为中心，才能够真正理解这次教改，也才能从实践上、步骤上去设计改革的方法。敢不敢承认“学生中心论”，就像敢不敢承认“日心说”一样。

拉伯雷说：要培养冲破封建禁锢和宗教腐朽的“巨人”。他在《巨人传》中塑造了“高康大”“庞大怪”两个巨人形象。五百年前塑造的形象，我相信会有相当一部分人是不能接受的。一个孩子怎么能弄成那样！如果不能把小说里描述的现象和我们的教育理念结合起来，看到的就是一片嘻嘻哈哈乱说的东西。如果我们意识到，五百年前的先驱，追求的就是让孩子有一个彻底自由放松的环境，进而培养一代新的巨人，那么我们就会感到震撼。震撼于面对五百多年前提到的巨人，我们不敢接受！还有卢梭《爱弥尔》中爱弥尔的形象，我们如果不能接受，就说明了我们的落后！

历史证明“日心说”代替了“地心说”，事实也会证明“学生中心论”将取代“教师中心论”。我们每个老师都应该完成这个观念的更新，树立“学生中心论”这一理念。

(2) 用新的标准评价校长、教师、学生

以前是以考上几个学生，分数考得好不好来评价。现在要打破这个评价办法。

要以改革不改革、到位不到位、效果好不好来评价校长。

以能不能做排头兵来评价老师。原来是名师的，有较高的素质，但只表明有可能成为教改的先锋队员，但如果不改革，我们就不承认，能做教改排头兵的，我们会更加推崇，给予更好的待遇。原来不是名师的，在改革上取得了成功，我们也会给予名师待遇。

不只用分数来评价学生，而是要方方面面、综合评价。

这个评价体系会逐步产生、完善。

教育局、各学校，都要动员家长、动员社会，共同参与教育改革，办开放式学校。要让家长理解，现在的教学方法和对学生的要求与以前不同。要动员社会，充分利用社会现有资源，把我们的社区、工厂、农场、果园作为学生实践的基地，把整个殷都区，乃至整个安阳市当做我们的大课堂。

4. 李南沉书记在高效课堂首届教学节启动仪式上的讲话（摘要）

(1) 关于“主体多元”的基本含义

“主体多元”的教育理念，是一百多年前美国教育家杜威首先提出的。核心就是将以老师、以教为主体变为以学生、以学为主体。这是一个革命性的观念转变，就像“地心说”转变为“日心说”一样。尽管经过了数百年的斗争，付出了生命的代价，但科学就是科学，“日心说”最终取得了胜利。

比如，我们开展的这次活动，为什么一定要叫教学节，而不能叫学教节呢？就像我们推行的“双向五环”教学模式一样，每一环都是学在前，教在后。将“教学”改为“学教”，更能体现“主体多元”理念以学生为主、以教师为辅的本质含义。其实，把“教学”改叫“学教”，开始可能感觉怪怪的，其实只是一个叫法的习惯问题。像中央搞的“科学发展观学教活动”，一开始就叫“学教”，念起来也很顺口。举这个例子，目的是希望大家能够从具体词汇、具体事情开始，真正走出过去的束缚，走出固有的观念，实现思维方式真正的、彻底的转变。

(2)“主体多元”教育理念的本质

“主体多元”教育理念，本质就是尊重学生，以学生为本。科学发展观的本质是以人文本。以人为本体现在社会工作中，就是以老百姓为本，而不是以党和政府为本；体现在经济发展上，就是以企业为本，而不是以政府为本；体现在教育上，就是以学生为本，而不是以老师为本。在坚持“以人为本”方面，我们进行了很好的探索。在推动经济社会发展过程中，我们提出了“依靠群众参与、开创时代新风，三驾马车拉动、再造殷都新城”的工作思路。第一句“依靠群众参与”，就是以人为本的具体体现。实践中，由于我们坚持这一思路，取得了很好的成效。

那么，教学上能不能用这个方法呢？也能。因为各项工作在本质上是相互贯通的。实际上，我们的“双向五环”教育模式本质上采用的就是这个方法，不是把老师原有的东西灌输给学生，而是让学生预习，相当于让老百姓先去了解政策；学生合作、互相展示、进行探究，相当于让老百姓互相讨论；最后学生达标，教师测评，相当于政府认可了群众拿出的方案。

(3) 如何贯彻“主体多元”教育理念

在课堂上我们已有了明确的模式，下面，主要谈一下课堂之外的探索。每个父母在孩子上学之前，都是非常合格的教育大家，都掌握了教育的基本规律，懂得尊重孩子、鼓励孩子、相信孩子，把孩子放到主体地位，引导孩子在快乐中学习。孩子小时候学爬时，家长都会鼓励他：“乖乖会爬了，好棒呀!”孩子不愿意吃饭时，一般来说，家长也不会吵孩子，而是与孩子比赛，“乖乖，咱俩比赛吃饭，看谁吃得快”，然后，故意吃得慢一些，让孩子先吃完，再鼓励他：“爸爸没你吃得快，你太厉害了!”学走路时，学说话时，学用筷子时，都是这样。

随着孩子逐渐长大，尤其是上学后，情况就不一样了。很多家长就开始急躁了，批评孩子，“你看人家连弹钢琴都学会了，你连书本上的知识都学不会，你是怎么学的!”同时，学校也开始进行排名，实际上，排在前面的只能是少数几个，时间长了，很多孩子就会丧失信心。

我们的方法，就是要对孩子永远有信心，永远赞赏，就像小时候和孩子比赛吃饭一样，就是懂也装着不懂，去鼓励孩子，让孩子主动表现，慢慢地孩子真的在各方面都超过我们了。

“主体多元”是一个特别珍贵的理念和方法，在课堂上，具体落实办法就是推行“双向五环”模式，建立高效课堂。在课堂之外，如班级管理、学校管理、各种活动的组织、对外交往等方面，能不能交给学生？也能。今天的教学节活动就证明了以孩子为主是可以的。在这些方面，希望大家能够积极探索，创造出一种模式。

Part 2
第二部分

实践探索

前期准备阶段

(2006.7–2007.7)

◎选题立项

◎建立组织

◎培训骨干

◎物质准备

选题立项

自 2003 年殷都区成立以来，殷都人始终唱响与时俱进、锐意改革时代主旋律，教育事业在改革中取得了长足发展。

建区伊始，殷都区委区政府审时度势、高瞻远瞩，结合殷都区教育实际，提出了“科教兴区”发展战略，明确了“内练真功、外树形象、走内涵式发展道路”的教育发展思路，努力实现“创办优质教育、培育特色学校、打造教育精品”的宏伟目标。

为了实现教育发展的宏伟目标，几年来，殷都教育人一刻也没有停止过探索教育改革道路的步伐。先后实施了农村中小学布局调整、教育人事制度改革、学前教育布点，率先在全市乃至全省范围内实现了城乡教育一体化……一项项改革举措，凝聚着殷都教育人的心血和汗水，取得了令人瞩目的成果。

1. **科学选题**

如何进一步摆脱应试教育的束缚，全面实施素质教育，促进我区教育的全面和谐发展，仍然是我区面临的一个大难题。当时担任区长的李南沉说：“这个难题不破，我们的教育工作就很难再进一步。所以我们破题的立足点应该放在既要学生素质的全面提高，又要学生成绩的全面提高上。在以学生为主体的教育思想指导下，完全能够把我们的应试教育和素质教育很好地结合起来，探索一条很好的教育新路。”为此，区委区政府领导结合殷都区教育实际，聘请全国人大代表、全国小学管理专业委员会理事长、著名教育专家、安阳市人民大道小学终身名誉校长、“主体性发展教育实验研究”的创始人——姚文俊先生为我区教科所所长。

姚文俊先生深入一线研究殷都教育现状，通过对全区所有中小学的初步考察，根据主体多元理论并在北京师范大学和安阳市人民大道小学联手合作开展的主体教育实验研究的基础上，构建了将主体教育思想与多元智能理论相融合的主体多元发展教育模式，确定“少年儿童主体多元发展实验研究”为我区的主课题。

2. **申报立项**

“少年儿童主体多元发展实验研究”主课题确定之后，在很短的时间里，安阳外国语小学、梅东路小学在姚文俊所长的具体策划和指导下，经过认真地选题，成功申报到了中国教育学会小学教育专业委员会“十一五”教育科学规划课题——“小学生主体多元发展实验”，殷都实验中学的“中小学衔接”作为国家级“十一五”2007年年度“小学生主体多元发展实验”滚动课题也被立项。

附：

中国教育学会小学教育专业委员会
“十一五”教育科学研究课题立项通知书

中小教会［2006］7号

河南省安阳外国语小学　张士锋、李艳红同志：

您申报的教育科研课题“小学生主体多元发展实验”，经本会学术委员会专家评审，已同意立项为我会“十一五”教育科研课题，并请启动研究工作。

希望认真实施课题研究计划，坚持开展课题研究，努力取得研究成果，达到预期研究目标。

特此通知。

中国教育学会小学教育专业委员会

2006 年 5 月 10 日

中国教育学会小学教育专业委员会
“十一五”教育科学研究课题立项通知书

中小教会［2006］7 号

河南省安阳市梅东路小学　张如伟、张勇同志：

您申报的教育科研课题“小学生主体多元发展实验”，经本会学术委员会专家评审，已同意立项为我会“十一五”教育科研课题，并请启动研究工作。

希望认真实施课题研究计划，坚持开展课题研究，努力取得研究成果，达到预期研究目标。

特此通知。

中国教育学会小学教育专业委员会

2006 年 7 月 15 日

中国教育学会小学教育专业委员会
“十一五”教育科学研究课题立项通知书

安阳市殷都实验中学　张继昌同志：

您申报的教育科研课题“中小学衔接”，经本会学术委员会专家评审，已同意立项为我会“十一五”教育科研课题，并请启动研究工作。

希望认真实施课题研究计划，坚持开展课题研究，努力取得研究成果，达到预期研究目标。

特此通知。

中国教育学会小学教育专业委员会

2007年3月14日

建立组织

1. **组建殷都教育科学研究所**

“少年儿童主体多元发展实验研究”是通过一系列的教育实践活动，力图激活学生的一种内在精神开发其智慧潜能的长项，使学生沿着“全面发展打基础，个性发展有特长，我要成为最佳的我”的教育目标，健康地发展；使学生在这种教育活动中不仅愿意学习、学会学习，而且在实践中发展自我的人格精神和创新能力，逐步成长为一个“全面发展打基础，个性发展有特长”的“最佳的我”。

但是培养这样的学生，仅就现有的学校教育力量是远远不够的，必须依靠教育科研，内练真功，提升育人质量。为此，在大量的调查研究、反复协商的基础上，我区率先在全市成立第一家县区级教育科研机构——殷都区教育科学研究所，让教科所成为引领殷都区教育教学向科学化发展的研究机构、参谋机构和领导机构。由姚文俊先生担任教科所所长。随后教体局下发了《殷都区教体局关于加强教科研工作的实施意见》，宣布成立了殷都区教育科学研究领导小组，规范和加强了我区的教科研工作，落实了教育科研的先导地位。

教科所成立后，迅速开展工作，并组建起五支实验研究队伍：①以教科所为主体的科研引领队伍，他们在实验中起理论指导作用；②以校长为主体的校长管理队伍，即学校的决策者、执行者和服务者；③以各级骨干教师为主体的名师工程队伍，他们在实验中起引领带动作用；④以实验核心组成员为主体的教育科研队伍，他们是促进学生主体性发展的骨干力量；⑤以兼职研究员为主体的科研辐射队伍。

在组建实验研究队伍的同时，为了确保课题研究的有序开展，教科所确定了三所重点实验学校——安阳外国语小学、安阳梅东路小学、殷都实验中学。至此，课题实验在教科所的引领和带动下形成了以三所实验学校为依托的主体多元实验研究队伍。

2. 领导、专家在成立仪式上的讲话

（1）2006年李南沉区长在教科所成立仪式上的讲话

尊敬的各位来宾、老师们：

今天我们感到非常荣幸，因为我们请到了市教育局的领导，请到了各区教研室的专家，由这些贵客和我们一起庆祝今天这个值得纪念的日子。今天不仅因为我们殷都区要成立教科所而变得不同寻常，更由于我们聘请了两位专家为我区的教育出谋划策显得意义重大。我非常高兴参加这个仪式。

我们大家都知道，殷都区在发展教育上，四大班子领导真正做到了同心协力。尽管说在某些细节上我们会有一些分歧，但我们在教育优先发展这一点上却是空前的一致。我们的区委区政府高瞻远瞩，痛下决心，投入巨资七千多万，把我们教育的硬件搞得算是有了一个小眉目，就这点小眉目就在全国引起了很强烈的反响，同时从我区教育发展的历史来看应当算迈出了一大步。但是还不能满足，我们还应当迈出更多更大的步子，迈出更实更新的步子！成立教育科学研究所，聘请专家到我区来为教育服务，可以算得上我们发展教育迈出的第二步。

许多专家都有这样的认识，搞好一个地区的教育，硬件所起的作用只有百分之二三十，百分之七八十的工夫应当用在软件上。就像我们买了一台电脑，一万块钱，两万块钱，十万块钱——买再好的电脑，如果没有软件的驱动，没有很好的软件操作系统，那么它仍然是不起作用的。我们成立教科所，就是要在软件上下工夫。让教科所这个驱动为我们的教育决策提供一个参谋的平台，让教科所这个驱动为我们的教育发展提供培训的基地，让教科所这个驱动为我们吸引更多的教育专家。在这一点上，我们区的四大班子领导能够达成共识，并且共同促成了今天教科所的成立，这是令我感到高兴的第一点。

我们的教学工作不仅仅是一种职业，我们的教师所面临的工作对象，不是工厂的钢铁，不是建筑行业的水泥砖瓦，我们面临的工作对象是活生生的孩子，是人。所以教育科学是世界上最大的科学，是最深奥的科学。一个教师如果仅仅把它当成职业，上了课把书教完了，就心安理得地领工资，是不会成为一个好教师的。当然教师有了一个认真研究的态度，作为政府，还应该为教师提供一个能支持其进行教育科研的机构和体系。我们成立教科所，就是让教科所引导全区教师来科学地对待教学，用教育科学的规律来解决教学中存在的一系列问题，为教师进行教育教学科研搭建一个很好的平台。

我们现在面临着一个很大的难题，现在应试教育是教育普遍的现象。我们要在素质教育上破题，怎么破？破了二十年，喊了二十年，还没有真正破了这个题。这里我想说，我们对素质教育的认识存在着一个误区，好像一说素质教育就是简单地减少作业量，缩短课堂时间，让孩子们玩，随之而来的是升学率的降低。在全国很多素质教育搞得好的地区，人家的升学率也是出奇的高。没有哪个地区的素质教育是因为升学率低而出名的，升学率低的素质教育不是真正的素质教育。所以我觉得我们不能因为搞素质教育而降低升学率。如果搞成这样的素质教育，大家不满意，政府不满意，社会更不满意。但也不能一说搞应试教育，就是读死书，死读书；把分数作为评价学生的唯一标准，把教学成绩作为教师升迁的唯一标准，把升学率作为评价学校的唯一标准。走不出这个怪圈，不破这个题，我们的教育工作就很难再进一步。所以我们破题的立足点应该放在既要学生素质的全面提高，又要学生成绩的全面提高上。事实证明，让学生快乐地去学习，探究地去学习，在以学生为主体的教育思想指导下，完全能够把我们的应试教育和素质教育很好地结合起来，探索出很好的教育新路。教科所成立以后，应当针对现在我区这一实际的课题进行深入的探索，最终能够带领全区教师走出一条既有时代精神，又切合我区实际的素质教育之路来。

第二点令我高兴的，是我们请来了两位不仅是安阳市的而且已经是全省的品牌、全国的品牌的专家。他们都做了热情洋溢的讲话，又给我们做了这样诚恳而又感人至深的表态。在此，我代表我自己，代表四大班子，代表大家，给二位专家再鞠个躬。能有你们的支持，能有你们做后盾，是我们的荣幸，是我们的信心所在，是我们能够把科研把教学搞好，把我们这一支年轻而有活力的教师队伍带好的根本。

最后我给教师同仁们提点建议和希望：首先，我们教师要转变观念，不要把我们的教师工作仅仅看成挣钱的职业。要境界高远，目标高远，把教育工作看成是教书育人、引领我们人类文明进步的一个阶梯，这个职业就会是一项崇高的事业。我们一方面要用科学的头脑来对待这项事业，一方面要用干事创业的雄心壮志和吃苦耐劳的精神来对待这项事业。其次，我们要心悦诚服地在两位专家的带领下，在三尺讲台上，在我们的教育工作岗位上来探讨、摸索教育教学中科学的规律，把我们面前素质教育的难题攻破，使我们殷都区的孩子们能够在一个非常快乐的环境中，非常自信的环境中，非常具有创造性的氛围中，自由健康地成长。我们的教师们也在"科研"这种创造性的工作中，来实现我们的人生价值，来寻求我们的更高层次。

(2) 姚文俊所长在就职仪式上的讲话

尊敬的李区长、于书记、各位领导，敬爱的教师们、亲爱的同学们：

我这次到殷都区教科所任职，是因为受李南沉区长人格魅力的感染，以及他对教育事业的执著眷顾给我的感动。他有胆有识，胆识过人，如果中国的区（县）长都是我所尊敬的李区长的话，何愁我国不出人才，不早出人才，不快出人才，不出优秀人才呢！我被殷都区王书记、李区长、陈区长、张局长等一批殷都人尊师重教行为所感动，情愿为殷都教育尽一份微薄之力。但我毕竟已是六十五岁的人了，身体又有多种疾病，还有其他一些要做的事。但请领导和师生们相信，我既然应职了，就会努力践行"老骥伏枥，不用扬鞭自奋蹄"这句名言。

谢谢领导和师生们对我的关爱。

培训骨干

1. 理论指导

殷都区通过学习主体教育论著《我要成为最佳的我》《刘可钦与主体教育》和加德纳的多元智能理论，展开了主体教育与多元智能理论的大讨论。通过学习和讨论，殷都教育人认识到了要想推进素质教育和新课程改革的进程，就必须运用先进的教育思想和理念作为引领。明确了现代教育的本质是为了促进人的发展，现代教育的第一任务是要教育学生学会做人。实验的目的在于培养人的一种内在的积极主动的精神。这些问题的澄清保证了教育实验的方向。

为使“少年儿童主体多元发展实验研究”这一课题真正形成全区的共识，教科所有计划地进行全员培训。首先对全区教师进行了培训。接着，又对教体局机关、局二级机构工作人员、三所实验学校的实验教师和区属各学校的主要领导、各级骨干教师进行了课题培训。教科所的同志又多次对外国语小学、梅东路小学、实验中学进行了专题培训。培训采取了专题讲座和讨论交流相结合的形式，姚文俊所长亲自对“少年儿童主体多元发展实验研究”课题进行了全面解读。他深入浅出的阐述，独到、深刻的见解使大家深受启发并对主体多元理论有了更全面的了解，学习了教育科研的方法，认识了教育科研的途径，增强了开展课题研究的信心，形成了浓厚的教育科研氛围。

2. **专业培训**

走出去考察见习，实验校课题组成员快速成长。名校往往有着深厚的文化积淀，名师常常有着全面的专业素质，如今的教育再也不能闭门造车。由此，教科所从一开始就不断组织实验校领导和教师外出学习。组织实验学校到重庆参加了2006年中国小学教育第二届学术年会；到南宁参加了2007年初中国小学教育第三届学术年会；组织实验校课题组成员“中国名校北京行”，考察北京第二实验小学、北京小学、光明小学、史家小学、北京一师附小、中关村四小；组织“中国名校山东行”，考察了济南师范附小、南上山街小学、纬二路小学、青岛胶州向阳小学、茌平县杜郎口中学；另外还考察了吉林第二实验小学、重庆巴蜀小学等。通过考察，实验校的领导教师开阔了视野，解放了思想，激活了智慧，找到了方向。

全面系统的考察学习之后是全面深入的实践，全面深入的实践当中自然会出现许多新的问题，这些问题是自身发展中出现的问题，自然需要各方面的专家再进行有针对性的交流培训。为此，殷都区邀请教育发展顾问及全国各级各类的专家为殷都教育问诊把脉，对症开方，这些专家从教育行政决策上为殷都教改实验指点方向，从教育改革发展上为殷都区出谋划策，从学校管理上为殷都区传授真经，从教育科研上为殷都区指点迷津。

3. **能力提升**

“少年儿童主体多元发展实验研究”课题确定后，选定安阳市人民大道小学和北京中关村四小作为我区课题实验的学研基地。2007年3月，区教科所全体成员和外国语小学、梅东路小学、殷都实验中学三所实验学校的校长和课题组负责人走进人民大道小学，开始了教育考察。人民大道小学的副校长朱敏带领大家参观。浓厚的校园文化特色给大家留下深刻的印象。参观后朱校长介绍了人民大道小学进行课题研究的情况，解答了大家课题实验中的困惑，使大家豁然开朗，并对我区课题实验提出了一些建设性意见。

2007年4月、5月，外国语小学分两批选派6名教师脱岗到中关村四小进行为期15天的学习培训。刘可钦校长从本校挑选出优秀教师来带外国语小学的教师，把他们分到班级中工作。他们完全参与到中关村四小的备课、上课、辅导学生、组织活动中，在教育教学的常态中学习提高。

2007年6月，梅东路小学6名课题组成员在张如伟校长的带领下，到中关村四小进行考察学习。他们不仅参观了学校，了解了学校的校园文化建设，而且与刘可钦校长亲切交流。刘校长介绍了学校校本教研的方法、途径和一些感受，阐述了校本教研和教师成长以及学校管理的关系。她精辟的见解使大家深受启发，启迪了他们对今后的课题研究工作新的思路。

这种零距离的深入名校学习，让实验教师觅得了教师专业成长和名校打造提升的真经，避免了过去“培训时热血沸腾，回来后依然我行”的怪圈，形成了“培训时热血沸腾，边学边思，回来后热烈研讨，借鉴扬长，形成自我，为我所用”的良性循环培训模式。这为我区课题实验学校打开了一扇门，培养了教育科研骨干，为他们在研究工作中发挥出更大的作用打下坚实的基础。

物质准备

实现学生“全面发展打基础，个性发展有特长，我要成为最佳的我”的发展目标，需要为学生的发展营造一个宽松的环境。区委区政府高瞻远瞩，在进行课题实验之前，就在教育上持续加大投入力度，在人、财、物上给予全力支持，促进了办学条件的不断提升，为课题的顺利开展创造了条件。

2003 年区划调整以后，殷都区进行了一次性农村教育资源整合，在区财政只有 5000 万元的情况下，一次性投资 7500 万元，将 29 所农村小学整合为 5 所“10 年不用维修，30 年不落后，50 年留有发展空间”的新型农村学校。这 5 所学校全部都是按照城市学校的标准配备的，校校有标准的运动场、微机室、图书室、理化生实验室、电子备课室、舞蹈室和语音室等，为学生的和谐、健康发展，营造了良好的育人环境。河南省教育厅厅长蒋笃运十分感慨地说：“赶上省会学校了!”

区划调整的步伐刚刚结束，殷都区全面启动了农村中小学人事制度改革。通过笔试、面试、考察和民主测评，选拔出了 5 所新建学校的领导班子，组建了一支业务能力强、教学管理理念新、年富力强的农村学校校长队伍。而后是对农村学校教师进行优化组合。使得学校管理日趋科学化、规范化，办学特色取得了很大突破，形成了良好的发展势头，为创建强有力的实验队伍打下了坚实的基础。

实验研究前期，区政府就把培训全区教师的工作放在首位，邀请全国知名教育专家到殷都区讲学，培训教师万余人次，累计投资157万元。为了保证重点实验校课题研究工作的顺利开展，区政府投入资金20万元，支持课题工作的扎实开展。至此，在区委、区政府全方位、多角度的条件创设下，“少年儿童主体多元发展实验研究”正在开启智慧之门。

初步探索阶段

(2007.7–2008.12)

◎成功过程

◎健全机构

◎选点突破

◎课题管理

◎搭建平台

◎初见成效

成功申报

申报过程

2007年初，殷都区就将创建全国教育改革实验区，确立为殷都教育立足安阳、面向全省、走向全国的平台。主管教育的陈贵臣区长与教体局的主要领导及专家多次召开专门会议，研究论证申报方案，筹划申报事宜。随后，陈区长与教育局党工委书记常迎花、教科所所长姚文俊一同踏上了赴京申报教育改革实验区的征程。在北京，陈区长一行向中国教育学会副会长陶西平、原中央教科所副所长滕纯等有关专家征询了实验区申报的有关事宜，请教实验区开展工作的方法经验。并多次向中国教育学会领导汇报殷都区几年来教育改革的巨大成果以及申报实验区的迫切愿望。最终形成了《关于殷都区申报中国教育学会教育改革实验区的报告》和《教育改革殷都实验区实施方案》。

殷都区教育改革的成果打动了专家，申报实验区的诚意感动了专家，“少年儿童主体多元发展”实验课题的思路吸引了专家。2007年6月，中国教育学会正式批准殷都区成为中国教育学会教育改革实验区。

2007 年 7 月 13 日，中国教育学会全国教育改革殷都实验区授牌仪式在安阳大会堂隆重举行。

中国教育学会常务副会长谈松华、郭永富、韩绍祥、郭振有，中国教育学会副秘书长马建华，教育部基础教育司副司长王定华，教育部教育发展研究中心教育政策评估室主任杨根付，联合国教科文组织 EPO 项目中国工作委员会执行主任史根东，中国教育学会高中教育专业委员会理事长、中国教育学会信息技术专业委员会常务副理事长王本中，中国教育学会小学教育专业委员会理事长姚文俊，河南省教育厅副厅长孙洪臣，安阳市政府副市长王晓然，安阳市教育局局长路爱国、副局长黄锋一等，殷都区四大班子领导王载飞、李南沉、江广选、李宗祥、薛忠文、李瑞霞、裴喜拴、赵玉巧、陈贵臣、张彦虎等，安阳市各县区的教育同仁，省内外友好单位及全区教师 1800 余人参加了揭牌仪式。

中国教育学会会长顾明远，中国教育学会副会长陶西平，原教育部基础教育司司长王文湛，原中央教育科学研究所副所长滕纯，发来贺信、贺电。北京师范大学、上海师范大学、郑州大学、河南大学、郑州一中、南阳一中、商丘一中等 38 家友好单位也发贺电表示祝贺。

中国教育电视台、《中国教育报》、团中央《辅导员》杂志编辑社、《河南日报》、《大河报》、《河南广播电台》、《东方今报》、《河南教育时报》、安阳电视台、《安阳日报》、《今日安报》等新闻媒体记者到现场进行了采访报道。

批准决定

关于同意河南省安阳市殷都区成为中国教育学会教育改革实验区的决定

学会 2007［26］号

河南省安阳市殷都区：

为全面推进素质教育，促进殷都区基础教育的均衡、协调发展，深入开展以少年儿童主体多元发展为主题的实验研究，经研究，同意你区为中国教育学会教育改革实验区。

希望你们以建立实验区为契机，坚持以邓小平理论、“三个代表”重要思想为指导，全面落实科学发展观，全面贯彻党的教育方针。运用现代教育科学理论与方法，紧密结合本地实际，大胆探索，勇于实践。切实关注每一名少年儿童，切实关注每一名少年儿童的全面发展和终身发展。为建设创新型国家，为构建社会主义和谐社会，为中华民族的伟大复兴作出贡献。

中国教育学会

2007 年 7 月 13 日

附：少年儿童主体多元方案设计（承前省略）

附：殷都区人民政府关于申报中国教育学会教育改革实验区的报告（见书后《附件》）

相关贺信

1. **中国教育学会会长顾明远的贺信**

中国教育学会殷都教育改革实验区：

值此中国教育学会殷都教育改革实验区揭牌仪式之际，特向你们表示热烈的祝贺。我因另有活动，不能参加，深表歉意。

中国教育正处在重要的转变时期，九年义务教育已经得到普及，高中阶段教育有了很大发展。现在，应该把教育发展的重点放到实现教育公平，提高教育质量上来。因此，实施教育均衡发展，推行素质教育，办让人民满意的学校是当前基础教育的主要任务。中国教育学会是学术性群众团体，围绕教育的中心任务开展教育改革实验是我们的重要工作。在殷都区建立教育改革实验区，就是与殷都区教育部门、老师们合作，探索和积累实施教育均衡发展和推行素质教育的途径和经验。殷都区的教育发达，教育基础较好，又把安阳市人民大道小学的全国先进经验引入殷都。我相信，中国教育学会和殷都区教育部门的合作，一定会在已有的基础上更上一层楼，进一步提高教育质量，创造出新的经验。

祝大会圆满成功，祝教改实验区取得成功！

中国教育学会会长

2007 年 7 月 13 日

2. 中国教育学会副会长陶西平的贺信

安阳市殷都区政府、教育局领导同志：

值中国教育学会全国教育改革殷都实验区授牌仪式之际，谨表示热烈的祝贺！

从 2001 年起中国教育学会开始在全国范围内建立教改实验区，通过深入开展教育科研活动，有效提高了基础教育质量和广大教育工作者的水平，使本地区的教育改革得到整体推进，使改革取得的成果不断得到深化。

衷心希望殷都实验区在借鉴其他实验区已取得的宝贵经验基础上，紧密结合当地教育发展中的突出问题，确定好教育改革的阶段性目标，通过扎实、有效的工作，通过积极的探索，向着实现教育改革理想的目标前进，为构建和谐殷都不断作出新的贡献。

祝大会圆满成功！

敬礼！

国家总督学顾问

联合国教科文组织协会联合会亚太地区主席

中国教育学会副会长

2007 年 7 月 13 日

3. 国家副总督学、原教育部基础教育司王文湛司长的贺信

殷都区委、区人民政府：

欣闻安阳市殷都区成为中国教育学会教育改革实验区，我也有幸被聘为实验区的高端智囊团成员，请允许我借此机会向区委、区政府表示祝贺和诚挚的感谢！

殷都区委、区政府对教育工作高度重视，真正把教育摆在优先发展的战略地位，采取了一系列有力措施，全区基础教育办学条件极大改善，教育教学质量明显提升，素质教育全面推进，取得了令人瞩目的成就！

此次殷都区成为中国教育学会的教育改革实验区，可以说，这将是殷都教育发展历程中新的里程碑。希望殷都教育在中国教育学会的领导和指引下，珍惜这个难得的机遇，虚心接受学会的理论指

导，认真听取专家的意见和建议，为创造一个安阳第一流、全国有影响的教育强区而共同奋斗。

最后，祝仪式圆满成功！祝殷都教育明天更美好！

国家副总督学

原教育部基础教育司司长

2007 年 7 月 13 日

4. 中国人才研究会学术委员会主任、中央教科所研究员滕纯的贺信

殷都区委、殷都区人民政府：

殷都区成功创建为中国教育学会教育改革实验区，实乃殷都教育的一大喜事。今年六月，贵区领导亲赴北京，我们就殷都教育发展新举措进行了深入交流。期间，贵区领导诚挚邀请我参加实验区揭牌仪式，感于殷都区委、区政府对教育事业倾心支持，教育界同仁敬业有为，我遂答应参加，并安排相关事务，准备前往。但是，近日因病羁身，不克亲往道贺。爰走此书，谨致贺忱！

中国人才研究会学术委员会主任

中央教科所研究员

2007 年 7 月 13 日

5. 中国教育学会高中教育专业委员会理事长王本中先生的贺词

各位领导、各位老师：

大家早上好！

今天我们怀着喜悦的心情，欢聚在这里庆祝中国教育学会全国教育改革殷都实验区成立。我谨代表中国教育学会高中教育专业委

员会向河南省安阳市殷都区表示热烈的祝贺！殷都区是安阳市教育工作先进区，为安阳市教育改革与发展，为安阳市教育工作取得成就作出了重要贡献。中国教育学会全国教育改革殷都实验区的成立，必将对殷都区的教育事业和整个经济社会发展，起到积极的促进作用。对于全区教师科研素质的提高，对于全区教育教学质量和办学水平的提升，对于促进安阳市教育科学的繁荣，更有深远的意义。

安阳，历史悠久，文化灿烂。殷都区是安阳市重要的工业区和文化旅游区，对全市经济社会发展起着引领作用。目前，殷都区正在全力建设富裕、文明、平安、和谐殷都。这就需要高质量的教育和各类高素质的人才。在全国教育改革实验区建设进程中，我们相信殷都区广大的教师和领导一定会全面贯彻落实科学发展观，与时俱进，不断改革，不断创新，紧密结合全区教育工作具体实际，大力开展群众性的教育科研活动和教改实验，积累新鲜经验，为全面推进素质教育提供借鉴并发挥示范作用，努力为全区、全市乃至全省的教育改革发展服务，为我国教育科学的繁荣服务，为构建社会主义和谐社会作出新贡献！

祝殷都区教育改革实验结出丰硕的成果！祝殷都区教育事业不断取得新的成就！祝殷都区教育事业再创辉煌！

谢谢！

中国教育学会
高中教育专业委员会理事长

领导讲话

1. 中国教育学会常务副会长谈松华先生的讲话

各位领导、各位专家，老师们：

上午好！

在中国教育学会殷都教改实验区正式揭牌的时候，我代表中国教育学会表示热烈的祝贺！向常年辛勤劳动在教育工作第一线的殷都区的教育工作者表示深深的敬意！

中国教育学会是一个全国性的群众性教育学术团体。它是为国家教育决策，为教育改革和发展的实践提供决策咨询和理论实践方面的研究成果的组织。我们组织教改实验区活动，就是想在不同地区通过我们教师和第一线的教育工作者的参与，探索解决教育改革和发展中的现实问题。刚才，王定华司长讲到了中国教育正处在一个发展和改革的转折时期，我们面临着一种新的转折，一种新的变革。我们的教育事业实现了两个历史性的跨越。我们多年来几代人梦想的要实现普及教育这个目标在世纪之交初步实现了。2007 年，最晚再过一两年，我们在全国范围内就可以普及九年义务教育了。可以说，中国几代人的梦想现在已经实现了；也可以说，在中国这片土地上，我们所有的孩子，都能够受到九年基本的教育。这在一个 13 亿人口的国家是很不容易的，也可以说是世界教育史上的一个重大的事件。中国在实现全民教育上为世界做出了榜样。去年联合国教科文组织在中国举办全民教育大会，温家宝总理专门讲了中国推进全民教育的经验，成绩的取得有我们党和国家政府高度的重视，更有我们各级教育工作者，尤其是在第一线的教育工作者所付出的辛勤劳动。我们在经济并不宽裕的情况下，能够实现这样的教育目标，在世界上都是令人钦佩的。我们又实现了高等教育的大众化。这在人均 GDP 只有 1700 美元的这样的水平上，我们能有这么多人进入高等学校，是教育界作出的一个贡献。我们曾经作过一个了不起的测算，中国现在的人均受教育的年限，大概是 8.5 年（当然和发达国家有比较大的差距），但是中国教育现在这样一个发展水平（平均受教育的年限 8.5 年），应该是人均 GDP3000 美元左右达到的水平。所以我们能在这样一个经济发展水平达到这样一个教育水平，这里面有我们非常大的贡献，同时有我们的经验。所以需要很好地总结中国教育发展中的具有自己特色的经验。我们教改的实验，就是要总结我们一线教师在我们教育教学工作中间所积累的多方面的经验，并加以提升。我想这是一个方面。

另外一个方面呢，我们确实面临着很多新的矛盾，也面临着新的转折。前一段我们讨论这样一个问题，中国的教育发展得这么快，是世界上公认的，但是我们也感觉到，社会对教育的批评，对教育的不满程度，恐怕也是多年来少有的。一方面教育发展得这么快，一方面社会对教育的不满程度在增高，尤其是媒体在这一方面的反映。当然这里有对教育的理解问题，但教育如何适应正在积极变化的社会环境，如何适应全球化背景下很多新的变化，我觉得教育界是需要做出回答的。因为这个问题不仅中国存在，世界上也存在。在上世纪末，联合国教科文组织召开的世界高等教育大会通过的《世界高等教育宣言》中，就提到人类正在走向知识社会，教育面临着巨大的挑战，必须进行历史上从来没有要求它进行过的最彻底的变革和革新。同样，中国教育必须经历大的变革才能适应不断变化的社会。所以我们教育改革的实验既要总结我们的经验又要分析我们面临的教育发展的新要求。通过我们的教育改革的实验，不断地适应社会的变化，不断地适应社会对教育的新要求。我想这就是我们教育改革实验的一个基本要求。中国的地区发展有很大的差异，所以我们需要有不同地区的教改实验区从不同地区的实际出发来研究教育改革发展的模式和经验。教育改革实验，殷都区已经做了一个方案，突出了主体多元的教育改革实验，那么我想这是更多地从模式上去探索的。实际上教育改革的探索，至少应该有三个层面。第一个层面是教育观念，是教育思想观念的变革，这是先导。如果说我们的思想观念没有适应新的社会变化，那么很多教育改革的变化，可能会摆脱不了我们长期形成的那些习惯，所以我们需要有教育思想观念上的更新。第二个层面是模式，就是我们讲的主体教育、和谐教育、情景教育、生命教育、多元智能等很多模式。我想这些模式都是从各地的实际出发的，但是它有一个核心，就是以人为本，以学生为本这样的一种探索，可以说是各种各样教育模式探索的一个共性。第三个层面是制度的探索。因为模式的变化，离不开制度，是需要有制度保证的。我想应该把这几个方面联系起来，做一个整体性的改革实验。

我们的这场改革实验有区委、区政府领导的高度重视，有教育科学工作者和各方面专家的参与，但是我想最根本的是要有全体教师的积极主动的参与。在实际工作中间，要贯穿一个教育改革的理念，不断去探索，去积累。经过我们多年的探索和积累，我们会不断地创造出符合当地实际的教育教学的模式。为我们当地的经济社会发展作出更多的贡献，让我们当地的人民群众更加满意。我想只要我们共同努力，就能够使殷都区的教育教学改革的实验达到预期的目标。

祝我们的教育改革取得成功！谢谢！

2. 教育部基础教育司王定华副司长的讲话

同志们：

今天是个好日子，花团锦簇芬芳，嘉宾济济一堂；喜雨悄然而至，殷都充满诗意。在这美好的时刻，中国教育学会教育改革殷都实验区成立了！这是一件可喜可贺的事。我代表教育部基础教育司，向殷都、向安阳市的全体教育工作者表示热烈的祝贺！

当今世界，教育的发展非常迅速，教育的发展是伴随着整个社会经济的发展而进行的。世界各国的竞争，主要是人才的竞争，是教育的竞争。因此，世界各国纷纷把教育发展放在国家发展的优先战略地位。我们国家已经确立了“科教兴国”战略和“人才强国”战略。本届中央政府更确定了把新增的中央财政用于发展教育，特别是农村的基础教育的方针。我们各级党委政府要树立和落实以人为本、全面协调、可持续发展的科学发展观，认真推进教育的改革和发展，培养有理想、有文化、有道德、有纪律的社会主义建设者和接班人。各级教育行政部门、广大教育工作者经过奋力的拼搏，扎实的工作，已经使我们的教育发展迈向一个又一个新的台阶，取得了一个又一个令人瞩目的成绩，素质教育的推进也取得了可喜的成果。

到目前，我们国家幼儿教育的普及率已经超过了43%，我们已经在98%的人口地区普及了九年义务教育。到今年年底，还要进行“两基”工作验收。除了极个别的县可以将普九推迟到2010年，全国几乎所有的县今年都要普及九年义务教育。今年也要实现普及小学教育。可以说，到2010年在我们中华人民共和国的版图上，已找不到一个连普九都没有实现的县区。高中教育也在迅速发展，初中毕业生升学率已经达到了59.9%。高中阶段的发展非常迅速，每年我们普通高中招生880万人，职业高中招生也在750万人以上。高等教育发展也非常迅速，我们国家高等教育的规模在世界上已经是首屈一指、遥遥领先，在校生达到2300万人。高中生的毛入学率超过23%，在世界上是第一位。美国是第二位，他的高校在校生是1300万人，我们已经实现了高等教育的大众化。

我们教育的质量提高也是空前的，课程改革从2001年开始实验，现在义务教育的课程改革已经覆盖了全国所有的小学和初中。高中课程改革从2004年开始，在四个省推进。到今年9月1号，在15个省市区开始高中的新课程改革，河南省明年也会进行高中的新课程改革。各地对素质教育的探索取得了初步的成绩。教育部基础教育司已于近日编辑出版《新时期的素质教育案例选编》，总结各地推进素质教育的经验。

在当前阶段，我们国家的基础教育正处在一个重要的转折时期，虽然已取得了很大成绩，但同时又面临着诸多问题，可以说是成绩与困难同在，挑战与机遇共存。我们处于一个从以事业发展为主，到既要重视事业发展，又要重视内涵发展的阶段转变。这就要求所有教育工作者树立科学发展观，认清当前经济社会发展对教育发展提出的新的要求，自觉地服务于这种要求，使我们的教育工作能够更好地满足人民群众日益增长的对高质量教育的需求，促进基础教育的均衡发展。

我们要努力提高教师的水平，推进课程改革的发展，并且要积极引导教师开展教育改革实验，因为我们所从事的事业是处在一个新形势下，我们的这个事业，没有前人成型的经验可资借鉴，需要我们认真探索。因此，殷都区教育改革实验区的成立，对于深入进行教育改革的探索，有非常的意义。我希望你们一要大胆探索，解放思想，努力创新和积累经验；二要和中国教育学会及高端智囊团的专家密切合作，切磋结合，取长补短，总结经验，并且尽量上升为理论；三要认真总结，为全国的教育改革和发展提供一些宝贵的经验。

最后，我祝愿中国教育学会殷都教育改革实验区在未来的研究和探索中，取得圆满的成功，也祝在座的同志们身体健康、工作愉快！谢谢大家！

各级评价

今天安阳市殷都区成为中国教育学会教育改革实验区，不仅给安阳市殷都区素质教育及课程改革工作提出了更高的目标和要求，也给河南教育工作提出了新的要求。

——河南省教育厅副厅长　孙洪臣

殷都区成为中国教育学会教育改革实验区，这标志着殷都区的教育改革又走在了全市前列，又向前推进了一步，也使我市成为教育改革的一个新的亮点和窗口。

——安阳市人民政府副市长　王晓然

殷都区教育改革的先进经验，要在全市范围内进行推广，使殷都区的教育改革更加深入化、层次化、品牌化。

——安阳市教育局局长　路爱国

健全机构

1. **殷都教育高端智囊团**

百年大计，教育为本。近年来，我区坚持“科教兴区”和教育创新，内练真功，外树形象，走内涵式发展道路，取得了阶段性成果。为进一步推进教育改革，全面实施素质教育，提升文化品位，更新教育理念和模式，使我区教育持续、快速、协调发展，为构建富裕殷都、文明殷都、平安殷都、和谐殷都提供全方位、多元化的人才保障，经区政府研究决定，聘请中国教育学会会长顾明远等19位全国知名教育专家、学者组成殷都区教育改革与发展高端智囊团，成员如下：

顾明远　中国教育学会会长，原北京师范大学副校长、首席教授

陶西平　联合国教科文组织亚太地区主席、国家总督学顾问、中国教育学会副会长，原北京市人大常委会副主任

谈松华　中国教育学会常务副会长、研究员，原教育部教育发展中心副主任

王文湛　国家副总督学、原教育部基础教育司司长

郭永福　中国教育学会常务副会长、编审

郭振有　中国教育学会常务副会长、国家副总督学

韩绍祥　中国教育学会副会长、原人民教育出版社总编

滕　纯　中国人才研究会学术委员会主任，原中央教育科学研究所副所长、研究员

马建华　中国教育学会副秘书长

杨银付　教育部教育发展研究中心教育政策评估室主任、博士

史根东　联合国教科文组织EPD项目中国工作委员会执行主任、北京市可持续发展教育协会会长、北京市教科院研究员、留苏博士

马健生　北京师范大学教育学院副院长、教授、博士生导师

刘　兼　教育部基础教育课程教材发展中心主任助理、教授、博士生导师

翟　博　中国教育报副总编辑

王本中　中国教育学会高中教育专业委员会理事长，中国教育学会信息技术专业委员会名誉理事长

姚文俊　全国人大代表、国家突出贡献专家，中国教育学会小学教育专业委员会理事长

郭　华　北京师范大学教科所副所长、博士后

吴国通　中国教育学会整体改革专业委员会副理事长、北京小学校长、特级教师

刘可钦　中国教育学会小学教育专业委员会秘书长，全国十杰教师，北京中关村第四小学校长、特级教师，教育部小学校长培训中心、北师大教育管理学院兼职教授

全国教育界顶级的专家受聘成为殷都教育改革与发展高端智囊团顾问给殷都教育人带来了企盼中的惊喜和震撼，也将带来意想不到的收获与财富。

高端智囊团专家组成员杨根付主任在受聘仪式上郑重表示：努力做

好教育改革发展顾问，尽我们所能为殷都教育改革发展建言献策，与殷都区教育界同行们、同仁们共同努力，尽自己的一份力量，作出我们的贡献。

高端智囊团成员、全国著名德育教育专家、殷都区教科所所长姚文俊先生也再次表态：看到殷都区这么好的教育发展形势，看到殷都区领导教师这么大的决心，我愿意为殷都区的教育腾飞投入更多的精力，贡献更多的智慧。相信在不远的将来，少年儿童主体多元发展的教育实验模式一定能在殷都教育中达到深入的研究和进一步的完善。能为自己家乡的教育发展贡献自己的心血和智慧，我感到非常高兴。

2. **全国校长培训基地**

近年来，殷都区委、区政府对教育工作高度重视，真正把教育摆在优先发展的战略地位，先后实施了教育人事制度改革、农村中小学布局调整、学前教育布点，启动了名师工程，引进了一大批像姚文俊、安士侠等有能力并颇具影响力的优秀人才。全区中小学办学条件极大改善，教育教学质量明显提升，素质教育进一步强力推进，率先在全市乃至全省范围内实现了城乡教育一体化，2006 年又被市政府命名为“教育工作先进区”。

我区的教育改革和快速发展备受省市领导的重视，并引起了中央电视台、中国教育报等新闻媒体的高度关注。河南省教育厅厅长蒋笃运到我区进行视察时，充分肯定了我区农村中小学布局调整工作，并在 2006 年度省教育工作会议上要求全省各市、县（区）要学习殷都区教育改革的先进经验。市委、市政府主要领导靳绥东、张启生、林宪斋等先后视察了我区教育工作，并给予了高度评价，进行通报表彰。2006 年 1 月 21 日，《中国教育报》头版刊登了题为“几代人的梦想终于变为了现实——河南省安阳市殷都区以农村基础教育城市化为突破口，拉动了农村城市化进程”一文，用近万字的篇幅宣传报道了我区教育改革先进经验；中央电视台、河南电视台、河南广播电台、《河南教育时报》、《安阳日报》等新闻媒体也专题报道了我区教育工作的先进做法。目前，我区教育已由平原期走向高原期，正朝着内涵式发展的道路前进。

河南是全国人口大省又是基础教育的大省，安阳不仅是豫北名城，而且又处于河南、河北、山西三省交界的中心。如果把我国小学具有权威性的师资培训基地建在中华民族文化发祥地殷墟故里和具有当代红旗渠精神的安阳殷都，不仅对安阳而且对河南乃至全国小学校长、小学教师的培养和提高必将会产生积极的影响，并带来一定的社会效益和经济效益。因此，创建全国小学师资培训殷都基地是必要的、可行的、有益的。

殷都区政府十分重视全国小学师资培训殷都基地的创建，专门成立了“全国小学师资培训安阳殷都基地”领导小组，政府副区长、教体局局长陈贵臣亲自担任组长，教体局党工委书记常迎花担任副组长。成立了“培训基地管理机构”，机构成员由精干的胜任教学管理工作的人员组成，负责组织实施工作，并配备专职人员从事培训教育管理工作，工作职责明确。初步建立了工作制度、班级管理制度、奖惩制度、实践考察管理制度、综合考核考评制度等相关制度。培训收费按主管部门的有关规定执行，以提高校长和教师的综合能力和素质为目的，不以营利为目的。

培训基地设在安阳外国语小学，学校占地 53 亩，建筑面积 9000 多平方米，是安阳市西部规模最大的小学。校园布局合理，环境优美。有现代化的多媒体学术报告厅、语音教室、计算机教室、图书室、舞蹈厅等 12 个功能室和教师宿舍、师生餐厅、班车等服务场所和设施。学校修建有标准的体育活动场地，铺设有 200 米标准塑胶跑道。教室、办公室配备有电脑，夏有空调，冬有暖气，办学条件优越舒适，硬件设施在安阳市的小学中独一无二。培训基地能够保证学员们的学习、生活、休息等条件。

在各方面条件的创设下，经中国教育学会小学教育专业委员会研究：殷都区教育在区域发展上具有典型性，培训基地各方面条件都已具备，决定批准殷都区成为中国教育学会小学教育专业委员会全国校长培训殷都基地。

附：

关于批准成立中国教育学会小学教育专业委员会全国校长培训殷都基地的决定

中小教会［2007］9号

河南省安阳市殷都区教育体育局：

根据你局申请，经学会研究，决定批准成立中国教育学会小学教育专业委员会全国校长培训殷都基地。

希望你们充分发挥地域资源优势，努力创建一流培训基地，为推动全国小学教育事业的发展贡献力量。

特此决定。

中国教育学会小学教育专业委员会

2007年7月10日

3. 科研培训中心

为建立、完善我区教育科研和师资培训制度，通过有目的、有计划的教育科研引领和师资培训，使校长和教师的教育教学观念、方法、手段能适应教育现代化和当前实施素质教育的迫切要求，进一步提高校长和教师队伍素质，扎实推进我区的基础教育改革，殷都区教育体育局研究决定，成立"殷都区科研培训中心"。

融教育科研和师资培训于一体的科研培训中心分为两个部门。一个是教育科学研究所，负责全区的各级课题实验指导、检查和评估；一个是师资培训中心，负责全区的各级教育常规和科研课题培训。

教科所既是教育行政部门的一个职能科室，又承担区教育科学规划领导小组办公室的职能，其职责体现在管理、指导、研究、咨询四个方面。管理方面包括：制订本区教育科学规划，做好征题、立项、成果鉴定、成果评奖及推广工作；抓好学校教科室的建设和管理工作，构建区教育科研网络；加强对课题研究的管理；负责对教育科研示范学校的教育科研管理，定期进行考核。指导方面包括：指导和推动学校的教育科研活动；指导教育科研示范学校的教育实验和教育改革。研究工作包括：开展教育政策和信息的调查研究，为政府和教育行政部门的教育决策服务；进行课题研究，并根据本地实际，组织有重大现实意义的项目研究；积极开展学术交流研讨活动；完成规划课题的研究任务。咨询方面包括：信息咨询服务；编辑教育学术刊物，为教育科研提供阵地。

培训中心工作职责：贯彻省、市中小学教师继续教育工程方案、及各类师训方案和计划；向省市教育部门汇报和提供本区教师继续教育工作的有关材料，充分发挥其桥梁纽带作用；按照我区中小学教师继续教育工程方案要求，制订各类教师培训方案；负责全区中小学学校教师校本培训工作；负责审批各中小学校本培训方案，检查评估学校继续教育工作；承担区级各科骨干教师培训工作；充分利用社会教育资源，广泛了解社会需求，举办教师岗位培训、专业技术人员继续教育。

科培中心工作人员都制订了明确的分工。除了完成日常分配和交办的工作以外，中心要求所有工作人员都要把主要精力投放到实验校的课题实验研究当中，全程承担起实验学校的课题指导、检查、评估工作。

至此，融教育科学研究、培训于一体的区级教育科研机构在课题实验研究中充分发挥其引领、带动、组织、参与的核心职能，真正成为课题实验工作的前提保证。

选点突破

在科培中心和课题组的正确引领下，三所重点实验学校在全面开展实验的同时力求在一个方面首先取得突破，通过侧重点来实现课题研究的阶段突破。为此，姚文俊所长深入调研每所实验校，根据实验校的发展特点确定了课题研究的突破口。

“教师专业化成长促进主体多元发展”

——安阳外国语小学

安阳外国语小学是一所充满朝气和活力的新建小学，该校办学理念是：人文化管理、学习型校园、研究型教师，他们认为“没有高素质的教师，就没有高品位的教育”。促进教师专业发展，既是教师自身成长的需要，也是一所学校实现可持续发展的必由之路。学校要走内涵式发展之路，教师就必须练内功、练真功、练苦功，走自主专业化成长道路。2006年5月，该校向中国教育学会小学教育专业委员会申报了“十一五”科研课题“小学生主体多元发展实验研究”，并审批立项。2007年安阳市殷都区成为全国教改实验区，该校又成为中国教育学会全国教改实验区实验校，该课题研究指导人、殷都区教育发展总顾问姚文俊先生亲自到校调研，具体了解学校教科研的实际现状，并确立了以子课题“教师专业化成长促进主体多元发展”实验研究为科研兴校的突破口。

该校在认真研究、选点突破的基础上探索了教师专业化成长的基本途径、有效措施，并研究了教师专业化成长规律：

1. **基本途径**

促进教师专业化成长有四条路径：第一，职前教育；第二，在职培训；第三，校本研修；第四，自主成长。

2. **有效措施**

（1）转变陈旧观念，提升教师专业发展的内驱力

为提升课题研究水平，该校组建实验队伍，培育科研团队。利用周六半天学习日，当好课题实验义务兵，加强课题研究学习。结合每周四的集体教科研活动，举办教师论坛、头脑风暴、沙龙讲座、就事论道等一系列活动，转变教师陈旧的教育观念与教育行为。

（2）开展校本研修，为教师专业发展奠定基础

①购买课题研究书籍，扎实开展科研阅读活动

为促进教师专业成长，学校专门建立了课题研究理论书库，先后购买了《我要成为最佳的我》《刘可钦与主体教育》《多元智能在中国》《在课堂上开发多元智能》《多元智能评量》《给教师的建议》《爱弥尔》《民主主义与教育》《马克思的人文思想》《教师自主化成长》《就这样走出乡村》《不做庸师》等价值两万余元的理论书籍，并充分利用好假期引导教师完成“读好书，思心得，谋提升”的常规教科研作业，并及时进行展评与交流。

②落实学习要求，提升理论素养

严格制订并落实学习制度，要求老师每月完成两篇读书笔记，两篇札记随笔，一节实验观摩课，并进行学习资料的推荐与专题学习心得座

谈交流。学校中层以上领导，分工批阅教师科研论文和札记。

③在教育科研实践中，促进师生共同发展

树立“只要行动，就有收获”的思想，实行“校长导行，骨干先行，全员共行”的制度。

首先变革教师备课方式，与课题研究零距离。依据主体多元理念，在课堂上要倡导以学定教，顺势利导的方式，彰显教师的主导作用与学生的主体地位。其次紧扣课堂教学，推进研究进程。课堂是教学的主阵地，更是课题研究的主战场。学校每学期都要进行全方面、多层次的献课活动：有名师、学科带头人、骨干教师的课题研讨课，有教研组的课题交流课，有刚参加工作的新教师的拜师课，有各学科优质课选拔，还有领导的推门课……以展示课堂教学，展现教研风采，关注课题研究，促进教师专业成长。

(3) 建立教师成长档案，挖掘专业发展潜力

该校为每位教师建立专业成长档案。档案中设有校长寄语、个人小档案、我的成长规划、课题研究、读书随笔、教学设计、教学反思、教育故事、教学论文、研修感悟、基本功练习、教育成果等栏目。

(4) 开展有效反思性教学，提高自主专业发展的核心竞争力

有效的反思性教学，看重的是教师专业生活中的一些实践问题，反思得到解决，能有效促使教师的专业研究能力得到提高、教学水平得到提升。

①及时交流总结，心灵碰撞提升

该校课题组每月定期组织主题漫谈或者优秀课题研究札记分享交流会。

“教师专业成长读书漫谈交流会”的开展，促进教师们彼此交流所思、所得，并深深懂得了只有教师博学、善思、创新，才是通往专业成长的高速公路；每月一次的“教学反思交流会”，更使教师们认识到教学

反思是专业发展和自我成长的核心因素，提升教师的专业理论水平和课题研究的热情，应该先从撰写反思报告起航！

②搭建平台、营造良好育人环境

学校开办校报——《外小之窗》。通过不同专栏鼓励老师积极进行科研学术交流，引导学生充分展示自我，宣传优秀家长育子经验，营造良好的育人环境。学校还在校门口显要位置设立校园文化橱窗栏，定期表彰优秀教师和优秀学生，及时展示师生的优秀作品。

(5) 持续选派教师赴名校参加教育实践学习，提升综合素养

该校秉持“用团队的进步促进教师个人的成长，以教师的发展促进团队的建设”这一理念，与北京小学、北京第二实验小学、北京光明小学、北京一师附小、北京中关村第四小学、上海一师附小等全国知名学校结为“手拉手”联谊校，并聘请北京小学校长吴国通先生为学校教育科学研究顾问。

(6) 家校形成合力，促进课题顺利开展

面对作为教育主力军的家长，要保障家长教育的知情权，加强与家长的对话交流，促进相互理解，凝聚学校发展向心力。该校利用家长学校，开展家教讲座，讲解“小学生主体多元发展实验”课题要义，进行课题调查问卷，做好一月一次的家长开课日和分年级进行的家长培训讲座，帮助家长转变教育观念，改善家庭教育环境，树立多元成才观念，取得了家长对课题实验的认同与支持，形成促进学生主体多元发展的合力。

(7) 关注教师身体心理健康，时常拥有阳光心态

关注教师健康身体与心理的发展，让他们时常以阳光心态来对待工作、学习和生活。学校积极组建各种教师社团，开展趣味运动会、踏青秋游、亲子运动会、团队拓展训练等集体活动，培养团队意识与家文化，构建和谐的同伴互助学习共同体。

3. **教师专业化成长规律的研究**

面临教育新形势，塑造教师新形象，该校力争出一批名师，育一批骨干，推一批新秀，带动全体教师，努力建设一支思想超前、业务精良、敬业爱岗、乐于奉献的优秀教师队伍。教科室利用调查问卷的形式，了解每位教师成长的经历。调查研究过程中明白了教师专业化成长是有阶段性特点的，他们把教师成长划分为成长期、成熟期、成名期和成家期四个阶段。

（1）成长期

参加工作后的两至五年是专业成长期。这一时期教师的素质特点是：能基本适应班主任工作的要求；初步了解课程标准内容，有一定的教育理论知识；基本熟悉教学过程的基本环节，基本掌握现代教育技术辅助教学；能独立指导小组活动；能主动接受高水平教师的指导，并能积极听课学习。

该校鼓励这样的年轻教师进行高一层次学历进修，争取更多知识储备。开展师徒结队活动，每学期都拜师学艺；举办教职工“三字一话”基本功展示，并纳入教师成长档案，使教师教育基本能力逐步完善提高。

（2）成熟期

在第五至十年间是教师专业成长成熟期，逐步形成一定的教育教学经验和技能，同时也是教师成长的“徘徊阶段”。这一时期教师的素质特点是：能胜任班主任工作要求，并能较好担任教研、年级组长工作；比较全面了解课程标准内容，熟悉教学过程的基本环节，独立开展教学工作，能承担区级以上研讨课、观摩课、示范课等；熟练掌握信息技术辅助教学，能独立指导学科活动，有一定效果；利用业余时间自觉地进行业务学习，积极反思教育工作；撰写论文获市级以上级别表彰。

该校鼓励这一时期的老师做师徒结队的“老师”，做好传、帮、带工作，指导和帮助年轻教师，在思想、作风及教学能力上加以影响，互学共进。同时过好三关，即：教材关、教法关和电化教学手段关，并委以教研组长或科室管理部门中层等重任，起到辐射带动作用。学校鼓励成熟期的教师参加市、区学科名师工程的评选。

(3) 成名期

在第十至二十年间，是教师成名期。这一时期教师的素质特点是：能有计划、有目的地开展班级管理工作，班级管理有一定的层次，班风有特色；熟练掌握学科课程标准，熟悉各阶段教学的要求，能有意识和目的地开展教学工作，积极开展教科研工作，并有初步的成果；恰当地开展信息技术与课程整合，能建立体系完整符合个人教学需求的学科资源库；能够根据自己的专业发展需要，有选择性地进行业务进修与培训，切实成为学生学习的组织者、促进者和引导者，努力使课堂中充满生命的活力；撰写论文在教育刊物上发表。

该校对这一时期的教师注意树立典型，以点带面培育“比、学、赶、帮、超”的榜样，促进整体推进专业师资队伍建设。对教师科学规范地实行动态管理，并为他们成长提供机会、条件，在外出培训、开展课题研究上给予足够的支持和帮助，促其成长为在本地区小有声誉的名师，以名师来兴校，以名校促名师。

(4) 成家期

二十年以后的一段时间是教师成家期。这一时期教师的素质特点是：能创建富有特色的优秀先进班集体，学生主体意识强，班级管理科学化、民主化；能全面、深刻理解课程标准，系统把握学科内容，并结合本学科发展的需要不断更新、充实教学内容；熟练掌握信息技术与学科整合的策略，教学态度认真严谨，教学风格鲜明，注意学生创新精神和实践能力的培养；具有较强的创新意识和教研科研能力，掌握教学改革和发展的最新动态；有教育专著出版，能带领大家承担课题研究工作。

学校要为这一时期的教师成立专门的工作室，拨专项教育经费，鼓励其著书立项，形成自己的教学思想。每学期专门开展专题示范课或讲座，使得满园梨花香。

走入新世纪，建设高素质小学教师队伍唯有以教育科研为支撑，树立终身学习等现代教育理念，实施名师工程和课题带动战略，从孤独走向合作、探究，创建一支充满生机与活力的科研型、学者型、专家型教师队伍。

“构建发展性教学系统”

——安阳梅东路小学

梅东路小学建于 1982 年，是一所历史悠久，文化底蕴浓厚的学校，在开展课题研究实验以来，中国教育学会小学教育专业委员会理事长姚文俊先生、原政协副主席金耀林先生、原区教体局副局长常迎花以及殷都区教体局、殷都区科培中心全体领导多次到学校指导课题研究工作，深入课堂了解课题研究中存在的问题。根据全面开展、重点推进的指导思想，学校选择“构建发展性教学系统”作为课题研究突破口，并初步构建了各学科的教学模式：

1. **语文情趣教学模式：**

(1) 导入激趣

借助信息技术等手段创设情境，在课堂教学中，把图、文、声、像有机组合，使抽象的内涵转化成情景交融、图文并茂的形式，调动学生的视觉、听觉、感知、理解，营造一个教学的互动新空间，如临其境、如见其人、如闻其声、如见其形……

(2) 自主激学

课堂的主体是学生。“小学生主体多元发展”课堂上，学生自主提问，学生自己思考、讨论。得出结论并自由地表述自己的思想观点，把

"发现问题—提出问题—解决问题"的权利还给学生，学生成了自己学习的真正主人。

(3) 深入激情

教师的情感对于儿童来说，是导体，是火种。教师要善于将自己对教材的感受及情感体验传递、感染学生，以自己真挚的情感激起儿童的情感。

(4) 迁移激创

教师的教是为了不教，因此学生的迁移创造能力非常重要。例如：学习语文，教材无非是个例子。一方面是提高阅读和口语表达能力，一方面是练习写作。教师在课堂上应注意激发学生创作欲望，做到读写结合。如教学《听听，秋的声音》，一篇篇稚嫩的诗篇从孩子们笔下诞生，既理解了诗歌的内容，又进行了迁移创作，进行了能力训练。

2. 提高数学教学的实效性：

(1) 前期的准备工作

①初步建立科学的课题实验机制

姚文俊理事长一直强调一句话"做课题研究要的是义务兵，决不抓壮丁"，所以在自愿申报的基础上该校成立了学科系列数学子课题组。在广泛征求课题组成员意见的基础上，制定了课题实验教师职责，确立了课题实验核心组成员。并根据实验的常规工作对实验教师进行了分工，比如有的负责起草材料，有的负责打印材料，有的负责整理文字及电子档案，有的负责撰写课题活动信息，做到责任到人，避免使课题研究工作流于形式。

②进行了学生数学学习状况的问卷调查，并进行了细致的分析和汇总

了解教育对象是做课题研究的基础，因此很有必要对学生学习数学的状况进行全面了解，该校实验教师通过多次讨论和修改制订了较为科

学的调查问卷。为了让学生在真实自然的状态下答卷，还换班进行了问卷调查。每个实验教师都从调查目的、调查结果、结果分析等多方面对问卷进行了细致的分析，撰写了调查报告。同时课题组核心成员还对全校的问卷进行了综合分析，以了解学生的整体情况。正因为有了前期细致的准备工作，为课题实验工作提供了更科学的第一手资料。

（2）提高教师的备课质量

要提高课堂教学的实效性，首先需要提高教师的驾驭课堂的能力，需要教师在系统掌握教材的基础上有精湛的教学艺术。新课改实施将近6年的时间里，教师在不断地参加各种培训，更新自己的教学理念和教学方法，但仅有这些是不够的，教师更需要一些具体的指导，因此首先做的一项工作就是利用课题组活动时间进行系统的教材分析，让每个数学教师把12册教材认真地“研读”一遍，按照数与代数、空间与图形、统计与概率、综合运用四个知识领域进行纵向分析。这是一种全新的教材分析模式，通过学习教师对每个知识点有了较为系统的把握，明白这个知识点在整个知识体系中承前启后的作用，这样老师在教学的时候制订的目标更加科学，教学效果得到明显提高。同时学校还实施名师工程，让骨干教师和年轻教师结成帮扶对子，促进年轻教师的快速成长。

（3）初步探索教学有效性标准

有效性是评价教师教学的一个重要标准，什么样的教学才是有效、高效的呢？通过课题研究活动，互相听课、评课、反思、讨论和多次论证，他们认为：有效的课堂教学，首先教学目标和教学任务是科学的、恰当的。教学目标的科学性和恰当性重在了解学生，知道学生在学习内容方面已有了什么基础，还缺少什么，设置适应多数学生实际需求的目标，让不同的学生都有收获。第二，教学过程应该是有序的、健康的、主体参与的。第三，教学活动应为学生创建一种民主、宽松、和谐、进取的学习氛围。第四，教学效果较高。即看问题的解决程度，看学习投入与产出比，看学生是否通过学习，掌握了一定的技能和方法，达到可持续学习的状态。第五，看教学的创造性增值。看通过学习，是否为学生的创造性准备了土壤。

(4) 提高教师的文化素养，增强教学的趣味性

通过问卷调查了解到学生希望数学课堂能更有趣。不可否认数学和其他学科相比更容易让学生产生枯燥感，这需要用数学文化本身的魅力和教师的教学艺术去吸引学生。教师不能仅仅只了解教材上的知识，而应该有大数学的观念，也就是要求教师有扎实的数学素养和更广泛的数学文化底蕴，因此学校编撰了和教材紧密结合又符合学生实际情况的《数学思维训练校本教材》。通过使用，发现学生的数学学习兴趣明显提升，课堂参与率有了较大提高。

3. **英语教学模式与方法：**

(1) 课前组织教学

让成绩优秀的学生轮流当课代表，在课前 5 分钟里组织全班学生复习上一堂课所学的词汇和课文。这样有助于学生复习旧知。

(2) 儿歌与歌曲教学

给英语儿歌、歌曲、难点词汇或者句型编上动作，让学生唱、跳、做、玩，既激发了兴趣又降低了学习难度，学生学得快又记得牢。例如，在教学《颜色》一课时，让学生模仿时装模特秀，边唱颜色歌边表演，学生很快就掌握了颜色词汇。

(3) 词汇教学

运用词根、近义词、反义词等教学，学生的词汇学习更轻松、牢固。例如，教学 nice，先让学生回忆 ice 这个旧词的读音，再在它前面加个字母 n，让学生拼读，这样，学生不但复习了旧知识，还知道了新知的由来。

(4) 角色表演

为了加强学生的语言表达能力和思维能力，每个模块学习完毕，让学生进行课文角色表演，高段叫做模块汇报或写作。这种由学生组织进行的英语表演能激励所有的学生投入到英语学习的活动中，既激趣又达到复习旧知的目的。

(5) 课文教学法

指导学生自主阅读、翻译课文，让学生自己提出问题、困惑，互相答疑、解惑。这培养了学生的英语自主学习能力和英语思维能力。

4. **艺术教学模式：**

(1) 感知与体验

教学中从感性、体验入手，通过丰富多变的教学方法和听觉、视觉等多方面参与体验感受，可以让学生用身体动作感受音乐，也可以用语言描述自己的切身体验。例如：一节课刚开始的时候在主题音乐的背景中做律动，为学生营造轻松愉快的音乐气氛，更重要的是让学生初步感受音乐的节奏感，在律动时搭配节奏的动作，为后面的节奏学习做好铺垫。

(2) 创造与表现

以一节课为例，进入本课的重要新授课内容，首先听完全曲后，请学生发表自己的看法。让学生说说不同钟表所发出的各种不同的声音，配以相应的节奏和适当的象声词，使学生对音乐有了更深的理解。在复听全曲的时候，将节奏的长、短等不同做出动作，让学生模仿，引发学生参与的兴趣。出示音乐图谱，将音乐的结构、节奏图谱化，既形象，又直观、易懂，使学生带着好奇心进行学习，学习的效果会更好。

(3) 拓展与延伸

学生对音乐主题有了深刻的印象，并能够哼唱，教师根据图谱，将五种小乐器参与到各种节奏中，在这个环节中让学生进行打击乐器的演奏、表演，激发学生学习音乐的兴趣，培养学生对音乐的理解、表达、创造能力。最后学生在本课的音乐声中结束。

同时该校本着学生终身发展的原则，针对学校实际情况进行课程整合，实现全面发展打基础，个性发展有特长的目标，把编写学校的校本研究教材《与经典同行，与圣贤为友》、开展经典吟诵课、活动课等，作为发展性教学系统的一个重要环节来抓。

“中小衔接实验研究之学生德育习惯的养成”

——安阳殷都实验中学

2007 年，安阳市殷都实验中学成为国家级课题“少年儿童主体多元发展实验研究”实验学校。该校是一所九年一贯制学校，教育对象是中小学生动活泼的少年儿童，针对小学生升入初中后从学习方法到行为习惯均严重不适应中学生活的现状，学校利用九年一贯制学校的优势以科研为抓手，狠抓中小衔接。该课题研究指导人姚文俊先生多次到校调研研究，确立了以“学生德育习惯的养成教育”为突破口，制订出了实验研究的过程与措施：

1. 把养成教育和德育在教学中的渗透作为研究的重中之重

(1) 养成教育是中小衔接教育的研究重点之一

该校处于城乡结合部，学生家长文化水平普遍偏低。该校做过一项调查，在接受调查的学生中，百分之五十的家长初中文化，高中以上文化的家长只有百分之一，还有一部分初中不毕业，极少数是文盲。尽管百分之八十没有固定职业和收入，但地理位置与安钢、电厂比邻，周边都是个人办的铁厂，所以都有临时工作，生活无忧，大多数家长下班后的主要活动是看电视和打牌，他们无暇照顾子女，更谈不到良好的家庭教育，甚至不少家庭对子女是养而不教。所以，学生的良好行为习惯没有养成，道德品质较差。因此学校把养成教育作为提高德育实效性的重点来抓。

(2) 寓德育于学科教学之中是中小衔接研究的又一个重点

针对学校传统教育中班主任落实德育和政治课进行德育教育，进而德育途径单一、低效、无效的弊端，为了形成立体化网络状的学校德育教育体系，结合各学科教学的特点，充分挖掘各学科教学中的德育因素，在各学科教学中渗透德育就显得至关重要。

课程改革方案更是为学科德育的实施提供了依据。课程改革方案明确提出了加强德育的指导思想，在总的培养目标中，规定了提高学生“良好的思想品德素质”、“适应社会主义事业需要”的目标，并相应地规定了思想品德素质在小学、初中、高中的分阶段、有层次的目标。并要求各门学科、各个领域都要渗透、贯穿德育工作，落实到各科课程标准和各科教材中去，使显性德育课程外的各学科，都作为德育的隐性课程发挥各自的积极作用，寓德育于各科教学和各项活动之中，学科课程标准和教材编写有明确的德育要求和内容。所以，把德育渗透到学科教学中，有充分的依据，有极大的可行性，同时解决了与教学争抢地盘和时间的矛盾，还可以取得提高道德水平和优秀学习成绩的双赢效果。

2. 开展科研专题培训，为实验研究做充分准备

(1) 专家引领——通过高端专家引领指导，充分提高教师对课题研究的认识。

全国知名的教育专家姚文俊校长，和他所领导的殷都区教科所和培训中心多次到该校跟课题组的成员近距离接触，面对面交谈。他以自己的切身经历，让老师们明白：问题即课题、教学即研究、发展即成果。课题研究在老师们心中走下了圣坛，不再高不可攀，极大地提高了教师参与教育科研的积极性和信心。

(2) 榜样示范——榜样的力量是无穷的，专家的培训与引领指明了方向，同行同伴的成功案例更能增强老师的信心铁佛寺小学的白艳红书记在小学语文教学中的思考与研究使她的教育教学很有品位，该校就聘请她给老师做报告。外国语中学的李文峰老师自觉学习并实验班级自主管理，效果特别好，便邀请他来进行经验交流。从身边熟悉的同行身上，老师们看到了课题研究的实际效果和作用，感受到了教育科研的魅力，也真切地体会到一线教师的确可以做课题研究，明白了在一线教育教学中进行课题研究的可行性和必要性，从内心深处感觉到，教育科研离他们真的不远，更不是可有可无的，不是费时费力耽误教学成绩的，相反它确实能促进教师们的实际工作，提升教育教学的品位。通过这样的培训，老师们终于能够平视课题研究，走进并接受这个新鲜而又极富挑战性的工作了。

(3) 理论研修——加强理论学习，开展业务自修，提高科研能力

真正开始了潜心研究与思考，老师们突然异常真切地感受到：书到用时方恨少！为此他们制订了学习计划并立即付诸行动。首先，每人要自学至少两本新课程方面的理论书籍并认真写好读书笔记，《刘可钦与主体教育》《我要成为最佳的我》《走进新课程》是必读书籍，其他书籍可以自选。校长为大家制订了《殷都实验中学教师阅读书目》，并购买了一部分图书，供大家阅读。其次，定期和不定期地进行学习心得交流，既分享所学所悟所得，又讨论疑问与困惑。然后，进行专题学习释疑解难。课余饭后、下班回家，带着问题读书、上网，刻苦攻读。同时为了方便老师们的学习，还给每个办公室配备电脑并装上网线，多渠道获取信息，多方面提高理论修养。

(4) 参观考察，外出学习，拓宽视野，激发科研愿望

该校把课改名校山东青岛向阳小学、杜郎口中学、江苏洋思中学等学校作为考察学习的学校。希望老师们通过考察学习能够把自己的见闻感受、所学所思与大家分享，这样的学习既能开阔老师们的视野，又能激发大家的进取心，更能产生科研兴校的强烈愿望，树立自己的教育理

想和办学理想，为教科研工作做到推波助澜的作用。

3. 课题实验研究的管理与具体措施

(1) 寓德育于日常教学管理之中，用严谨科学的学校管理规范人

①建章立制，为课题研究保驾护航

成立课题研究领导小组和结构合理的课题实验研究小组，并制订简单可行的活动方案与检查考评制度，确保课题的实验研究顺利进行。校长任课题组长，一名副校长带领课题组成员参与课题管理和实验研究的全过程。校长注重以德治校，教师注重以德执教，政教处把德育工作和课题研究紧密结合，这样课题的研究就能及时地得到落实，产生实效。

②完善升旗制度

抓住周一升旗仪式，有计划地开展思想道德教育和行为习惯养成教育。学校领导在国旗下讲话，推选德育标兵和行为习惯楷模做升旗手和护旗手，并让他站在国旗下，给全校师生进行经验交流，分享成长的喜悦。这个活动把同伴的影响和老师的引导教育完美地结合起来，效果颇佳。

③设立文明岗哨制度

每天校长和文明岗执勤师生迎接全校师生到校，对全体师生从衣着服饰、进门下车到课间玩耍、文明交往等多个方面进行检查、督促、提醒，促成良好行为习惯的养成。

④建立反思札记交流制度

在实验研究过程中，多反思勤总结，写教学或者实验札记，并建立校长批阅制度，极大地提高了教师的积极性，也提升了撰写札记的水平。

⑤创建办公室主流话题制

每个年级组办公室以课题为核心，选取自己感兴趣切合本年级实际的子课题，作为办公主流话题，把课题的实验与研究日常生活化，课前课后、饭前饭后、随时随地随意地交流研究，营造健康的办公室对话文

化，促使良好教风的形成。

（2）寓德育于学科课堂教学之中，用规范高效的课堂教学培育人

课堂教学是实施素质教育的主渠道，课堂也是育人的主阵地。组织教师进行学科德育渗透的专题研究，把德育工作渗透到课堂教学之中，提高德育的实效性。专题研究遵循的原则是：学科德育渗透应根据学科教学内容，自然、有机地进行德育渗透，但同时还要注意学科之间在德育上的相互配合，注意中小学的衔接、密切合作以形成“合力”。

（3）寓德育于校园各项活动之中，用丰富多彩的校园活动锻炼人

没有活动就没有德育。在活动中开展德育，能起到潜移默化、润物无声的效果。通过开展形式多样的活动，寓德育于活动之中，并定期交流实验研究的心得体会，互相启发扬长补短。

①开展学常规、用常规系列活动。

在中小学范围内统一设计开展以课题研究为中心，以德育为目的，以习惯养成为内容的系列活动。力求形式新颖、实效性强，能体现所在办公室、年级、班级的特色。特别是根据《殷都实验中学养成教育细目》制订自己的《在校一日常规歌》，并要求各班充分调动学生积极性，开展形式多样的学常规、用常规的日常化活动。

②举办殷都实验中学班主任论坛，定期交流班级管理和育人经验。

③创办校园手抄报——《七色花》。

④开展中小学教师互相听课、送课、评课活动，促进中小学课堂教学的衔接。

（4）寓德育于校园文化建设之中，用浓郁厚重的育人氛围陶冶人

①依托中华民族优秀传统文化，确立学校校训和办学理念

源自于中国传统儒家文化经典的校训“厚德博学，自强至善”，提醒实验中学师生要时刻注意身心修养，通过不断地厚重品德、渊博学问、自强不息，达到人生的最高境界。

②校园灯箱标语

以《论语》中耳熟能详的十六则作为校园灯箱标语，让学生走在校园中能时时学到知识和懂得做人的道理。

③走廊古诗词版面

根据义务教育中小学语文课标要求，精选近百首古典诗词文，并配以精美图案，做成教学楼走廊版面，让学生在诵读中受到熏陶和感染。

④班级文化建设

班级《一日常规歌》版面和《温馨提示》版面无不从学生行为习惯养成教育入手着眼设计，力求使学生处处包围在德育之中，从小养成良好的卫生习惯、言语习惯、举止习惯，不断提升学生的文明素养。

力求使学生处处包围在德育之中，从小养成良好的卫生习惯、言语习惯、举止习惯，不断提升学生的文明素养。

至此，三所实验校研究突破口的选定，为课题由点到线再到面的全区实施奠定了良好的基础。

课题管理

在抓好这些重点实验校的同时，教科所随即研制、下发《殷都区教育科学研究所“十一五”教育科研规划课题指南》、《殷都区教育科学研究所“十一五”教育科研课题管理办法》、《殷都区教育科学研究所“十一五”教育科研课题申报书》三个文件。并召开科研兴教动员会，结合各自学校的特点拟定了各自的实验课题。在大家认真申报的基础上，经过严格审查，批准立项了我区十四所学校三十六个课题。

这些实验课题，从内容上来看，涉及主体性发展与多元智能、自主教育、自主管理、自主学习、德育与学生习惯及人格、诵读经典美文营造书香校园、情感在教学中的作用及提高课堂教学实效性、促进教师专业化成长的研究等教育教学的方方面面。从实验范围来看，主体性发展与多元智能的研究覆盖了全区，安阳外国语小学和梅东路小学担当了这一主题实验改革的主力军，在实验进程和实验探索方面为全区树立了典范。自主教育管理学习的实验在外国语中学和殷都实验小学已初具规模，科研工作也显示了勃勃的生机和活力。殷都实验中学作为中学的实验学校参与教育科研的热情也越来越高涨，申报其他课题的学校和教师也都在努力地学习，把自己新的理念和思想融入各自的课题实验当中。

至此，殷都区已经形成了以全区重点课题与学校重点课题相结合，全区实验校与一般实验校相结合，学习与培训相结合，理论与实践相结合，全区搞研究，校校有课题，人人想参与的教育科研工作新局面。这些课题将先进的教育思想和理论与教育教学实际问题相结合，使我区科研工作的开展迅速形成了燎原之势。

1. 殷都区教育科学研究所“十一五”教育科研规划课题指南

教育科研是促进学校发展、提高教师素质、解决教育的热点和难点问题，实现教育决策科学化、民主化的重要保证，并且越来越引起了各方面的广泛重视和广大教育工作者的热情参与，对于我国基础教育改革和发展的实践产生了越来越大的积极影响和推动作用。殷都区教育科学研究所将开展学术研究视为自己生存和发展的生命，把开展教育科研活动作为自己最重要的工作内容，通过科研课题的立项及日常管理，不断推进殷都区教育界教育科研活动的蓬勃开展。

国家“十一五”规划时期，是我国全面建设小康社会的重要阶段。我国的教育事业又面临着新的重大机遇和挑战，基础教育也出现许多新情况、面临许多新问题。殷都区教科所在“十一五”时期的课题研究，从全面建设小康社会、推进社会主义现代化建设的全局出发，紧紧围绕建设和谐社会需要教育的和谐发展这一命题，把群众性教育科研提高到新的水平，为繁荣我区教育科学，为提高教育工作者水平，为基础教育的改革和发展作出更大的贡献。

[指导思想]

(1) 以马克思列宁主义、毛泽东思想、邓小平理论和“三个代表”重要思想为根本指导方针。

(2) 坚持教育“三个面向”，全面贯彻党的十六大精神，按照科学发展观的要求，全面贯彻党的教育方针，全面推进素质教育。

(3) 外树形象，内练真功，走内涵式发展道路。依靠教育科研，创办优质教育，建设特色学校，打造教育精品。

(4) 教育科研以学生为本，以学校为本，实施科教兴国战略、可持续发展战略、人才强国战略，为教育改革和发展服务，为校长、教师、学生的发展服务。

(5) 贯彻“百花齐放、百家争鸣”方针，坚持勇于探索创新、实事求是精神，努力做到理论与实践相结合，更好地为教育决策、为基层工作实践、为繁荣教育科学服务。

[教科所工作的特点]

面向现实问题，形成自己教育科研的特点和思路，为理论研究、实践探索、公平决策架起沟通的桥梁和对话的平台。

(1) 密切关注教育改革和发展的重点、热点、难点问题和前沿问题，从中选择研究课题并设计研究的思路和方法，以切实推进教育的改革和发展。

(2) 努力增强课题研究的理论支撑，重视研究方法，善于将实践经验提升到理性认识的高度，以提高研究的学术水平。

(3) 充分发挥教科所组织机构的优势，动员有关专家与学校实际工作者，优化组合既有理论水平又有实际经验的科研队伍。

[科研课题的组织和实施]

(1) 课题申报及管理按《殷都区教育科学研究所“十一五”教育科研课题管理办法》实施。

(2) 要注重组织教育科研共同体，实现一线校长和教师、行政领导、专家学者相结合，开展校本研究。要特别注意把有较强科研能力，又有较强组织协调和创造科研条件能力的同志吸收到科研项目中来。

(3) 要加强科研的过程管理。教科所主要抓好重点课题的管理和规划课题的中期检查工作。实验学校抓好课题的日常管理，并严格按照《课题管理办法》进行日常管理。

(4) 为适应基层需要，“十一五”期间课题研究的结题时间将规定得比较灵活，既可以以五年为一个研究周期，也可分别以一到四年为一个研究周期。

[科研课题的分类]

科研课题以研究内容为主进行分类，在每一个大类中有若干个细目。这个分类仅供申报课题时参考。各实验学校和个人应结合自己的具体情况，依据这个分类，确定恰当的研究课题。

殷都区教育科学研究所“十一五”科研规划课题分类：

(1) 重点类

中小学生主体性发展与多元智能开发相融合的实验研究。

优化组合教育资源，实现教育城乡一体化的行动研究。

中小学教育和谐发展的理论研究与实践探索。

(2) 综合类

学习借鉴素质教育成功经验，走内涵式发展的实验研究。

学前教育研究。

现代化远程教育工程建设实践研究。

教育、教学质量评价体系建构的研究。

优秀校长成长个案及治校规律的探索与研究。

创建特色学校的探索与研究。

当前基础教育的重点、热点、难点问题的研究。

学习型社会背景下学校制度建设的研究。

中小学校园文化建设的研究。

学校、家庭与社会协同，推动素质教育的研究。

学生个性、特长培养与全面提高学生素质的研究。

幼小衔接实验研究。

中小衔接实验研究。

（3）专题类

①德育

继承中华传统美德，弘扬中华民族精神的研究。

学习胡锦涛同志“八荣八耻”的论述，加强中小学德育针对性、提高实效性的研究。

学科教学中德育渗透问题的研究。

网络环境下的学校德育研究。

社会教育资源、家庭教育力量及校外教育阵地的开发、建设与利用等问题的研究。

②心理

当前中小学生心理问题的调查与研究。

心理健康的“教育”、“问题预防”、“疾病治疗”的研究。

教师素养、行为、人格对学生心理健康影响的研究。

家长素质及教育方式方法对学生心理健康影响的研究。

③教学

班级教学与个性化教学互补与协调的实验研究。

优秀教师成功教学模式的总结与推广研究。

中小学生创造性思维与实践能力的开发和培养研究。

中小学生学习兴趣的起源、爱好的培养与特长的发展实验研究。

校本课程的开发与探索研究。

考试评价制度改革与课程改革相配套的实验研究。

④教师

师德现状与师德建设的行动研究。

教师专业化成长的理论与实践研究。

优秀教师成长个案与发展规律的研究。

当前教师心理状况与解决对策的研究。

继续教育与校本培训研究。

教师评价研究。

[说明与建议]

(1) 课题指南所列研究问题是对研究方向的要求，一般不宜直接以指南所列课题为研究课题；

(2) 申报课题应力求小、实、新，亦即问题不宜过于宏观，应该贴近学校教育、教学、管理的实际，应该在认识上与实践上有所创新、有所突破；

(3) 申报时，应该注意尽可能广泛收集相关研究成果，并在其基础上提出新的研究思路。同时要注意研究力量的组合、配置，注意研究过程的科学设计。

2. 殷都区教育科学研究所“十一五”教育科研课题管理办法

第一章　总　　则

第一条　为了加强殷都区教育科学研究所科研课题的管理，有组织有计划地推动群众性教育科研活动，使其纳入科学化、规范化轨道，特制订本办法。

第二条　科研规划课题，必须坚持以邓小平理论和“三个代表”重要思想为指导，贯彻“双百”方针，深入研究我区中小学教育改革和发展中的理论与实践问题及其热点、重点和难点问题，努力为教育改革服务，为推动教育科研服务，为提高教师的科研素质服务。

第三条　课题的申报立项，必须遵循下述原则：

1. 与国家教育法律、法规和教育部门有关政策相一致；

2. 坚持与本地区、本学校、本学科领域的实际相结合，坚持正确研究方向，提倡前瞻性、独创性，重在开展应用性行动研究；

3. 有利于调动广大教育工作者的积极性，以体现本项活动的群众性。

第四条　殷都区教育科学研究所面向全区，接受我区各中小学、幼儿园申报的课题。

第二章　组织

第五条　殷都区教科所领导我区教育科学研究工作。主要职责是：制订并发布规划、指南和管理办法；课题申报、立项评审以及学术咨询、重点课题成果鉴定和宣传推广，指导实验学校的科研工作等。

第六条　殷都区教科所委托各实验学校依照本办法对有关课题实施课题申报和课题管理。

第三章　申报与评审

第七条　殷都区教科所科研课题指南每五年发布一次。规划执行期间，每一年对申报课题进行一次评审立项，最后一年停止评审立项。

第八条　殷都区教科所科研课题分为重点课题和规划课题两类。申报的课题按何种类立项，由教科所确定。

第九条　殷都区教科所科研课题原则上属于自筹经费。

第十条　申报课题的负责人应具备的条件：

1. 具有高级以上专业技术职称或有五年教育行政、教育科研、师资培训、学校管理及教学经验；

2. 有参加教育科研的经历；

3. 能够筹措经费和获得必要的研究条件；

4. 能够切实承担起研究、组织和指导课题的责任。

第十一条　课题申请程序

1. 根据课题指南，以教育教学及学校管理工作中遇到的理论问题和实际问题为出发点确定课题，按要求填写《殷都区教育科学研究所科研课题申报书》。

2.《申报书》须经申请人所在单位审核同意后，再报殷都区教科所审批。

3. 殷都区教科所负责组织申报各级课题，并向上级教科研单位推荐优秀教育科研课题。

第十二条　经评审同意立项的课题由殷都区教育科学研究所颁发立项通知书，同时研究工作即可启动。

第四章　管理

第十三条　殷都区教科所对我区全部课题负责管理，并指导实验学校的科研管理工作。

课题实行目标管理与过程管理相结合。管理工作主要有评审立项、课题检查、日常管理、年度检查、中期检查、不定期检查和结题评审等。

检查和抽查内容包括：队伍建设、档案、经常性活动、简报、成果转化等。

第十四条　经费管理

1. 课题申报时须同时说明经费来源；

2. 经费的筹集和使用要符合国家有关财务制度以及本单位有关规定；

3. 课题的申报评审与管理均不收费。

第十五条　有下列情况之一者，课题组须书面报请所在单位同意后，报殷都区教科所备案：

1. 变更课题主要负责人；

2. 变更课题名称或研究内容做重大调整；

3. 课题完成时间延期；

4. 通讯地址、电话、联系人等情况变动。

第十六条　凡违反国家法律及教育部、民政部有关规定者，有剽窃行为和弄虚作假者，与设计不符或学术质量低劣者，到期不能完成者，由殷都区教科所撤销其课题。

第十七条　课题研究工作完成时，应接受殷都区教科所的成果鉴定和结题验收。成果鉴定必须准备的文件有：结题报告、研究工作（实验或调研）报告、成果主件及必要的附件、开题申请书复印件、成果被决策部门或在教育教学中应用推广情况介绍等。

第十八条　鉴定一般采取通讯或会议两种方式。每个课题的鉴定专家一般 3 至 5 人，并设一名组长。鉴定专家由殷都区教科所委托或实验学校课题组长聘请。课题组成员不能担任本课题的鉴定专家。

课题鉴定一般由课题组自行组织。

第十九条　课题鉴定程序

1. 课题组向殷都区教科所提出鉴定申请；

2. 准备好鉴定的必要文件（一式 3 至 5 份）；

3. 聘请鉴定专家，并将文件提前送交专家手中；

4. 专家鉴定后送（邮寄）交本课题组，课题组报殷都区教科所。以会议方法鉴定者，由专家组共同确定并由组长签署意见后上报；以通讯方式鉴定者，各专家将鉴定寄交组长，组长根据多数人的看法签署意见后再上报。

第二十条　结题验收

在专家鉴定的基础上，经殷都区教科所确认，颁发《殷都区教育科学研究所教育科研课题结题证书》。

第二十一条　每一个计划期结束后，殷都区教科所将对结题的成果进行评选，择优推荐报刊发表、报送有关部门作为决策参考，或在一定范围内推广。其中将评出一批优秀教育成果加以表彰。获奖者得到相应的精神或物质奖励。

第五章　附　则

第二十二条　本管理办法的解释权属于殷都区教育科学研究所。

第二十三条　本办法自公布之日起执行。

3. 殷都区教育科学研究所“十一五”教育科研规划课题申报表

殷都区教育科学研究所
“十一五”教育科研规划课题申报表

中小教会［2006］7号

课题名称：________________

课题负责人：________________

课题负责人所在单位：________________

课题研究指导人：________________

申报日期：________________

殷都区教育科学研究所

二〇〇六年三月

一、基本情况

<table>
<tr><td>课题名称</td><td colspan="7"></td></tr>
<tr><td>负责人姓名</td><td></td><td>性别</td><td></td><td>民族</td><td></td><td>出生年月</td><td></td></tr>
<tr><td>行政职务</td><td></td><td>专业职称</td><td></td><td>学历</td><td></td><td>研究专长</td><td></td></tr>
<tr><td>工作单位</td><td colspan="4"></td><td rowspan="2">电话</td><td>办公</td><td></td></tr>
<tr><td>通讯地址</td><td colspan="4"></td><td>手机</td><td></td></tr>
<tr><td>负责人姓名</td><td></td><td>性别</td><td></td><td>民族</td><td></td><td>出生年月</td><td></td></tr>
<tr><td>行政职务</td><td></td><td>专业职称</td><td></td><td>学历</td><td></td><td>研究专长</td><td></td></tr>
<tr><td>工作单位</td><td colspan="4"></td><td rowspan="2">电话</td><td>办公</td><td></td></tr>
<tr><td>通讯地址</td><td colspan="4"></td><td>手机</td><td></td></tr>
<tr><td rowspan="6">课题组主要成员</td><td>姓名</td><td>性别</td><td>出生年月</td><td>职务</td><td>学历</td><td>职称</td><td>工作单位</td></tr>
<tr><td></td><td></td><td></td><td></td><td></td><td></td><td></td></tr>
<tr><td></td><td></td><td></td><td></td><td></td><td></td><td></td></tr>
<tr><td></td><td></td><td></td><td></td><td></td><td></td><td></td></tr>
<tr><td></td><td></td><td></td><td></td><td></td><td></td><td></td></tr>
<tr><td></td><td></td><td></td><td></td><td></td><td></td><td></td></tr>
<tr><td>预期的主要成果</td><td colspan="4"></td><td colspan="3">A. 专著　B. 论文
C. 研究报告　D. 其他</td></tr>
<tr><td>经费来源及数额</td><td colspan="7"></td></tr>
<tr><td>预期完成时间</td><td colspan="7"></td></tr>
</table>

二、课题论证

1. 对课题的理论价值和实践价值的论证
2. 对课题所达目标和主要内容的论证
3. 对课题研究保障条件（含经费来源）的论证

三、课题研究计划

1. 课题研究阶段安排及实施要点
2. 课题研究中期成果
3. 课题完成最终时间及最终研究成果

四、课题所在单位意见

1. 申请书所填写内容是否属实；2. 该研究项目负责人和参加者是否适合承担本项目研究工作；3. 本单位能否提供完成课题所需经费、时间和条件；4. 本单位是否同意承担本课题的管理任务。
年　　月　　日

五、殷都区教育科学研究所审批意见

年　　月　　日

六、阶段检查意见

1. 实验进展情况：实验进度、计划完成情况、创新性情况。 2. 实验阶段成果：成果名称、教育教学实效、教师素质提高等。 3. 实验资料档案：计划和总结、实验资料、阶段成果材料、其他研究材料等。 4. 实验研究存在的问题和困难。

七、研究项目指导人对本项目研究结题意见

八、研究项目鉴定记录

<table>
<tr><td>课题完成时间</td><td colspan="2"></td><td>申请鉴定时间</td><td></td></tr>
<tr><td>鉴定方式</td><td colspan="2"></td><td>鉴定组人数</td><td></td></tr>
<tr><td colspan="5">鉴定组成员名单</td></tr>
<tr><td>姓　名</td><td>单　　位</td><td colspan="2">职务和职称</td><td>专　　业</td></tr>
<tr><td></td><td></td><td colspan="2"></td><td></td></tr>
<tr><td></td><td></td><td colspan="2"></td><td></td></tr>
<tr><td></td><td></td><td colspan="2"></td><td></td></tr>
<tr><td></td><td></td><td colspan="2"></td><td></td></tr>
<tr><td>完成鉴定时间</td><td colspan="4"></td></tr>
<tr><td>鉴定结果</td><td colspan="4">组长签字：
年　　月　　日</td></tr>
</table>

搭建平台

1. **创办“殷都教育论坛”**

邀请全国各地知名教育专家开坛论教，这是殷都区创新教师培训模式的一个重要举措，也是安阳市首家由区级教育行政机关主办的教育论坛。为了能充分发挥“殷都教育论坛”的作用，使教师培训活动更加接近教师的可发展区，论坛采用了“三级培训”方式，即：专家、名师、教师共同走进论坛。

(1) 链连先进教育资源，发挥知名教育专家的引领作用

教育论坛开坛后，注重链接先进教育资源，充分发挥知名教育专家的引领作用，先后邀请了中国教育学会常务副会长谈松华先生、郭振有先生，教育部基础教育司王定华副司长，教育部教育发展研究中心杨银付主任，国家副总督学原基础教育司王文湛司长，北京师范大学肖川教授，联合国教科文组织 EPO 项目中国委员会执行主任史根东博士，当代著名教育改革家魏书生、孙双金、卢志文、刘可钦、武琼、窦桂梅、华应龙、崔其升、韩珍德等全国知名教育专家 30 多位到殷都区讲学，培训教师万余人次。通过一系列卓有成效的培训，拓宽了我区课题研究的思路和途径，老师们视野开阔了，思想深刻了，对“少年儿童主体多元发

展实验研究”更有底气了。

（2）共享优秀教育资源，发挥名师、学科带头人的辐射作用

在我区全面实施了名师工程后，全区涌现出一大批师德高尚、业务精湛、经验丰富的名师队伍。教育论坛抓住这一契机，就近开发优秀教育资源，从全区的名师队伍挑选一些业务骨干，通过作课、讲座的形式，对教师进行了有针对性的培训，使教师的教学能力得到提高，也使名师队伍在全区较好地发挥了其辐射带头的作用。

（3）开发“平民”教育资源，发挥一线教师的交流互动作用

针对过去一些培训远离教师实际教学的现象，教育论坛又进行了全新的尝试，即让一线的普通教师走上论坛，谈他们教育教学中的困惑，课题研究中的收获。自开办论坛以来，很多老师走上了讲台，和同行分享他们在课题实验中的苦与乐。通过互动交流，教师的很多疑惑得到了解决，教师紧张的思想和工作压力也得到最大限度的释放。这样，很好地利用了教育论坛这个平台，极大地提高了教师参与的积极性。

2. 创编“殷都教育”报刊

为了给教师提供一个展示和相互交流的平台，进而更好地宣传殷都教育，我区创编全市第一家县区级教育报刊——《殷都教育报》。

《殷都教育报》由殷都区教体局主办，是为殷都教育改革打造交流展示平台的一张教育教学实验专业报刊。报刊开设有“新闻”“教学研究”“师生作品”“课堂实例”“观点争鸣”“教育论坛”“读书交流”等多个栏目，从多个角度展示了殷都教育的风采。

《殷都教育科研》创刊于2007年，由殷都区教科所主办，是为殷都教育科研打造交流探讨平台的一本教育科研实验专业刊物。刊物开设了“科研特稿”“专家视点”“科研指津”“科研回放”“科研随笔”“校长管理”“教师论坛”“校本培训”“德育时空”“科研信息”等栏目，全方位、多层次、多角度地为教育科学研究和课题实验提供平台和服务。

3. 创办“殷都教育网站”和《高效课堂在行动》

在课题实验过程中，殷都区率先创办了我市首家县区级教育综合网络——殷都教育网。通过网站，搭建交流研究平台。下载优质的教育资源，上传教师撰写的教学札记、论文。让教师通过网上交流，收集最新的研究成果，结合自身的教学实践，开展研究，为实验教师开辟了更为广阔、更为便捷的学习、交流通道。还创办《高效课堂在行动》辅助网站的宣传和交流。

同时，也积极地宣传了殷都区由课题研究为龙头，带动其他工作全面开展的新格局，赢得了各级领导、同行的关注和支持，更得到了家长、社会的理解和参与，对形成自上而下的、坚实有力的课题实验支撑力量起到了积极的作用。

初见成效

至2008年7月，“少年儿童主体多元发展实验研究”在殷都区走过了一年的历程。为了检查实验效果、展示研究成果，迎接中国教育学会课题研究专家组的验收，进行阶段性成果展示，在教体局决定下，在姚文俊所长所带领的科培中心的指导下，2008年10月，三所实验学校经过精心准备，迎来了中国教育学会课题验收专家组和全区各校代表。在为期三天的成果展示过程中，三所实验学校通过动态和静态的展示全面汇报了各自取得的成绩，翔实而又丰富的课题档案资料受到与会专家领导的一致好评。

1. **静态成果**

(1) 以“教师专业化成长”为突破口的安阳外国语小学，为每位教师建立了《教师成长档案》，档案中设有校长寄语、个人小档案、我的成长规划、课题研究、读书随笔、教学设计、教学反思、教育故事、教学论文、研修感悟、基本功练习、教育成果等栏目。教师借此调整自我，提高自我，为今后可持续发展做好充分的准备。《教师成长档案》挖掘教师专业发展的内在潜力，提高自我反思能力，使教师在与同伴的交流分享中一起成长，反映了教师在多元思想对话中实现了专业成长的自我超越。

外国语小语教师的教学预案扎实细致，包括四部分：有本册教材的整体分析，有单元教材的单元分析，有教师的预案模式，还有课后的反思报告。其中，教师的反思报告是由以下几个问题组成：你认为本节课最突出的问题是什么？你认为本节课最精彩的地方是什么？你认为应该改进的地方是什么？你认为最满意的环节是哪个？你利用的课程资源是哪些？你认为哪些地方体现出主体多元实验研究？仅从教师教学预案的改变就足可以看出实验教师的执著与付出，那么，实验教师一年的快速成长也就不难理解。

（2）以“发展性教学系统”为突破口的梅东路小学，本着学生终身发展的原则，该校针对学校实际情况进行课程整合，编写了学校的校本研究教材《与经典同行，与圣贤为友》，该教材不仅充实了学生的知识结构，而且扩宽了学生的人生积淀，让学生从繁琐的知识点中解放出来，把宝贵的时间和精力用于发展学生的思维、培养学生的创造性上来。

体现学生成长历程的《学生成长档案》记录了孩子们的成长足迹，是对学生主体性的最好诠释。在数学学科上，该校编撰了和教材紧密结合又符合学生实际情况的《数学思维训练校本教材》。在这套教材中，低年级收集了许多孩子喜闻乐见的数学小游戏、小活动（如速算 24、抢 30）和数学小故事等，高年级收集了部分经典数学思维题（如鸡兔同笼问题、盈亏问题、八皇后问题、高斯求和等）以及数学文化方面的知识（如：杨辉三角、圆周率、勾股定理、哥德巴赫猜想等）。一系列静态档案，展现了梅东路小学在“构建发展性教学系统”的研究过程中，对学生的智慧潜能的充分开发。

（3）殷都实验中学的突破口是“学生德育习惯的养成教育”。该校从中小衔接入手，以各科教材为切入口，逐科列出了德育要点，编制了《各科教学实施德育细则》，促使学科德育扎扎实实地进行。设计出了

《中小衔接调查问卷汇总表》，通过这些调查问卷可以探求中小学生相关内容的异同点以及内在联系，从而揭示出有关适用于衔接教育的规律及特点，进而提出可行的有效的衔接方式。

实验中学本着诵读中华经典、提升人文素养、弘扬传统文化、培育优秀人才的目的还编写了校本教材《经典诵读》上、中、下三册。搜集整理班主任论坛的材料编印《班主任论坛》，精选教师的实验札记与教学反思编印教师札记选编《岁月留痕》，以及《学生成长个案集》等一系列经验材料。这些静态档案既是成长的足迹也是实验研究的小小成果，它真实再现了实验中学从养成教育着手学生道德情操培养的研究历程。

2. **动态成果**

“少年儿童主体多元发展实验研究”子课题的动态展示更是各具特色，充分体现了实验校在突破口选定后的成功收获：

（1）惊喜于教师的专业成长

教师的专业成长是新课程改革的重点与焦点，任何一项实验研究，都必将促进教师的专业发展。安阳外国语小学老师创建了专业化成长论坛，八位教师分别从专业规划、个人信仰、教育理念、读书学习、课堂教学、团队合作、教研反思、勤于科研等八个角度畅谈了自主成长的经历，展现了外小老师在主体多元课题引领下，逐步成长、成熟的风采。其中绘声绘色的主题漫谈，环游世界的全英文课堂教学片段展示，学生生动精彩的英语短剧表演，使得外国语小学在教师专业化成长中有了新的突破。

（2）激动于活跃的师生课堂

走进梅东路小学，激动于学生积极主动的热情和一句句的问候声；走进课堂，有学生热情的掌声欢迎；置身课堂，有学生积极参与的身影伴随。梅东路小学毛主席诗词“串烧”，把毛主席诗词以诵、吟、唱等多种形式生动地表现出来，极富感染力。主体多元发展中的学生自发组成的小记者对专家组进行采访。更感动于梅小的孩子主动请专家与代表提问自己，展示自己诗词积累，让与会专家感受到了课题实验中学生的主动性、能动性、创造性被充分调动起来了，也认定任何一项教育实验，都必须以学生为本，应该处处能体现学生的变化这一信念。

（3）兴奋于实验中学的德育成效

实验中学的学生大多来自农村，因此，学生的行为习惯培养工作就显得尤为重要。而该校的阶段汇报，也让我们看到了"中小学衔接"实验的成效与曙光：从老师、学生、家长的朴实真挚的演讲，到短片《手工制作》，再到孩子们自编自演的快板、情景剧《一日常规歌》《我有一张小纸条》，我们不难体会到这是紧紧围绕"学生德育习惯的养成教育"这一主题进行实验取得的累累硕果。这些动态成果展示体现了，德育无处不在，让与会专家们切身感受到了殷都实验中学课题研究的突破性进展。

3. **专家评价**

中国教育学会副会长张民生对课题的认识：

（1）区委区政府邀请资深专家引领，借助各方面的资源来为地区服务，申报重要课题并推动课题的实验研究。课题研究的本身对地区教育上水平起着至关重要的作用。上海 1988 年设立教科所，上海教育的今天和教科所的工作是分不开的。教科所让研究先行，获取最新的教育动态信息。我们首先要了解信息，寻找并确立课题的前沿性，超越前沿，更要创新。其次是温家宝总理、刘延东国务委员提出的学校基础教育要站在新的历史起点上，注重内涵，提升质量。

（2）这个课题题目本身的价值是与素质教育分不开的，切入口是主体多元，是培养目标和手段上的一个改革。课题研究从 2006 年开始准备，2007 年申报成功，2008 年进入研究阶段。学生主体多元和基础教育改革发展是相契合的，基础教育由数量发展进入到质量发展。所以这个课题研究对整个地区发展有着重要意义，同时也和我们教育发展的大思路相吻合。

(3) 课题中主体多元的范围很大，多元符合个体，可以预期有阶段性目标。课题作为区域性目标，由三所实验校扩展到更多的学校。三所学校是引领，能够做得更好，对整个区由数量发展进入到质量发展整体引领、整体推进。三所学校都有自己研究的切入口，课题研究工作一年做到这个程度有诸多方面是值得肯定的。

中国教育学会学术委员兼整体改革专业委员会副理事长吴国通：

(1) 组织管理周密严谨，教育家办学的观念比较新。具体体现在充分借助外界资源，邀请全国诸多有想法有意识的专家齐聚殷都区。课题研究组织管理有其严密性，有诸多具有高级职称的教师参与培训研究，定会结出丰硕的成果。

(2) 课题研究有其实效性，可以转化为结合地区学校实际情况的具体办学行为，借以打造学校品牌。从课题的立项与初步实施，四大系列的构建，人人立项个个参与，打造师资队伍专业化，到师生的眼神、状态、自信等方面均能看出开发潜能已初见成效。

中国教育学会专家组对课题阶段性成果的高度评价，使得实验校课题组的领导和老师都尝到了进行课题实验的甜头，体验到了教师专业成长与提升的快乐；教科所的兼职研究员和兼职编辑参加了这次展示，看到了课题实验给实验学校带来的巨大变化，坚定了在自己的学校开展课题实验的决心和信心。

至此，“主体多元”教育思想已经扎根于殷都教育，“主体多元教育思想是最切合时代、最适合殷都区的教育思想；主体多元实验模式是最适合殷都的教育实验模式”已经成为殷都教育人的共识。坚定不移地开展主体多元实验已经成为全区教育人共同的信念，更多的学校和教师已经将先进的教育理念转化为教育行为，为“少年儿童主体多元发展实验研究”主课题由点到线再到面的全区铺开奠定了坚实的基础。

深入发展阶段

◎课题引领

◎科研培训

◎多元评价

◎教学系列

◎德育系列

◎活动系列

◎家教系列

课题引领

依靠教育科研，提升教育质量

殷都教育已经唱响了两部曲，即加大政府投入力度，进行教育资源整合，实现了城乡教育一体化；招贤纳士，引进人才，实施名师工程。现在摆在殷都人面前的任务是：坚持科学发展观，依靠教育科研，促进内涵发展，全面提升教育质量。也就是充分利用全国教改实验区这个平台，借助外脑——高端智囊团的力量，把“少年儿童主体多元发展实验研究”由点到线再到面在全区迅速铺开，深入持久地发展下去。这应该是殷都教育发展的第三部曲：科研兴教，提升质量。

目前提升教育质量有两种途径：一是通过应试教育，二是通过教育实验。如果把质量锁定在考试分数和升学率的话，这两种途径都能使“质量”得到提升。但前者付出的是生命，得到的是高分低能；后者付出的是智慧才能，得到的是幸福人生。什么是质量，质量就是学生的发展。我们所追求的质量就是学生的主体性和多元性的和谐发展。因此，坚持科学发展观，坚定不移地走科研兴教道路，通过教育实验，促进内涵发展，全面提升教育质量，这是殷都教育唯一的选择。殷都区在“科研兴教”上实行了一系列突破性措施——

1. **在全区确立主体多元教育思想**

(1) 开展思想大讨论，明确了主体多元思想的实质内涵

为了扎实开展实验研究，让全体教师理解主体多元教育思想的本质和内涵，殷都区在全区范围内就“什么是教育”“什么是教学”“什么是质量”开展了广泛深入的教育思想大讨论，确立了主体多元教育思想在殷都教改实验中的核心地位。

(2) 学习教育专著，提高对主体多元思想的认识

自2005年开始，殷都区先后为教师购买和推荐了数十本教育专著。其中区委书记李南沉为大家推荐了杜威的《民主主义与教育》、卢梭的《爱弥尔》、袁贵仁的《马克思的人学思想》和拉伯雷的《巨人传》四本，并跟大家分享读书感受。殷都教育总顾问姚文俊推荐了《我要成为最佳的我》《刘可钦与主体教育》《多元智能理论》等书籍。通过学习和交流，老师们丰富了现代教育理论修养，提高了对主体多元教育的认识，坚定了课题研究与教育改革的决心。

(3) 通过高端培训，加深对主体多元教育思想的理解

从2006年至今，殷都区共举办了72期“殷都教育论坛”。从清华大学教授、教育部原基础教育司司长、国家副总督学王文湛到为了高效课堂奔走呼告的中国教师报总编助理、采编部主任李炳亭等数十位全国高端专家到殷都区进行专题讲座。殷都区教育工作者不出家门便聆听了国内最高端的培训讲座，每次讲座之后都会激发新一轮的思考、讨论、交流，一步步加深着全区教师对主体多元教育思想的理解。

2. **在全区进行由点到线再到面的区域性课题研究**

(1) 破除教育科研神秘化，人人参与课题研究

当外国语小学、梅东路小学、实验中学三所实验校取得了良好的阶

段性成果之后，教科所及时制定《“少年儿童主体多元发展实验研究”由点到线再到面实施方案》，并从教学一线征集问题，提炼成课题，然后组织教师参与研制了《“少年儿童主体多元发展实验研究”五个一小课题指南》《主体多元发展性教学系统系列课题指南》《德育、活动、家教三个系列课题指南》，并制订《“少年儿童主体多元发展实验研究”小课题管理办法》，将课题研究化繁为简，化难为易。各课题组从小课题研究入手，遵循“问题即课题，实践即研究，发展即成果”的课题研究原则，突出“小一点、实一点、新一点、近一点、短一点”五个特点。并在三所实验校举办课题研究阶段性成果展示现场会，召开结题和成果表彰会，打破了课题研究的神秘面纱，让每一位老师都树立课题研究信心，并学习有效的课题研究经验。2009 年 6 月，在“五个一”小课题实验中，教科所为 87 个小课题立项。2010 年 11 月，在殷都区主体多元发展性教学系统系列课题研究活动中，教科所从全区申报的 154 个课题中确定了 8 个规划课题、31 个重点课题、75 个一般课题和 20 个小课题，全区实现了“人人有课题，个个搞研究”的可喜局面。

殷都实验中学牛荣芳老师说：“课题研究让我转变了观念，确立了‘高扬人的主体性，开发学生多元智能’的新理念；让我转变了角色，把课堂还给学生，诚心诚意让学生做主人。课题的实施使我懂得，在教学过程中，不仅要求学生掌握基础知识，更应当重视培养学生思维创新能力，关注情感、态度和价值观的培养。”

（2）遵循规律，逐步推进，课题研究由点到线再到面全面铺开

“少年儿童主体多元发展实验研究”课题经过一年的实验，课题实验校由三所增加到五所，课题研究由单一突破口扩展到四个系列，即教学系列、德育系列、活动系列、家教系列，并取得了阶段性成果。2009 年 3 月，殷都区教育体育局以红头文件的形式，决定把这一课题在殷都区由点到线再到面全面展开。全区各个学校，结合自己的实际情况选择了

研究侧重点，实验校由突破口延伸到四个系列全面开展了课题实验研究。至此，少年儿童主体多元发展实验在全区中小学全面铺开。

3. **成立“教科培”一体化机构，促进课题研究**

殷都教改实验区以“少年儿童主体多元发展实验研究”为龙头，引领教改实验区的整体工作。为了全面、深入、高效地开展实验区工作，成立了安阳市首家“教科培中心”，实现了教研、科研、培训一体化。教科所侧重课题研究的设计、管理、评估、推广，培训中心开展思想、理念、方法培训，教研室侧重课堂教学研究、管理与指导。同时还成立“姚文俊校长工作室”、“金耀林名师工作室”，培养锻炼校长和名师队伍，“中心”和“两室”负责全方位服务少年儿童主体多元发展实验研究。

4. **统筹教科研工作，整体推进课题研究。**

殷都区“教科培中心”确立了“以课题促科研，以科研促发展”的工作思路，紧紧围绕主体多元发展性教学系统的构建与完善，开展课题研究工作，发挥其引领、带动、组织、参与的核心职能，在实验、研究和培训方面做了许多卓有成效的工作，全面提高了教师的教育科研素质。

(1) 研制课题指南，实行课题研究招标制

组织研制四个系列课题指南后，殷都区实行了课题研究招标制。学校根据课题指南申报课题——教科所组织专家团进行评审论证——根据课题的大小和难易程度确定重大课题、重点课题和常规课题——分类分批拨付研究经费——督导、验收——奖励。

(2) 建立课题管理常规机制，保障课题研究健康发展

加强课题的过程管理、评价管理和资料管理。过程管理：管理工作主要有评审立项、督导调研、阶段性验收、年度检查、结题评审和成果推广。评价管理：教科所在下校听课、调研、督导的过程中，发现典型，总结典型，推广典型。抓三会：课题负责人会、阶段性总结会、经验交流现场会。每一次的检查、督导、会议教科所都会有记录，形成科学的

评价体系。资料管理：收集管理三类资料，一类是学习资料，学习的著作、学习的论文、学习的摘要、学习的笔记、资料卡。第二类就是研究过程中积累的过程资料，如方案、过程中录像录音、反思、札记、案例等，还有学生考试卷、测评卷、调查卷、心得体会等。第三部分就是研究结果资料，有经验总结、调查研究报告、实验报告、论文、著作等等。

为了加强主体多元发展实验研究课题的管理，有组织、有计划地推动国家教改实验区教育科研活动，使小课题研究纳入科学化、规范化的管理轨道，教科培中心坚持以《国家中长期教育改革发展纲要》和我区主体多元教育思想为指导，贯彻主体多元发展实验研究一个中心，两条原则，三个重点、四个系列、五种成果的核心理念，建立规范课题管理的常规机制，制定《课题管理办法》《课题研究档案检查评分细则》，旨在加强课题的过程管理、建立评价制度，涵盖了从申报到结题推广过程中的评审立项、督导调研、阶段性验收、年度检查、资料积累、总结提炼、评估交流等23项内容，从制度建设上为课题研究，为殷都教改实验保驾护航。

(3) 优化科研队伍，组织课题评审

组建专职和兼职相结合的科研队伍，发挥高端智囊团专家的作用，聘请组建四个系列的专家团队。高端专家团队、中国教师报名校共同体专家团队、教科培专职团队，以校长、课题组长、一线教师组成的实验团队，四个层次的团队组成了一支强而有力的科研队伍。

组建了以姚文俊、金耀林为核心的殷都区教科培中心课题研究专家指导组，确定了教育科研的基本准则：尊重事实，尊重规律，尊重思想创新。制订了《殷都区教科培中心课题研究专家指导组成员与职责》。本着课题评审科学、严肃、公平、公正的原则，定期对课题进行严谨严格的评审，为主体多元发展性教学系统课题研究的深入健康发展提供了智力支撑。

（4）召开立项暨培训大会，提升科研能力

为了使每位实验教师深刻理解课题研究的意义，科学有效地开展教育实验，2010 年 11 月 9 日，殷都区教科所在铁西路小学召开了殷都区主体多元发展性教学系统课题立项暨科研培训会，批准 134 项课题立项并开题研究，并对 200 余位课题负责人、科研骨干进行培训。姚文俊主任鼓励大家积极投身到课题实验，走“依靠教育科研，提升育人质量”的内涵式发展道路。安阳师院高芳教授做了《做一个研究型的教师》专题培训，引导教师树立科研意识、掌握研究方法、学会科研成果表述。

（5）深入调研研究状况，督导课题快速入轨

为了推动课题沿着正确的道路快速发展，教科所遵循制度化、规范化、科学化的课题调研原则，深入督导调研课题研究工作，营造健康、科学、务实的科研氛围。

立项会后，教科所经过三周的集中调研，通过听课题研究课、座谈、查看档案等方式，全面了解课题研究进展情况。调研中，教科所看到了各位校长、老师在繁重的工作中进行的艰苦探索、付出的心血和智慧，也发现了课题研究存在的问题，特别是规划课题的开展相对滞后。2010 年 12 月 14 日，教科所又迅速召开了“主体多元发展性教学系统课题研究推进会”，如实反馈调研情况，明确细化课题管理办法，严肃提出课题实验要求。通过科研推进会，大家进一步提高了认识，统一了思想，坚定了一定要将课题研究工作扎扎实实地开展起来的信念，与会人员达成共识。

（6）组织阶段性经验交流，推进课题研究深入发展

为了实现课题研究效益最大化的目标，让实验教师分享成功经验，取长补短，互相激励，促进课题研究良性发展，教科所积极挖掘典型、总结典型、推广典型。针对第一轮调研发现的典型，就小学科、低年级、大班额问题，进行第二轮调研，帮助总结经验，提炼亮点，及时召开阶

段性经验交流会。

2011 年 1 月 6 日下午 14 时，殷都区“发展性教学系统课题阶段性经验交流会”在高楼庄小学召开。教科培中心主任姚文俊、副主任金耀林、教体局副局长张宏敏和 126 位课题负责人参加了会议。11 位课题负责人分别从低年级小组合作、课堂行为习惯养成、堂堂清、班级文化、小学科课堂模式构建以及主课题研究统领整体教学工作、教育科研是一把手工程等角度，多侧面多层次反映现阶段课题研究取得的成效，全方位调动、激发各个课题研究者的动力和活力。

5. **提升科研工作地位，实施教育科研一把手工程**

为了提升教科研工作的地位，殷都区进一步确立学校一把手亲自实验，抓课题，运用主体多元教育思想分析解决教育教学问题的工作思路，要求校长“不仅挂帅，而且出征”。学校根据全区的课题和本学校的小课题，针对主体多元实验和高效课堂建设中的重点难点问题，校长亲自引领制订阶段性课题研究目标，形成自主完成任务、达成目标的管理机制。

6. **大力表彰，促进教科研工作深入发展**

课题实验开展以来，在科研实践中涌现出一批批优秀学校和先进个人，教科研主管部门对其进行了大力表彰和充分肯定。

2008 年中国教育学会小学教育专业委员会工作年会上，安阳外国语小学、梅东路小学被评为全国科研先进学校；外国语小学副校长李艳红在会上做典型发言；三所学校荣获三项阶段性成果奖，有 50 多篇论文在年会上获一、二等奖，16 人获科研先进个人荣誉称号。在中国教育学会小学教育首届课堂大赛上，实验区四名参赛教师取得了一个一等奖、三个二等奖的好成绩。殷都区先后有省级课题 150 项、市级课题 70 项被批准立项，其中 30 余项课题获国家、省、市科研成果一、二、三等奖，位列安阳市各县区之首。在上级部门组织的各类论文评选中，殷都区的获奖率更是名列各县区前茅。2008 年，殷都区教体局被评为省教育科研先进单位，教体局党工委书记在表彰会上做了典型发言。

2009年，区教科所批准的36项“十一五”规划课题中，17项课题结题，其中12项课题被评为优秀阶段性科研成果，教科所专门召开表彰会为3个先进科研单位、12个先进课题组和42位先进科研个人颁发奖牌和荣誉证书，并作经验推广报告，激发科研工作的热情。

及时总结经验，实现“五出”目标

——姚文俊所长在殷都区教科所2009年结题表彰暨“五个一”课题立项大会上的讲话摘要

今天召开的“十一五”结题表彰和“五个一”开题大会是在殷都人唱响教育第三部曲的大好形势下进行的。会上将宣布一批“十一五”课题结题，将表彰一批教育科研先进单位、先进课题组和先进个人。还要公布一批优秀科研成果奖。同时还要宣布87项“五个一”工程立项课题。为了实现表彰先进，交流经验的目的，他们中的精英还要作精彩的大会发言。这次大会将载入我区科研兴教的历史。

这次会议的召开得到了区委区政府的高度关怀，得到了市教科所、区教体局的大力支持，请允许我代表与会同志对今天到会的李南沉书记、李瑞霞部长、金耀林主席、岳庭耀院长等表示衷心的感谢！

2006年3月24日，殷都区在五县四区率先成立教科所，标志着殷都区在教育资源整合实现城乡一体化和引进人才、实施名师工程的基础上开始走向依靠教育科研，促进内涵发展，全面提升教育质量的新阶段。时任区长的李南沉书记以超前的智慧和战略眼光明确提出：“主体教育”已成为我国实施素质教育六大成功模式之一，源头就在身边，要向安阳人民大道小学学习，动员全区广大教师学习主体教育理论，开展主体教育实验。他做了区委书记后又一次提出：我区已成为全国教改实验区，主体教育已成为国家级课题，就应该由点到线再到面地在全区深入开展起来。今后评价学校，考核校长，主要看是否把主体教育思想和多元智能理论转化为广大教师的教育行为，进而实现质量全面提升的目标。

教科所成立以后，根据区委、区政府的指示和教体局的具体要求，对自身的职责进行了定位：通过科研引领、课题研究来提高殷都教育的整体水平和教师队伍的素质。

2006 年教科所根据国家“十一五”教科研计划，第一次制订了《殷都区教科所“十一五”规划课题指南》《殷都区教科所课题管理办法》《殷都区课题申报书》等三个文件。全区共申报了 36 个区级以上课题，开始了科研兴教的实验研究。

教体局对教科所的工作十分重视。首先确定了安阳外国语小学、梅东路小学、殷都实验中学为课题实验学校。我们及时组织三所实验校申报了中国教育学会小学教育专业委员会的国家级课题“少年儿童主体多元发展实验研究”，并具体指导开展实验研究。2007 年又成功申报中国教育学会“全国教育改革殷都实验区”，“少年儿童主体多元发展实验研究”又提升为国家级实验课题。在殷都高端智囊团的指引下开展了实验研究。2008 年，中国教育学会专家组对课题进行了阶段性验收，给予了很高的评价：“选题与国家大目标是一致的，又具有超前性；课题抓住了主体、多元，就抓住了素质教育的灵魂和核心。课题研究要长期坚持下去。”2009 年教科所又对全区申报的“十一五”课题中的 17 个课题进行了结项。

三年来，实验研究涌现出安阳外国语小学、梅东路小学、殷都实验中学等 3 个先进单位，涌现出殷都外国语中学等 12 个先进课题组，涌现出李艳红等42位先进个人，评定出杨素娟、王军杰等主持的《家校协作，培养孩子健全人格》等12项优秀科研成果。

从去年中国教育学会检查验收后，教科所就开始考虑“少年儿童主体多元发展实验研究”由点到线再到面在全区铺开的问题。今年的3月5日，教体局以红头文件下发了《少年儿童主体多元实验研究由点到线再到面实施方案》和《主体多元发展“五个一”课题指南》，同时召开了科研兴教动员大会，再次点燃了全区校长和教师投入课题实验的热情。学校领导高度重视，广大教师积极参与。截至目前，教科所共审批立项了五小课题87项。这种喜人的景象使我们有理由相信，实验研究必将推动我区科研兴教向广度和深度发展，主体教育必将成为我区教育改革一大亮点。

回顾走过的历程，我们欣喜地发现：一部分校长科研兴校的思想正在逐步确立；一部分教师科研兴教的意识正在转化为教育教学行为；学习型团队从无到有，教师的工作方式和生活方式也发生了可喜的转变。反思已取得的成绩，感悟出几条有效措施，值得今后继续坚持和实施。

1. 学习主体教育思想和多元智能理论，经常开展教育思想讨论。坚持教育创新，首先是教育思想的创新，这是殷都教育科研不竭动力的源泉和方向。

2. 成功申报全国教改殷都实验区是实现殷都教育“内练真功，外树形象，走内涵式发展道路”的最佳选择和必由之路，它为全区教师专业化成长搭建了广阔平台，营造了施展才华的舞台。

3. 组建殷都教育改革与发展高端智囊团，举办殷都教育论坛，开展科研培训，是殷都教育人把先进教育思想和前沿的教育理念转为教育教学行为的关键，对教师的专业化发展起到了巨大的推动作用。

(4) 教科所经常性的下校调研对课题实验的开展起到了引领、促进和提升的作用。不少学校的领导和教师已经把与教科所的联系沟通当成教育教学工作的重要组成部分。

殷都教育的第三部曲刚刚唱响，真正要通过“创办优质教育，建设特色学校，打造教育精品”等一系列重大举措，实现出经验、出质量、出理论、出队伍、出名校的目标，需要殷都人付出的不仅是汗水和心血，而且是智慧和才能。为创建全国一流教改实验区，就必须把国家“十一五”课题“少年儿童主体多元发展实验研究”作为殷都教育的龙头，在全区所有的学校由点到线再到面地深入持久开展下去，五年不行，十年；十年不行，二十年。有志者事竟成！

实验研究的核心是“主体”“多元”，抓住了主体性和多元性就是抓住了素质教育的灵魂和核心。最近李南沉同志又一次指出：“主体教育是我市人民大道小学创建出来素质教育的成功模式，在殷都区可以直接推广。”以李书记为代表的区委区政府对实验研究如此高度重视，我们教育工作者一定不能辜负领导的期望，竭尽全力把这一实验研究搞好。

“少年儿童主体多元发展实验研究”由点到线再到面全面铺开的决策与措施

1. 开展教育思想大讨论。教育创新首先是教育思想的创新，要想大力提升教育质量，必须转变教育思想，更新教育观念。要想进行实验研究，就必须开展教育思想大讨论。思想认识不到位，行动上就会走老路；思想不统一，步调就会不一致。通过讨论，让教师摒弃传统教育的弊端，让领导跳出应试教育的藩篱；通过讨论，让殷都教育人包括管教育的人都要认识到，科研兴教是殷都教育提升质量的必由之路；通过讨论引导教育人树立 6 种现代教育观念，即适应现代教育形势的教育观、教学观、课程观、质量观、教师观、学生观。

2. 实验研究由点到线再到面。第一批实验学校由突破口向深入发展阶段推进，由突破口向四个系列扩展；实验校教师除了刚参加工作的和即将退休的以外，要做到人人有课题。第一批实验校要形成以实验区少年儿童主体多元发展实验研究课题为龙头，以学校国家级课题为核心，以教师课题为支撑的全员参与教育科研工作的局面。其他实验校根据“少年儿童主体多元发展实验研究”课题中的四个系列，借鉴第一批实验校的课题研究经验，选择突破口，确立全校性的以校长一把手为课题组负责人的学校中心课题，以此推进和带动全校科研工作的全面展开。

3. 研制《少年儿童主体多元发展实验研究“五个一”教育科研课题指南》。为了将课题研究与提升教育质量紧密结合，我们坚持“问题即课题，实践即研究，发展即成果”的选题原则，从提升质量出发，从学生的发展出发，以“小一点、实一点、新一点、近一点、短一点”五个一作为出发点，将课题研究普及到教育行政、学校管理、教育教学的方方面面。领导教师家长的课题实验必将为少年儿童主体多元发展实验研究课题增添丰富的内容，为全区教育质量的提升提供强劲的动力。

4. 建立省市区专家队伍。殷都区聘请的高端专家和教育发展顾问在全区教育科研提升中起到了很大的作用，根据我区教育科研形势发展的实际需要，建立省市区专家队伍显得愈来愈必要。特别是学科专家、管理专家，将是我区科研由点到线再到面展开的重要指导力量。

5. 建立教育科研工作的长效运行机制，构建科研目标评价体系。全区实验校不仅要将“少年儿童主体多元发展实验研究”确立为学校的中心课题，还要把课题实验计划、实施、总结、提升纳入学校的工作重心。教育行政主管部门要将课题的督导、检查、总结、评比、推广作为重要指标纳入学校评优、评先的考核范围。

6. 为课题实验提供稳定的经费。区委区政府在教育资源整合中的大手笔为殷都教育的发展奠定了良好的基础，教育体育局在名师工程中的大气魄为教育的发展打造了优秀的队伍。教育科研作为殷都教育发展的第三个里程碑同样需要政府的大动作。为全区课题实验的开展提供足够的经费保证，用于教师的培训、图书资料的购买、教育手段的更新等，才能保证科研兴区的宏伟蓝图得以实现。

“五小”课题管理办法及指南

1. “五小”课题管理办法（2010 年 8 月）

第一章　总则

第一条　为了加强殷都区主体多元发展实验研究小课题的管理，有组织有计划地推动国家教改实验区教育科研活动，使小课题研究纳入科学化、规范化轨道，特制订本办法。

第二条　课题必须坚持以《国家中长期教育改革发展纲要》和我区主体多元教育思想为指导，贯彻主体多元发展实验研究一个中心、两条原则、三个重点、四个系列、五种成果的核心理念，深入研究我区中小学教育改革和发展中的理论与实践问题及其热点、重点和难点问题，坚持“问题即课题，实践即研究，发展即成果”的原则，努力为教育改革服务。

第三条　课题的申报立项，必须遵循下述原则：

1. 与国家教育法律、法规和教育部门有关政策相一致。

2. 坚持与本地区、本学校、本学科领域的实际相结合，坚持正确的研究方向，提倡前瞻性、独创性，重在开展主体多元实验课题德育系列、教学系列、活动系列和家教系列的应用性行动研究。

3. 有利于调动广大教育工作者的积极性，以体现本项活动的群众性。

第四条 教科所审核管理我区各中小学、幼儿园及教科培中心等有关单位申报的课题。

第二章 组织

第五条 殷都区教科所领导我区少年儿童主体多元发展实验研究小课题工作。主要职责是：制定并发布规划、指南和管理办法；组织领导课题申报、立项评审以及学术咨询、重点课题成果鉴定和宣传推广，指导实验学校的科研工作等。

第六条 殷都区教科所委托各实验学校依照本办法对有关课题实施课题申报和课题管理。

第三章 申报与评审

第七条 学校、个人根据指南申报课题时，应结合学校主体多元实验及高效课堂改革的需要确立学校、年级组或教研组及教师个人课题。

第八条 殷都区教科所组织专家团进行评审、论证和招标。课题分为重大课题、重点课题、一般课题和小课题四类。申报的课题按何种类立项，由教科所确定。

第九条 教科所根据课题的不同类别和性质，分批拨付科研经费。

第十条 申报课题的负责人应具备的条件：

1. 具有小学高级、中学一级以上专业技术职称或有五年教育行政、教育科研、师资培训、学校管理及教学经验的一线领导教师或教育管理科研人员。

2. 通过努力学习，深入理解主体多元教育思想、主体多元教育实验和主体多元高效课堂的灵魂和实质，能够切实承担起组织课题研究实施的责任。

3. 具有协调各种教育资源、创造和争取研究条件的能力。

第十一条 课题申请程序：

1. 根据课题指南，以教育教学及学校管理工作中遇到的理论问题和实际问题为出发点确定课题，按要求填写《殷都区教育科学研究所主体多元实验小课题申报书》。

2.《申报书》须经申请人所在单位审核同意后，再报殷都区教科所审批。

3. 殷都区教科所负责组织申报课题，并向上级教科研单位推荐优秀教育科研课题。

第十二条　经评审同意立项的课题由殷都区教育科学研究所颁发立项通知书，同时研究工作即可启动。

第四章　管　理

第十三条　殷都区教科所对我区全部小课题负责管理，并指导实验学校的科研管理工作。

课题实行目标管理、流程管理和常规管理相结合。目标管理侧重于课题研究方向与学校课题、与全区教育改革实验课题是否协调适应。流程管理主要有评审立项、阶段性验收（中期成果）、结题鉴定和成果推广。常规管理包括听课、调研和督导，组织课题负责人会、阶段计划总结会和经验交流成果表彰推广会等。

常规管理检查内容包括：队伍建设、日常课题活动计划总结、档案管理等。

第十四条　经费管理

1. 课题经费实行分批拨付。批准立项并报送实施方案拨付 20%，组织阶段性验收拨付 40%，结题鉴定拨付 40%。

2. 经费的筹集和使用要符合国家有关财务制度以及本单位有关规定。

3. 课题申报评审与管理均不收费。

第十五条　有下列情况之一者，课题组须书面报请所在单位同意后，报殷都区教科所备案：

1. 变更课题主要负责人。

2. 变更课题名称或研究内容做重大调整。

3. 课题完成时间延期。

4. 通讯地址、电话、联系人等情况变动。

第十六条　凡违反国家法律及教育部、民政部有关规定者，有剽窃行为和弄虚作假者，与设计不符或学术质量低劣者，到期不能完成者，由殷都区教科所撤销其课题。

第十七条　成果鉴定必备的文件有：结题报告、研究工作（实验或调研）报告、成果主件及必要的附件、成果被决策部门或在教育教学中应用推广情况介绍等。

第十八条　鉴定一般采取通讯或会议两种方式。每个课题的鉴定专家一般 3 至 5 人，并设一名组长。鉴定专家由殷都区教科所委托或实验学校课题组长聘请。课题组成员不能担任本课题的鉴定专家。

课题鉴定一般由课题组自行组织。

第十九条　课题鉴定程序

1. 课题组向殷都区教科所提出结题鉴定申请。

2. 准备好鉴定的必要文件（一式 3 至 5 份）。

3. 聘请鉴定专家，并将文件提前送交专家手中。

4. 专家鉴定后送（邮寄）交课题组，课题组报殷都区教科所。以会议方法鉴定者，由专家组共同确定并由组长签署意见后上报；以通讯方式鉴定者，各专家将鉴定寄交组长，组长根据多数人的看法签署意见后再上报。

第二十条　结题验收

在专家鉴定的基础上，经殷都区教科所确认，颁发《殷都区教育科学研究所教育科研课题结题证书》。

第二十一条　成果表彰

教科所定期对批准结题的课题进行成果评选，择优推荐报刊发表、报送有关部门作为决策参考，或在一定范围内推广。

第五章　附　　则

第二十二条　本管理办法的解释权属于殷都区教育科学研究所。

第二十三条　本办法自公布之日起执行。

2. 少年儿童主体多元发展实验研究“五个一”小课题指南

［指导思想］

自 2007 年中国教育学会殷都教改实验区成立以来，以“少年儿童主体多元发展实验研究”课题为统领，开展实验区工作，通过各种扎实有效的活动使课题研究取得了明显的阶段性成果。为了把实验研究由点到线再到面地逐步铺开，把坚持“问题即课题，实践即研究，发展即成果”的实验原则落到实处，使殷都教育坚持科学发展观，真正走依靠教育科研促进内涵式发展提升教育教学质量的道路，现颁发《少年儿童主体多元发展实验研究“五个一”教育科研课题指南》，希望各单位在实施“五个一”教育科研课题研究中，认真组织好课题立项工作。

［选题原则］

①小一点：选题宜小不宜大。从小事、小现象、小问题入手进行实验研究。

②实一点：从实际出发，实事求是。课题实实在在，研究实实在在，结论实实在在；来自实践，又指导实践，少一些大而空的全局描述预测，多一点实在的关注，不搞假大空。

③新一点：坚持教育创新。发现新问题，提出新观点，研究新领域，老题新作，新题深作，力求从某一点上能给人以新的启迪。

④近一点：更贴近学校、贴近教师、贴近学生，研究的预期目的就

在研究者的最近发展区内，“跳一跳就能摘得到”。

③短一点：研究周期短，见效快一点，选题、申报、结项程序简短。

[申报程序及要求]

①申报课题要立足于申报人（学校）的实际情况，结合本人（校）的教学实践选题。本课题指南中所涉及课题名称仅供参考，研究者可根据自己的思考，提出自己研究的课题，也可以根据参考设计自己的子课题，但要明确研究课题的分类。

②以个人或团体（年级组、备课组、学科组等）自由申报。申报程序遵循一切从简的原则。申报表填写要求格式规范，主题鲜明，方案设计操作性强，有研究价值。

③填写殷都区2008—2009年度课题申报表一式两份，加盖学校公章后报送教科所。经教科所论证、批准即可立项。课题申报审批通过后，一份留教科所，一份返回学校存档。

④相关电子表格请到教研网上下载。申报时间截止到4月10日。

[选题参考]

①学校领导

学习科学发展观与促进学校内涵式发展的研究

校长的价值取向与学校发展的研究

坚持科研兴校与提升教育质量关系的研究

校长的自身建设与专业化成长

学习者校长与学习型组织建设的研究

发展性教学系统的构建与实验研究

学校特色文化建设研究

特色校本课程建设研究

幸福教师的成长研究

在实践中提高校长领导力的研究

关于质量内涵与提升途径的对策研究

解放教师和学生构建高效课堂的研究

激发教师主体性培养团队精神的研究

关于校长对教师知人善任的策略研究

青年教师专业成长方式的研究

关于研究型教师选拔机制与培养的策略研究

各学段教育的衔接研究

有效校本研修方法与途径的研究

班主任队伍建设与管理机制的研究

特色教育活动的研究

提高家长学校教育时效性的研究

②各科教师

a. 德育系列

关于学生珍爱生命的教育研究

关于中小学生孝心培养的研究

关于引导学生学会善待他人的策略研究

主体性发展与集体主义相融合的教育研究

新时期培养学生勤俭节约习惯的策略研究

学习领袖、英模事迹激发学生勤奋学习的个案研究

培养勤学好问习惯的研究

关于礼仪教育的研究

培养守家规遵校纪具有公民意识的研究

培养学生整洁健身习惯的研究

关于树立与维护自身形象的研究

学生自理能力的培养研究

学生自我表现能力的培养研究

培养学生自我调控能力的研究

培养学生自我评价能力的研究

日常生活守则和行为规范下的做人研究

成功有效的德育案例研究

优秀班主任德育工作个案研究

网络环境下的学校德育研究

关于引导学生建立和谐的同学关系的研究

毕业班“问题生”特点及转化途径的研究

“品德不良学生”心理问题与教育转化的研究

单亲家庭子女心理问题及其教育的研究

新时期青春期教育的实践研究

本职工作的德育功能研究

师德修养对学生良好习惯养成的影响研究

寓德育于各科教学中的实验研究

寓德育于各种活动中的行为研究

寓德育于校园文化建设中的研究

寓德育于学校规章制度建设中的研究

关于学生道德鉴别能力的研究

德育集体评价的内容与方法的研究

德育社会评价内容与途径的研究

b. 教学系列

培养各学段学生良好听课习惯和方法的实践研究

培养低年级学生正确的执笔方法和读书姿势的实践研究

培养学生高效使用工具书的习惯和能力研究

搜集运用资料能力的培养研究

培养学生自主预习、复习习惯的实践研究

培养学生把语言积累转化为灵活运用能力的研究

关于朗读能力培养的研究

中小学生阅读理解能力培养的研究

生活中的口语交际能力的培养研究

中小学语文综合性学习兴趣与能力培养的研究

如何提高学生审题与计算能力的研究

培养学生数感与数学观察能力的研究

培养学生收集、整理、分析和运用数据能力的研究

中小学生英语听力及口语训练培养的实验研究

良好的节奏感与音乐欣赏习惯和能力的培养研究

培养学生积极的应考心理准备与技能的研究

在各科教学中提高学生操作能力的实践研究

中小学生小组合作学习意识与能力培养的研究

关于学生偏科问题的调查与研究

学困生学习兴趣和能力培养的研究

关于有效处理教材内容简单和练习复杂的矛盾的研究

关于学生联想与想象能力培养的研究

面对有差异的学生实施有差异的教育的个案研究

关于提高学生作业主动性、质量意识和改错习惯的研究

多元高效评改作业的实践研究

关于课堂提问有效性与评价性语言艺术的实践研究

课外阅读指导策略的研究

学生问题意识和质疑能力培养的研究

“尖子生”的培养教育问题研究

中小学生学习方法和教师学法指导的研究

提高试卷讲评实效性的研究

特殊儿童多元化教育需求研究

关于集体备课效益最大化的研究

如何把握课堂教学的节奏的研究

关于中小学生高效记忆的研究

中小学生日记写作与批阅研究

关于写作指导的研究

关于作文批改的研究

各年级段写字教学的研究

提高课堂反馈实效性的研究

关于有效组织课堂教学的实践研究

教材中空间与图形内容的设计特点与教学方法的研究

关于“解决问题”教学的研究

关于引导学生规范使用数学语言的研究

关于数学教学生活化的研究

初中英语阅读教学策略研究

关于英语词汇教学的研究

中学生历史学习过程性评价的研究

提高实验操作技能与安全意识的研究

游戏在体育课中的运用研究

加强学校传统体育项目发展的研究

现代信息技术与学科教学整合的研究

幼儿园“学习与游戏活动”的有效整合的实践研究

幼儿早期阅读方法与途径的研究

学生自主管理自习课的策略研究

表扬与批评的策略研究

关于激发学生课堂参与主动性的研究

学困生学习兴趣的培养研究

激发学生主体性使之成为课堂主人的策略研究

幼儿入学准备与适应性的调查研究

c. 活动系列

主体教育视野下的班主任职责与班级建设的研究

在班级建设中培养学生的社会技能的研究

学生社团组织建设的研究

行政组织与群团组织优化促进的策略研究

培养学生自主选择活动主体能力的研究

培养学生自主设计、组织活动能力的研究

激活学生的主体多元发展真正成为活动的小主人的策略研究

在活动中培养学生动口、动手、动脑的实践创新能力的研究

在活动中培养学生的兴趣爱好形成我之最的研究

关于开展学生科技自主性活动的研究

关于开展学生环保自主性活动的研究

培养学生自主总结评价活动能力的研究

在活动中自我评价能力的培养研究

关于自主性活动中的安全教育研究

d. 家教系列

创建家庭道德环境培养学生学会做人的实验研究

创建家庭智力环境培养学生学会认知的实验研究

创建良好家庭生活环境培养学生学会生活的实验研究

家庭结构对学生发展影响的个案研究

科学有效的家校沟通途径与方法的研究

成功家庭教育的个案研究

城乡结合部中小学生家庭责任教育现状调查研究

提高家庭教育力的研究

开发利用家长资源的研究

指导家庭教育和社会教育形成合力的研究

3. **主体多元发展性教学系统系列课题指南**

[指导思想]

“少年儿童主体多元发展实验研究”进入深入发展阶段以来，德育、教学、活动、家教四个系列的研究已取得了一定成果。在创建高效课堂过程中，更凸显出发展性教学系统的核心作用和主体地位。为了把发展性教学系统的研究引向深入，特制订《主体多元发展性教学系统实验研究小课题指南》。

主体多元发展性教学系统实验研究坚持以“一个围绕三个尊重”为指导思想，坚持“问题即课题，实践即研究，发展即成果”的实验原则，深入研究、切实解决主体多元发展性教学实验中出现的重点和难点问题，通过调整教学计划、优化课程结构、创建高效课堂、研制评价体系，逐步丰富和完善发展性教学系统的理论体系、操作体系，全面提升育人质量，实现殷都教育新跨越。

[选题原则]

①以“少年儿童主体多元发展实验研究”为中心，针对主体多元发展性教学系统创建过程中的重点和难点问题选题、立项。

②抓住“小一点、实一点、新一点、近一点、短一点”五个特点。选题宜小不宜大，从实际出发、实事求是，坚持教育创新，贴近学校、贴近教师、贴近学生，研究周期短，见效快。

③在具体确定课题时，应遵循适度原则。选定课题的切入口适度，不能太小，局限于某一个微观层面，影响课题研究的价值；也不能太大，不利教师的实践和操作。

［申报程序及要求］

①申报课题要立足于申报人（学校）的实际情况，结合本人（本校）的教学实践选题。本指南中的课题名称是研究方向和范围，仅供课题申报人参考，研究者可根据自己的思考和教学实践，提出自己研究的课题，也可以根据参考设计自己的子课题，但要明确研究课题的分类。

②以个人、团体（年级组、备课组、学科组等）或学校自由申报。申报程序遵循一切从简的原则。申报表填写要求格式规范，论证充分，方案设计可操作性强。

［选题参考］

①调整教学计划系列

如何加强教学常规管理的研究

学生一天作息时间安排的研究

教学时间如何落实的研究

关于学生在校期间有效时间的研究

关于提高在校生时间效率的研究

优化课程设置与时间安排的研究

关于教师调课的研究

关于预习时间的研究

以校为本的教学研究组织特征与创建的研究

关于教学组织形式与创新的研究

主体多元教育班级教学形式下的小组教学研究

②优化课程结构系列

主体多元教育背景下高效落实义务教育基础学科的研究

关于创新使用教材的研究

主体多元教育校本课程的研制与编写的研究

少年儿童主体多元发展需求与课程设置的研究

主体多元教育背景下拓展型课程的研究

主体多元教育背景下探究型课程的研究

③打造高效课堂系列

关于主体多元高效课堂教师导学的实践研究。

关于主体多元高效课堂“导”、“学”关系的研究

关于导学案“导学性”的实践研究

制订高效课堂学习目标的研究

科学有效的预习与自学方法的研究

关于小组组织建设的研究

关于小组文化建设的研究

组际之间合作与竞争的研究

组员之间合作与竞争的研究

关于发挥小组内对子作用的实践研究

关于高效合作学习特征的研究

关于学生高效合作学习途径与方法的研究

关于学生有效交流方法与保障机制的研究

关于小组长培养方法与策略的研究

关于开发小组长组织领导潜能的实践研究

关于高效课堂高效聚焦的研究

高效课堂背景下学生行为习惯的研究

关于课堂展示问题可展性的研究

关于矫正学生展示偏差的对策研究

展示目的与高效展示方法与策略的研究

主体多元高效课堂中关于黑板地位与作用的专题研究

高效课堂背景下学情调查方法和策略的实践研究

关于主体多元高效课堂学校管理体系和策略的实践与研究

关于学生自主学习动力的研究

与主体多元高效课堂相匹配的班级文化与学校文化研究

大班额情况下导学案使用与批阅的研究

大班额小组建设策略的研究

大班额合作学习高效性的研究

大班额课堂达标测评方法与策略的研究

大班额课堂展示研究

高效课堂背景下低年级学生课堂行为研究

高效课堂背景下低年级小组合作研究

高效课堂背景下低年级学生纪律性研究

小学科实施高效课堂的难点及对策研究

关于主体多元双向五环基本教学模式学科特色、课型特色的研究

关于主体多元双向五环基本教学模式校本化的研究

关于主体多元双向五环基本教学模式年级特色的研究

④多元评价体系系列

关于促进学生高效学习的评价方式的实践研究

关于高效课堂达标测评方式与策略的实践研究

关于高效课堂“堂堂清”的实践研究

主体多元高效课堂学校评价体系的构建与研究

关于多元考试的研究

主体多元教育下学生考评的研究

主体多元教育下学生考核的研究

④德育、活动、家教三个系列课题指南

a. 德育系列

关于教育学生爱惜生命的实践研究

关于中小学生孝心培养的行动研究

关于引导学生学会善待他人的策略研究

关于主体多元发展与热爱集体的实践研究

主体多元教育与培养中小学生爱国情感的途径与策略研究

新时期培养学生勤俭节俭习惯的策略研究

培养中小学生勤学好问习惯的实践研究

关于主体多元教育的文明礼貌习惯养成的行动研究

培养守家规遵校纪公民意识的研究

关于培养学生整洁健身习惯的研究

关于树立与维护自身形象的研究

培养学生自理能力的实践研究

培养学生自我展示能力的研究

培养学生自我调控能力的研究

培养学生自我评价能力的研究

寓德育于各科教学的实验研究

寓德育于各种活动的行为研究

寓德育于校园文化建设的实践研究

寓德育于学校制度建设的研究

关于培养学生道德鉴别能力的研究

成功有效的德育案例研究

优秀班主任德育工作个案研究

网络环境下的学校德育研究

关于引导学生建立和谐的师生与同学关系的研究

“品德不良学生”心理辅导实践研究

单亲家庭子女心理与品德问题及其教育策略的研究

关于本职工作的德育功能研究

师德修养对养成学生良好习惯的影响的研究

主体德育评价的内容、途径与方法的研究

培养合作精神与能力的实践研究

中小学生感恩教育实践研究

b. 活动系列

主体多元教育视野下的班主任职责与班级建设的研究

在班级建设中培养学生的社会技能的研究

学生社团组织建设与活动的研究

行政组织与社团组织优化促进的策略研究

培养学生自主设计、组织活动能力的研究

激活学生的主体多元发展真正成为活动的小主人的策略研究

在活动中培养学生动口、动手、动脑的实践创新能力的研究

在活动中培养学生的兴趣爱好形成我之最的研究

关于开展学生科技自主性活动的研究

关于开展学生环保自主性活动的研究

培养学生自主总结评价活动能力的研究

在活动中自我评价能力的培养研究

关于自主性活动中的安全教育研究

教师社团组织建设与活动的研究

中小学学生参与学校自主管理的实践研究

中小学生自主管理班级的实践研究

关于社团活动资金不足的问题的研究

关于学校特色活动的研究

社会大课堂实践与育人活动研究

c. 家教系列

创建家庭道德环境培养学生学会做人的实验研究

创建家庭智力环境培养学生学会认知的实验研究

创建良好家庭生活环境培养学生学会生活的实验研究

家庭结构对学生发展影响的个案研究

科学有效的家校沟通途径与方法的研究

成功家庭教育的个案研究

城乡结合部中小学生家庭责任教育现状调查研究

提高家庭教育力的研究

开发利用家长资源的研究

指导家庭教育和社会教育形成合力的研究

城乡结合部的成功家庭教育个案研究

关于开发家长学校校本教材的研究

科研培训

2009年开始，“少年儿童主体多元发展实验研究”进入深入发展阶段，开始由点到线再到面全面铺开。科研培训紧紧围绕这一中心，从高端理论培训、教师教学技术培训和全员专业化提升等三个方面有目的、有计划地展开了系列培训。

高端理论培训

教育改革的关键是教育思想的更新和教育观念的转变。为了将“少年儿童主体多元发展实验研究”由点到线再到面在全区全面铺开，牢固确立主体多元教育思想在全区教育改革中的思想引领地位，打造一支信仰并努力践行主体多元思想的领导队伍和骨干队伍，培养主体多元教育改革的指挥员和领航人，先后开展了教育思想大讨论，举办了主体多元教育论坛，组织了集中封闭培训等，对全区中小学领导干部进行主体多元教育思想理论培训。

如首先在全区教育干部和名师骨干中开展了教育思想大讨论。围绕“什么是教育”“什么是教学”“什么是质量”开展教育思想大讨论，通过大讨论，使广大教师树立正确的教育观、课程观、教学观、质量观、教师观和学生观，将全区教师思想统一到推进主体多元教育改革工作上来，提高了认识，统一了思想，明确了方向，坚定了信心，鼓舞了干劲，为高效课堂在全区全面铺开奠定了坚实的思想基础。

其次，举办主体多元教育论坛。高端智囊团成立以来，共举办殷都教育论坛71期，先后邀请全国高端专家陶西平、郭振有、姚文俊、张民生、杨银付，著名校长田荣俊、魏书生、崔其升、韩珍德、刘可钦，特级教师武琼、窦桂梅、华应龙，中国教师报名校共同体课改专家李炳亭、张海晨等数十位全国专家名师，对全区教育干部和骨干教师进行主体多元教育理论培训。

其三，集中封闭培训。在全国著名教育专家、中国教育学会小学教育专业委员会理事长、殷都区教育总顾问姚文俊先生的倡导和安排下，2009年7月，100余位教体局机关干部、中小学校长和名师骨干集中在彰武水库，开始了为期一周的封闭培训。培训得到了区委区政府的高度重视和大力支持，区委书记李南沉在百忙之中抽出时间，专程到会并做了重要讲话。他高瞻远瞩地分析了当前全国教育的现状和殷都发展的现状，直面当前教育存在的种种弊端，指出了改革的必要性和紧迫性，并义正词言地强调了改革的决心。谈到改革的紧迫性时，他说教育改革就好比是“从油锅里捞孩子”，是一刻也等不得，“我们要不惜一切代价”！姚文俊先生认真解读了主体教育思想和多元智能理论。培训会上，局机关、校长和名师代表分别作了表态发言，谈收获，谈感想，谈决心。可以说，水库培训，打响了殷都区主体多元教育改革向纵深发展的第一枪，使殷都区主体多元教育开始了新纪元。

教师教学技术培训

在主体多元教育思想确立以后，就和中国教师报名校共同体合作，以发展性教学系统为突破口，构建主体多元“双向五环”高效课堂基本模式，集中对教师开展教学技术培训。2010 年以来，紧紧围绕主体多元高效课堂建设这一中心，邀请全国 110 余位课改专家名师，对教师开展主体多元高效课堂实践操作技术培训。共举办大型培训十多次，参训教师 15000 人次，教师人均参训 14 次。培训分别围绕学校管理、督导评估、自主管理、文化建设和导学案编制与使用、小组建设、当堂检测等内容，通过理念培训、实践培训、诊断培训、强化培训等途径，使广大教师尽快熟练掌握主体多元高效课堂“双向五环”教学基本模式，促进了我区高效课堂建设顺利健康发展。

首先，组织观摩教学。开展主体多元高效课堂观摩教学月活动，邀请全国著名学科教学专家、中国教师报名校共同体名师来我区进行示范课、观摩课教学，同时组织首届教学节优质课、示范课和精品课教师，分学段、分学科进行高效课堂观摩课教学活动，让广大教师分学段、分学科参加听课评课，通过教师作课、名师点评、专家诊断、学区交流，规范教学行为，研磨教学细节，进一步完善高效课堂教学模式。在教师人人熟练掌握基本教学模式的基础上，突出年级特点，彰显学科特色，形成个人风格，实现“巩固、深化、求成”目标，全面提升课堂育人质量。

其次，安排外出参观考察。为了让广大干部和骨干教师解放思想，开拓思路，组织校长和骨干外出参观考察全国名校，先后安排外出考察参观 20 多次，组织校长和骨干教师分别到山东向阳小学、石家庄外国语学校、北京中关村四小、北京史家小学、光明小学、北京小学、上海浦东新区竹园小学、南京竹山中学、天津北辰区普育小学、华辰学校等全国著名中小学实地参观考察，学习全国著名中小学以人为本的办学理念和先进的学校管理经验。

第三，举办教学节，开展千师百课大赛。2010 年 4 月，在安钢影剧院隆重举行了“殷都区首届高效课堂教学节”启动仪式，拉开了殷都区千师百课大赛的序幕，千名中小学教师集体下水临帖。教学节由殷都区教体局、中国教育学会小学教育专业委员会、中国教师报名校共同体等五家单位联合举办，活动历时6个月，全区共有1032名教师报名参赛，参赛率高达86%。大赛共分三个阶段，第一阶段自由准备赛课，第二阶段答辩并才艺展示，第三阶段限时准备赛课。经过三个阶段的激烈角逐，最终评选出100节优质课教师、30节示范课教师、10节精品课教师；同时从学生中选出100位“最佳小组长”、10位“最佳的我”；从管理队伍中选出10位“领军人物”，并对所有获奖人员进行命名和表彰。活动的开展积极促进了课堂改革的进程。1100余名教师固模过关率已达到96%，全区师生彻底告别了“传统课堂”。

第四，打响攻坚战，组织百师攻坚会战。针对高效课堂教学改革中出现的难点问题，全区中小学发扬自力更生的优良传统，组织全区百名骨干教师开展了百师攻坚大会战。会战通过教学节优质课教师本校献课、示范课精品课教师异校送课、成长中的领军者专题讲座等形式，对在课改中遇到的问题和困惑进行集中歼灭。在轰轰烈烈的攻坚会战中，优质课教师本校献课100多节，示范课、精品课教师异校送课50多节，成长中的领军者作专题讲座10多场，听课教师5000多人次，教师人均接受培训6次。通过活动的开展，在有效地围剿课改拦路虎的同时，对广大中小学教师开展了高效课堂实践操作技术跟进培训。

全员专业化提升培训

国家振兴靠教育，教育发展靠教师。针对殷都区教师素质整体偏低的现状，科研兴教必须把全员专业化提升放在培训的重中之重。通过研读经典、技能比武、学科测试、封闭培训等形式，提升干部和教师专业素养，促进干部和教师专业化发展，打造课改需要的专业过硬、业务精湛的领导干部队伍和骨干教师队伍，为课题研究的深入开展锻炼培养先锋队和领航人。

首先，成立两室，搭建专业成长平台。成立了教科培中心，实现教科研一体化，统筹安排实验区工作。成立姚文俊校长工作室和金耀林名师工作室，分别针对校长和骨干开展系列培训工作，打造“成长中的教育家”和“主体多元课题实验领军人物”，培养锻炼校长和名师队伍。

其次，阅读经典，提升教师理论素养。组织广大干部和教师认真学习《我要成为最佳的我》《高效课堂22条》和李南沉书记推荐的《爱弥儿》《巨人传》《民主主义与教育》《马克思主义人学》等相关教育理论书籍，让广大教师与大师对话，与经典共鸣。同时结合经典阅读开展丰富多彩的读书笔记比赛、读书沙龙、读书博客比赛等活动，让广大教师深刻领会这些教育经典的丰富内涵和科学价值，在更新思想转变观念的同时，提高广大教师的教育理论水平。

第三，技能竞赛，开展技术大比武。为了促进教师专业化发展，提升教师教学基本功。在课改过程中，组织教师基本技能大赛，开展教师教学技能大练兵大比武活动。先后举办五届青年教师技能比赛，涵盖了中学数学、地理、语文、政治、生物、信息技术，小学语文、数学、信息技术、音乐、美术、体育、思品等中小学全部20多个学科，共有全区中小学750多名教师参加了比赛，参赛教师占全区中小学专任教师的80%。其中有152位中小学教师分别获得安阳市青年教师技能竞赛一、二等奖。

第四，对外交流，锻炼培养骨干队伍。为了锻炼骨干队伍，全面提升骨干队伍高效课堂建设能力，全方位开展对外教育交流工作，开门办教育。受全国各地邀请，安排我区名师赴广东、四川、安徽等地讲学100多人次；共接待北京、安徽、山西、河北、湖北、黑龙江等12省市来殷都参观学习近万人次。

第五，封闭培训，促进领导专业发展。课改要深化，关键在领导。经过一学期的课改，事实证明，教育改革的方向是正确的，发展是健康的，成绩是显著的。为了确保主体多元高效课堂“巩固、深化、求成”目标的实现，进一步提高教育系统干部队伍的管理水平和科研能力，促进教育系统干部专业化发展，进一步提升学校育人质量，2010 年 7 月，针对课改中出现的领会实质不透彻、办学特色不鲜明、学校发展不均衡等亟待解决的问题，组织安排了为期一周的林州集中封闭培训。培训紧紧围绕主体多元高效课堂建设，旨在进一步深化教育改革，全面提高全区教育系统干部队伍对“一个围绕三个尊重”指导思想的认识。通过深刻回顾反思前期工作，总结经验，明确重点，理清思路，统一思想，提高认识，坚定信心。培训班开幕式上，殷都区委书记李南沉做了重要讲话，客观地总结了前段时间课改取得的成绩，认真分析了当前存在的问题，并向教育系统全体干部发出了“誓将课改进行到底”的号召。殷都区特聘专家姚文俊先生做了题为《管人先管己》的专题报告，指出加强学习不断提升自身素质，严于律己争当教师学习榜样的重要性，并就领导干部在新形势下如何促进自身发展提出了明确的要求。李志宇局长对上学期的课改工作做了客观的分析，并对下一步的课改深化工作做了具体安排和部署。林州培训是一次统一思想的培训，是一次提高认识的培训，是一次坚定信心的培训，是一次凝聚人心的培训。林州培训进一步促进了教育系统领导干部专业化发展，提高了干部驾驭推进高效课堂建设的管理能力、统筹能力和科研能力，提升了干部队伍的管理水平和实践能力。

第六，学科测试，提升教师专业水平。7 月 15 日，举行殷都区 2011 年中小学教师教育理论、专业知识水平测试，全区初中、小学 872 名教师参加了自己所任科目的测试。本次测试采用闭卷形式，测试内容为主体多元教育理论、新课程标准、学科知识、实践能力四个部分，理论结合实际。本次测试，是我区进一步提升教师素质，全面深化主体多元高效课堂改革的一项重要举措，旨在大兴学习之风，促进教师自觉学习、研修，全面提升教师队伍整体素质，全面深化教育改革。

培训特色与效果

科研培训呈现出以下三个特色：

高密度、大容量是科研培训的最大特色。两年来，根据课改工作进程和实际需求，依次安排了主体多元思想理念培训、高效课堂技术操作培训、干部教师专业提升培训等系列培训。为了更新教师思想，转变教师观念，近年来，共举行殷都教育论坛 71 期，邀请顾明远、陶西平、魏书生等 100 多位教育大家到殷都来进行高端培训，培训教师 5 万余人次。

为了让全区教师尽快掌握“双向五环”高效课堂基本操作模式，邀请 8 省市 17 所学校的 120 余位专家到殷都进行高效课堂建设指导工作，集中培训 13 场次，共有教师 13000 人次接受培训，教师年平均接受培训 14 次。为了全面提升干部教师业务素质，促进干部教师专业化发展，区委区政府先后投资 80 余万元，给教师免费配发《爱弥儿》《民主主义与教育》《窗边的小豆豆》《我要成为最佳的我》《高效课堂 22 条》等教育理论书籍和课改书籍。课改以来，受各地邀请，共安排全区中小学校长名师赴全国各地讲学 100 多人次，足迹遍布大江南北长城内外。同时接待外来参观学习 51 批次，涉及河南、河北、安徽、北京等省市，人数近万人次。

面对面、手把手是科研培训的又一特色。为了增强培训的实效性，培训采用专家名师进校进课堂方式，一对一培训，手把手指导，零距离接触，面对面交流。通过专家备课、讲课、说课、听课、评课，展示课堂教学全部过程；通过专家报告、讲座、交流、释疑、解惑，解决高效课堂关键问题。首先由专家名师深入一线，一对一培训，零距离交流。由我区特聘专家和中国教师报名校共同体专家、名师共同组成殷都区“临帖学模”专家指导组，深入我区中小学进行了为期两周的集中实践操作培训，通过在学校做专题讲座，走进课堂讲示范课，手把手指导，一对一培训，面对面交流，实现校校有人指导，要求人人必须过关。通过对主体多元高效课堂“双向五环”基本模式的解读和实践培训，抓住高效课堂模式中的核心问题，如导学案编制、小组建设和达标测评等问题，开展形式多样的专题培训，使我区教科研人员和骨干教师比较熟练掌握主体多元高效课堂“双向五环”基本模式实践操作，为我区培养了一支推进高效课堂建设的先锋骨干队伍。接下来由名师骨干进校入班，面对面交流，手把手指导。由我区教科研人员、名师和骨干教师组成高效课堂建设讲师团，深入学校，走进课堂，通过听课评课、示范观摩、专题讲座等形式，交流互动，释疑解惑，在教学实践中指导教学，在高效课堂上培训教师，实现了人人接受培训，人人必须过关的培训要求，形成了专家培训骨干、骨干辐射全体的培训机制。

专家培训骨干、骨干辐射全体是科研培训的第三大特色。

科研培训取得了显著效果：

首先表现为教师教育思想的更新。经过三年的教改实验，主体多元教育思想在全区教育系统已经深入人心，广大教师确立了“以生为本、以学定教”的理念。坚决推进教育改革才能实现育人质量的提高，实现学生发展、教师发展和学校发展相互促进成为全区上下的共识。

其次表现为教师教学行为的转变。在“以生为本、以学定教”理念的引领下，教师的教学行为彻底转变。现在的课堂上，学生成了课堂和学习的主人，在自学和展示中，会生成许多无法预设的新情况，这就要求教师充分研究学情，应对不断变化的学情，不仅懂教材，还要学会组织学生，调整课堂环节。这一切变化都促进教师的专业化成长，为教师发展打开了新的通道。

经过几年来的高端理论培训、教学技术培训和全员专业提升培训，全区广大干部和教师切实更新了教育思想，转变了教学观念，深刻领会主体多元教育思想的丰富内涵和科学价值，熟练掌握了高效课堂“双向五环”基本教学模式的实践操作，自身素质得到了全面提升，有力地促进了我区主体多元高效课堂建设工作健康快速发展。

多元评价

校长职级制

为大力推进殷都区主体多元教育改革，造就一支具有主体多元教育思想与教育创新能力的专家型校长队伍，创建适应每个学生主体性发展和多元智能开发的教育，确保我区在全国教改实验区中的先进地位，根据《国家中长期教育发展和改革规划纲要（2010－2020）》的有关精神，结合全区中小学校长队伍的实际，殷都区教体局出台了《校长职级制》，考核校长时，不唯资历、职称、学历，而是讲成效、摆业绩。

校长职级制是指在我区所属中小学设置校长职级序列，对具备任职条件的校长进行科学评审，确定相应校长职务等级的管理制度。

《校长职级制》分六章共计十二条。其中评价校长遵循两个原则：一是围绕教育改革原则。校长职级制的目的在于激发校长投身主体多元教育改革。职级制的评审标准和方式均围绕促进主体多元教育改革，促进学生主体多元发展。二是依靠群众参与原则。为更真实反映校长的工作实际，本校教师、学生、家长及学校所在社区代表共同参与对校长的考核评价，评议结果将作为综合评价的重要依据。

中小学校长职级分为三级，由低到高依次为“铜柳枝”“银柳枝”“金柳枝”三个职级。未评定以上三个职级的校长，确定为预备级，纳入校长职级制管理。

中小学校长申报职级，必须具备三个下列条件：一是具有教师资格，并具有教育系列中级以上专业技术职称；二是已经担任校长职务，在我区的校长培训中成绩优异，具有市教育行政部门颁发的《校长岗位培训合格证书》；三是中学校长应达到大学本科以上学历，小学校长应达到大学专科以上学历。

中小学校长申报职级后，由区中小学校长职级评审委员会进行评定，由区政府为获得职级的校长颁发中小学校长职级证书。区教体局对中小学校长建立考绩档案，作为校长职级评定的依据，并进行统一管理。

中小学校长职级实行考核晋升和诫勉降职制度。中小学校长职务聘任与职级评定同步进行，一般为 3 年。每学年对取得职级的校长进行年度评价，3 年进行总评。年度评价主要内容为群众评议和综合考核，年度评价为不称职的，实行诫勉谈话。总评等次分为优秀、良好、称职和不称职。总评为优秀的校长在聘期届满时晋升一个等级；总评为不称职的，解聘校长职务，取消职级待遇。被评为“银柳枝”职级的校长推荐为区管优秀人才；被评为“金柳枝”职级的校长优先推荐为区优秀党政人才、市管专家；连续两届被评为“金柳枝”的校长推荐参加全国成长中的教育家培训，推荐为省管专家。

校长职级制提出建立校长储备机制。凡参加殷都区名校长工作室培训，成绩优异的副校长、主任、副主任及教师，作为校长队伍的后备力量，享有优先申报、竞聘校长职务的资格。

中小学校长职级实行评审、认定制度。区教育改革领导小组成立区中小学校长职级评审委员会，负责组织申报和评审工作。委员会人数为9人，实行聘请兼职制，由区主管教育领导、教育专家、区教体局领导、外聘知名校长和有威望的教师代表组成。委员任期为3年，可以连任，属动态管理。区中小学校长职级评审委员会在教体局下设秘书处，负责办理评审文案及有关辅助事宜。区中小学校长职级评审委员会按照有关要求，制订《殷都区中小学校长职级认定和评审办法》。区政府为获得职级的校长颁发中小学校长职级证书。区教体局对中小学校长建立考绩档案，作为校长职级评定的依据。

校长职级待遇由固定性绩效工资、职级津贴、综合待遇三部分组成。综合待遇包含：成长培训、办公用车、书报费、科研经费等。校长按受聘的职级享受职级待遇，调离校长岗位的，不再享受校长职级待遇中的职级津贴和综合待遇。

中小学校长职级资格证书是经区人民政府认可的专业资格证书，取得相应职级资格的校长，在我区中小学之间交流任用，不受地域、学校规模、办学年限的限制。

教师职级制

教师职级依据全国中小学教师专业技术职务评审的有关条件和规定，结合我区教育改革工作和教师的实际情况，在国家初级职称与中级职称之间、中级职称与高级职称之间、高级职称之上各设一级，形成具有地方特色的教师职级序列。对具备任职条件的教师进行科学考评，确定相应教师职务等级，在服务教育改革的同时，为获得职务等级的教师提供优先晋升国家职称的条件和机遇。

《教师职级制》分七章共计十六条。

实施教师职级制有三个原则：一是促进学生主体多元发展原则：激

励中小学教师投身主体多元教育改革，树立“以生为本”的理念，并落实在教育教学行为之中，促进学生主体多元发展。二是群众参与原则：本校教师、学生、家长及学校所在社区代表共同参与对教师的考核评价，真实反映教师的工作实际，评价结果作为综合评审的重要依据。三是鼓励破格晋升原则：打破资历、年龄、原有职称界限，注重工作成绩，鼓励教师争先创优、破格晋升。

教师职级分三级设置，分别在初级职称、中级职称、高级职称之间，由低到高依次设置“殷都铜鼎教师”“殷都银鼎教师”“殷都金鼎教师”三级。教学第一线的在职教师、校级干部（校长和主持工作的副校长除外）均可申报、评选。

由区教体局组建的区中小学教师职级评审委员会按照《殷都区中小学教师职级申报评审条件》，制订评审认定办法，组织对教师的评审和认定工作。区中小学教师职级评审委员实行聘请兼职制，由教育专家、区教体局人员、校长代表、家长和学生代表组成。委员实行动态管理，任期 2 年。

具体评定程序如下：

（1）自主申报

每位教师对照评审条件，准备申报材料，向学校申报。原则上在现有的国家职称级别向地方高一职级申报，提倡破格。

（2）考核评审

先进行资格审核。申报教师均由学校评审小组根据评审条件，对申报人员提供的材料进行审核。被学校推荐到教体局参加评审的教师由区中小学教师职级评审委员会对评审材料进行审核。

再进行分级评审。评审由学校评审小组和区评审委员会分别对自主申报教师和学校推荐教师进行评审，除“金鼎”教师参评名额无比例限制外，“银鼎”和“铜鼎”参评教师名额上报比例不得突破本校符合条件的40%。评审实行百分制，采用书面测试、面试答辩和课堂实评、综合考核、群众评议的方式进行。书面测试主要内容为主体多元教育理论、新课程标准等相关教育教学理念及教学案例设计。凡是由学校推荐参加区"银鼎"和"金鼎"评审的教师均要参加面试答辩和课堂实评。群众评议采取调查问卷、座谈等形式由随机抽取的教师、学生、家长、校内外"十大员"对申报教师进行评议。

（3）公布公示

学校评审小组推荐的参评教师名单要在学校公示5天，无异议方可向教体局申报。区教体局拟认定的各职级教师名单要在中国殷都网、殷都教育网上公示5天。

（4）行政认定

公示期过后无异议的，区教体局根据中小学教师职级评审委员会的建议职级，对教师进行职级认定，颁发中小学教师职级资格证书。

教师职级评定每两年一次，实行动态管理。任职期满后，各职级教师需重新申报。连续三届被认定为金鼎教师的享受待遇终身制。区教体局对各职级教师进行职级备案，各学校对职级制教师进行日常管理，建立健全职级教师档案，及时了解他们的成长动态，记录他们的考核情况。

职级教师可享受的职级待遇包含：学习培训、职级津贴、书报费、物质奖励、优先推荐参加国家高一级的职称申报（若申报成功则不重复享受区评定待遇）、评先评优、推荐后备干部等。同时也需履行一定的职责：围绕主体多元教育改革，承担专题讲座、示范教学、对外交流任务，承担区级重点课题研究攻关任务，参与教育改革重大举措的研讨、宣讲。"金鼎"教师和"银鼎"教师还要承担学校和全区的结对带徒任务。

《校长职级制》和《教师职级制》的出台与实施，是对殷都区主体多元教育实验与研究最大的保障，也是对殷都教育人的一种鼓励。它促使全区学校领导和教师全心全意地投入到教育改革中来，潜心钻研业务，不断提升自身素质。

学生评价

针对学生，殷都区教体局重新构建评价体系，设计了主体多元无分数综合评价体系。打破了“唯分数论”的考试评价制度，改变了追求分数的教育价值取向；把考试、考核、考评融为一体，使过程性评价成为主旋律，实现了由一元评价到多元评价的转变；建立了学生成长档案，注重对学生发展的激励与引导。

考试、考核、考评的内容除了基础知识、基本技能，还包括学生主体性发展状况和多元性发展状况；考试、考核、考评的形式与方法也更突出对学生主体多元发展的鼓励，更注重对学生发展的过程性评价。

改革后的考试与以往相比实现了“五个变脸”，主要表现为：一是考试功能，变一张考卷为多元考试；二是考试组织形式，变统一监考为诚信考试；三是考试结果呈现形式，变百分制为星级制；四是考试结果反馈方式，变分数排名为成绩密封档案袋，单独向学生反馈；五是试卷评语。

考核方法有动态展示与静态展示两种，将过程性评价与终结性评价结合起来，注重评价主体的多元性，评价方法、内容的多样性。除了考核学科知识中的实践操作内容、学生每学期应达到的基本能力外，还鼓励学生申报展示个性特长。

考评主要指对学生主体多元发展状况的考评。采用教师评价、学生自评、互评、家长评价相结合的办法考评，较为全面客观地对学生进行评价。并要求教师运用激励性评语对学生进行评价，发挥评价的激励作用，促使学生全面发展。

附：

殷都区中小学学生“主体多元”考试、考核、考评意见
（试行稿）

考试、考核、考评是鉴定学生发展、评价教育教学质量的重要手段，是中小学教育教学过程管理的常规工作。为了扎实有效地推进我区“主体多元”教育的深入发展，特制定《殷都区中小学学生“主体多元”考试、考核、考评意见》，作为我区中小学生评价的主要依据，来全面、准确地反映学生的综合素养和学业水平。通过评价给学生学习以科学引领，给学生成长以人文关怀，促进学生主体多元全面和谐发展。

（1）为什么考试、考核、考评

①考试、考核、考评是发挥评价与诊断功能，促进教育教学良性发展的需要

发挥考试、考核、考评的诊断发现、改进矫正、激励导向功能，使学生获得积极的生命体验，帮助学生不断认识自我，建立自信，主动发展。引领学校、教师、家庭、社会树立正确的考试观，促进教育教学良性发展，实现学生勤奋学习，快乐成长、全面发展。

②考试、考核、考评是“主体多元”教育深入发展的需要

长期以来考试作为评价教师、学生的唯一依据，使得教师、学生和家长分分计较，急功近利，加重了师生负担，阻碍了学生全面健康发展。“主体多元”教育目的是激活学生的主体性，开发学生的智慧潜能，使学生全面和谐、可持续性地发展。所以传统考试方式不能适应教育的发展，不符合课程改革的精神。因此，确立“关注发展，凸显主体，追求多元，走向开放”的评价思路，创建“主体多元”发展教学的评价系统，是当前我区“主体多元”教育发展的需要。

（2）考试、考核、考评什么

①基础知识、基本技能

基础知识和基本技能是学生学习发展的基础，按照课程标准和各科教材规定，要求达到的基础知识和基本技能，要进行考试和考核。

②学生主体性发展状况

主体性包括自主性、主动性和创造性三个基本特性，具体表现为 12 种特质，即自尊自信、自我调控、独立判断决断、自觉自理、成就动机、竞争意识、强烈的兴趣和求知欲、主动参与、社会适应性、创新意识、创造性思维能力、动手实践能力。考评内容应根据主体性的 12 种特质的行为表现展开。

③学生多元性发展状况

多元智能理论提出，人类的智能不是单一的，而是有多种智能构成，至少分为八种，即语言智能、数理智能、节奏智能、空间智能、运动智能、自我认识智能、人际智能、自然观察者智能。八种智能作为考评内容，实现“全面发展打基础，个性发展有特长”。

（3）怎样考试、考核、考评

①考试、考核、考评科目、内容

小学——

考试：

科目：语文、数学、外语

内容：基础知识和基本能力

形式：笔试

考核：

a. 无法或不便于书面考试的单项学科考核。

学科考核的参考项目有：

语文：查字典、书写、朗读、背诵、口语交际、课外阅读；

数学：口算、动手操作、调查统计、测量、设计制作、思维训练；

英语：听力、歌曲演唱、口语交际、会话表演；

品德与社会：道德认知、道德行为、参观访问、社会调查、社区服务；

科学：实验操作、实际观察、社会调查、科技制作；

体育：身体素质、知识技能、多种多样的体育活动；

音乐：唱歌、节奏、表演、指挥、欣赏乐曲；

美术：绘画、手工制作；

综合实践活动：劳动技术、信息技术、研究型学习、社区服务和社会实践。

（提倡和鼓励学校结合本校实际开设校本课程，并尽早纳入考核项目。）

b. 学生个性特长包括单项特长、单项绝活等。

考评：内容包括“主体性”和“多元性”，即非智力因素方面的素养和教师激励性评语。

初中——

考试：

科目：语文、数学、外语、物理、化学、思想品德、历史、地理、生物。

内容：基础知识和基本能力

形式：笔试

考核考评：由教师结合学生实际制定，参考小学内容。具体内容教师确定。

②考试、考核、考评方法

考试方法——

a. 试卷编制。日常考试和期终考试试卷编写多元化，可以由任课教师或教研组命题，可以由学生自主命题，也可以由（市、区）教研室命题，为各校提供样卷。

考试命题要严格依据学科课程标准。在考查学生掌握基础知识和基本技能的基础上，注意考查学生灵活运用“双基”的能力。试题结构合理、题型灵活、难易适中、分量适宜，杜绝繁、难、偏、旧、怪题。基础性、应用性、拓展性试题的比例一般可以控制在 7∶2∶1，小学低年级基础性、应用性试题比例控制在 8∶2。

学科单元检测每个单元最多进行一次，期末考试作为一种阶段性考试，每学期只能进行一次。任课教师在教学过程中进行的随堂检测不列入日常考试范围。

b. 考试形式。考试方式可以采用纸笔闭卷考试、开卷考试。日常考试可分项目、分层级、分批次进行。提倡考试方式、内容多样化，比如语文作文可以命题也可以自由选题，如编写实践活动中的调查报告、小论文、写采访报道等。

学生的学期、学年学业成绩评价实行日常评价与期末考试评价相结合的办法，以期末考试成绩为主，参照平时测试成绩，成绩评定实行等级制。可以分为四个等级：优秀、良好、达到、待达到。

对于在平时测查中知识能力表现优秀、突出的学生，本科目可以实行免考，如果学生对自己的成绩不满意，可以申请重考，给予多次评价机会。也可以分层测试，根据学生实际编写不同难度的试卷供学生选择。

考核方法——

a. 按照学科的知识构成，把考试科目中不能进行笔试的必备能力分项进行口头测试或动手实践测试。如语文学科按朗读、口语交际、课外阅读；数学按口算、实际操作；英语按听力、会话等形式进行。

b. 对于考核科目按照课标要求，将每学期要求达到的基本能力进行考核。如美术按绘画、工艺、创作设计等；音乐按歌唱、打节奏等。不仅只让教师对学生进行考核，还可以采用伙伴之间、家长考核等形式。

c. 要鼓励学生发展个性特长。每学期可以让学生自主申报，学校采用静态展示和动态汇报等形式对学生特长进行考核，学生还可以提供考级证书、竞赛获奖证书等证明特长发展情况，免于考核。学校要将此项考核等级计入评价手册和成长档案。

考核方法有动态展示与静态展示两种，将过程性评价与终结性评价结合起来，注重评价主体的多元性，评价方法、内容的多样性。

动态展示：参考各学科考核内容进行动态展示。形式多样，如：唱歌、跳舞、表演、动手操作等。

静态展示：将本学期组织各学科活动的证书、喜报、活动资料等进行展示，并建立学生学习档案。

考评方法——

a. 主体多元发展状况主要进行考评。可以列出详细表现条目，分成等级，采用教师评价、学生自评、互评、家长评价相结合的办法考评，较为全面客观地对学生进行评价。

b. 对学生的主体多元发展状况，教师还要运用激励性评语对学生进行评价，发现学生发展的特长和亮点，激励学生再接再厉、全面发展。

③过程性评价

a. 建立学生成长档案

要建立每个学生的成长记录。这些成长记录应收集能够反映学生学习过程和结果的资料，包括学生的自我评价、最佳作品（成绩记录及各种作品）、社会实践和社会公益活动记录、体育与文艺活动记录，教师、同学的观察和评价，来自家长的信息，考试和测验的信息等。成长记录要始终体现诚信的原则，要有教师、同学、家长开放性的参与，使记录的情况典型、客观、真实。

b. 建立“主体多元”发展手册

各校要研制“主体多元”发展手册，较为全面地反映学生考试、考核、考评内容。注重定性与定量评价相结合的原则，既有定性评价，又有定量评价，保证评价的客观公正。评价从重视结果转向重视过程发展，促进学生的发展。（可以参考《我要成为最佳的我》第 302 页学生发展素质手册内容。）

（4）考试、考核、考评结果的运用

①教育管理部门要对各校学生的考试、考核、考评结果进行抽查、调研，监控各校教育教学质量。

②学校要及时进行学科教学质量的分析评价和总结反馈，认真反思日常教学的得与失，促进教师自身的专业成长，促进学校教育教学质量的提高。

③教师应对每位学生的考试、考核、考评情况作出具体的分析指导，不断改进教学，不断提高教育教学质量。

④学生根据自己的考试、考核成绩，分析得失，不断修正，制定目标，不断提高。

⑤家长了解孩子的综合发展情况，进行家校配合，共同促进孩子的发展。

（5）加强管理

①教育行政部门要建立专门的督导检查机构，对贯彻评价意见情况进行定期和不定期的督导检查，把督导检查情况纳入学校工作考核范围之中，与评先评优挂钩。

②对于学生的考试成绩，任何单位和个人不得以任何形式按考试成绩给学生排队并公布名次。期末考试试卷和成绩单独反馈学生，学校不得以学生考试成绩作为评价或奖惩教师和学生的唯一标准。

③各校要发挥主动性，积极探讨，把考试、考核、考评作为教育学生的过程，鼓励诚信考试。学校要认真组织考试、考核、考评工作，对措施得力，取得显著成效的学校进行奖励表彰。对违反本意见，在命题、

考试、阅卷以及其他考核工作中敷衍塞责，造成不良影响的学校和个人进行相应处分。

殷都区教育体育局

2010 年 6 月

教学系列

构建以高效课堂为突破口的发展性教学系统

在区委区政府的高度重视下，从 2010 年 1 月起，殷都区以主体多元教育思想为引领，以发展学生为中心，构建以高效课堂为突破口的发展性教学系统，全面推进主体多元高效课堂建设。殷都教育人以极大的勇气颠覆传统教学，致力于高效课堂的探索与实践，通过学习、研究、反思、总结、提升，全力构建具有殷都特色的主体多元高效课堂教学模式，努力使课堂真正成为“知识的超市、生命的狂欢、学生的乐园”。在艰辛的教育改革征程中，殷都教育人孜孜不倦地实践着、探索着，一幅波澜壮阔的教育改革画卷正在全面展开。

1. **思想引领**

思想是行动的基础，理念是实践的指南，为了使主体多元教育思想在殷都大地生根发芽，为了使全区教师更新教育观念，树立“以生为本，以学定教”的教育理念，真正做到为学生服务，因材施教，创造适合孩子发展的教学，全区下大力气进行了一系列理念引领。

2009年暑假，殷都区“主体多元教育”骨干培训班在彰武水库拉开序幕，区四大班子领导亲临培训现场，区委书记李南沉就殷都教育改革的必要、改革的决心、改革的内容和步骤发表了重要讲话，动员全区教育骨干要通过培训统一思想，提高认识，坚定信念，率先垂范。局机关中层领导和各校校长全部进行了表态发言。继骨干培训之后，殷都区又先后两次对全区的学校中层领导和全体教师进行了“主体多元教育”培训暨改革动员。

为了充分发挥专家的引领指导作用，2009年9月17日，殷都区成立了教科培中心暨校长工作室和名师工作室，区委书记李南沉，区委副书记、区长张建国，区委常委、组织部长李瑞霞，区政协副主席张彦虎，中国教育学会小学专业委员会理事长姚文俊、原安阳市政协副主席金耀林参加仪式。聘请全国著名教育专家姚文俊负责“校长工作室”工作，并担任教科培中心主任；聘请全国著名语文教育专家金耀林负责“名师工作室”工作。两位老先生不遗余力，始终以饱满的工作热情投入到教育工作中，不仅引领课堂改革航向，而且具体指导，带动培养了一批校长和骨干教师队伍，成为课改的中坚力量，使全区课改健康发展。

2009年11月24日，殷都区教体局下发《关于在教育系统全面推进“少年儿童主体多元发展实验研究”的实施意见》，使少年儿童主体多元发展实验研究在全区教育系统全面深入地展开。

为了深入开展主体多元实验研究，全面更新教师的教育思想观念，提高广大教师的教育理论水平，造就一支高素质的教师队伍，区委书记李南沉向全区教师推荐了与高效课堂相关的教育理论书籍，教体局下发了《“主体多元高效课堂”读书学习活动方案》，并补充推荐相关书籍。区委书记李南沉就殷都教育发展与改革前后十次发表了重要讲话。

2009年底，殷都区又与《中国教师报》全国教师培训基地、中国教师报名校共同体合作，议定在全区范围内全面推进主体多元教育，打造殷都特色高效课堂。2010 年 1 月 9 日至 10 日，殷都区“全面推进主体多元教育，打造高效课堂”动员暨培训大会在安钢大礼堂隆重举行。区委书记李南沉，中国教育学会小学教育专业委员会理事长、殷都区教改总顾问、殷都区教科培中心主任姚文俊，殷都区教学总顾问、教科培中心常务副主任金耀林，中国教师报采编部主任、名校共同体秘书长李炳亭，殷都区教体局局长李志宇，《中国教师报》全国教师培训基地主要负责人及殷都区 1500 多名教师参加了此次动员大会。李炳亭秘书长作了《高效课堂的“路径”》主题报告，深刻批判了传统课堂的痼疾，阐释了高效课堂的“效”与“益”，彻底转变殷都区教师的传统教学观念，为深入进行高效课堂改革打好了坚实的理念基础。

2010 年 3 月 13 日，殷都区 2010 年教育工作会暨推进主体多元高效课堂工作现场会隆重召开，教体局局长李志宇号召全区教师明确 2010 年教育工作目标，进一步统一思想，振奋精神，全面推进主体多元高效课堂教育改革。局领导当场与机关各股室、二级机构和所有学校签订了目标责任状。同时下发了《殷都区教体局 2010 年教育工作要点》和《殷都区教体局中小学学区化管理实施方案》。

2. **构建模式**

全区教师经过学习，明确了认识，转变了观念，如何将这些理念转化为真正的教育行为呢？2010 年 2 月 6 日至 3 月 10 日，殷都区教科培中心在专家姚文俊、金耀林的带领下，在总结以杜郎口为首的名校共同体各成员校的课堂教学模式基础上，结合殷都区全区推进主体多元教育，打造高效课堂模式初期阶段的需要，精心设计了具有区域推进普适性的高效课堂模式——殷都区主体多元高效课堂“双向五环”教学基本模式。

模式彰显了主体多元教育思想，体现了殷都特色。它是激发学生主体性和开发学生的多元智慧潜能相融合的高效课堂教学基本模式。以学生全面和谐主动活泼发展为中心，充分发挥教师主导作用、体现学生主体地位，在教学过程中既要诚心诚意地让学生做主人，又要严肃严格地进行基本训练；围绕知识与能力、过程与方法、情感态度价值观三维目标，坚持学生主动、学案主导、问题主线、活动主轴，把学生预习与教师导学、学生合作与教师参与、学生展示与教师激励、学生探究与教师引领、学生达标与教师测评融为一体。在教学过程中建立民主、平等、合作的师生关系，构建师生互动、生生互动、师生组成“学习共同体”的素质教育教学新模式，最终达到教学相长、双赢共好的优化教学效果。

双向五环教学模式是：

第一环：学生预习，教师导学。

第二环：学生合作，教师参与。

第三环：学生展示，教师激励。

第四环：学生探究，教师引领。

第五环：学生达标，教师测评。

围绕该模式，教科培中心针对操作层面的具体问题，深入学校调研，召开教师座谈会，发放“模式解读”征求意见和“课堂困惑问卷调查”，对模式实践时可能出现的问题进行了大胆预设，对在实践中已经出现的问题进行归类整理，金耀林主席又把这些问题及解答汇编成《主体多元高效课堂“双向五环”教学基本模式100问》，并编写了《主体多元“双向五环”高效课堂教学基本模式解读》。

3. **推进模式**

（1）模式植入，固模过关

主体多元双向五环教学模式确立后，全区教师进入学模式用模式的阶段。学校教师从理论学模到课堂运用，从理解层面到操作层面，人人参与，人人过关，投入到固模过关的活动中。模式的运用转变了教师教的行为和学生学的行为，突破满堂灌的惯性，学生动起来了，课堂活起来了，家长乐起来了，老师笑起来了。从“教学有法”开始，先学其形，再逐步得其神。截至2010年5月7日，通过调研表明，全区教师固模过关率已达到96%。

(2) 技术跟进，专项培训

2010年1月16日至17日，《中国教师报》全国教师培训基地和中国教师报名校共同体对全区中小学教师进行了“主体多元高效课堂”技术专项系统培训，使殷都区区域课改得以较大推进，模式初步形成。

2010年3月22日至26日，殷都区教体局组织“主体多元高效课堂”基本模式实践操作培训。《中国教师报》全国教师培训基地和中国教师报名校共同体的专家们利用一周时间，对殷都区中小学教师采用专家进课堂的方式，进行一对一培训，手把手指导，零距离接触，面对面交流的高效课堂基本模式实践操作培训。经过培训，教师初步掌握“双向五环”教学基本模式，能正确编制使用导学案，完善小组学习建设，灵活进行课堂达标测评。

2010年4月19日—23日，《中国教师报》全国教师培训基地、中国教师报名校共同体派出8名专家对殷都区进行第三次“主体多元高效课堂”技术专项系统培训。通过小组建设的强化培训，教师能够系统掌握高效课堂下的小组合作学习与小组管理模式及方法，并注重培养学生良好的学习习惯；通过跟进课堂的测评与学生评价相结合的培训，教师基本掌握了当堂测评方法，并注重激发学生课堂学习积极性；通过专家入校指导和督促，教师的高效课堂实际操作能力得到了提升。

2010年5月13日－14日和5月27日－28日，中国教师报名校共同体副秘书长张海晨和《中国教师报》全国教师培训基地课程中心主任刘爱军带领共同体14位专家，分别对我区18所中小学高效课堂建设工作进行了诊断培训。诊断培训结束后，教科培中心及时召开了由培训专家、中小学校长和教科培中心全体人员参加的培训专家反馈意见会。这次培训把中小学高效课堂模式构建工作推向深入。

2010年1月到6月，《中国教师报》全国教师培训基地和中国教师报名校共同体及时跟进，派出80多名专家教师对全区中小学教师进行了六次技术专项培训。指导教师编制导学案、搞好小组建设，制定管理与评价制度，为打造主体多元高效课堂提供了技术支持。

(3) 举办活动，基层练兵

①举办“殷都区主体多元高效课堂首届教学节”活动

为了强力推进主体多元高效课堂建设，把主体多元教育实验研究引向深入，坚持“以赛促教、以赛促学”的原则，殷都区教育体育局教科培中心、中国教师报名校共同体、《中国小学教育》编辑部、《中国教师报》编辑部、共青团中央《辅导员》杂志社等五家单位联手举办了“殷都区主体多元高效课堂首届教学节”，启动殷都高效课堂百课大赛。全区师生人人参与首届教学节活动，使每位教师基本掌握“双向五环”教学模式，使优秀教师形成“双向五环”高效课堂的教学风格，创造出适合学生发展的课堂，使学生的主体性得到积极发展、智慧潜能得到多元开发，实现教学相长、育人质量提升的目标。

百课大赛活动历时6个月，全区共有1032名教师报名参赛，参赛率高达86%。大赛共分三个阶段，采用层层选拔的方式，最终评选出100节优质课教师、30节示范课教师、10节精品课教师，从学生中选出100位“最佳小组长”、10位“最佳的我”，从管理队伍中选出10位“领军人物”，并对所有获奖人员进行命名和表彰。

②举办“殷都区百师会战”活动

立足于全区主体多元高效课堂“双向五环”教学基本模式的实施运行现状，遵循问题出在课堂、问题在课堂解决的原则，针对全区中小学高效课堂建设中出现的问题，围绕导学案编制与使用、小组建设、有效展示、当堂检测等高效课堂建设关键问题，组织全区优质课、示范课、精品课“三课”教师、领军人物和中国教师报名校共同体专家名师，于

2010年11月10日—12月31日开展百师会战活动。此次活动，86位区百师会战“三课名师”进行了本校献课，30位区百师会战“三课名师”进行了异校献课，7位区百师会战“领军人物”举办了专题讲座。通过活动，专家和名师进校入班，现场示范，全面指导，进一步规范了教学行为，研磨了教学细节，体现了学段特点，彰显了学科特色，也进一步完善了教学模式，增强和提升了教师高效课堂实践操作能力。

(4) 创新机制，高效管理

①实行学区化管理

为全面推进主体多元课题实验，服务主体多元高效课堂这一中心工作，打破学校之间相互封闭、保守的现状，建立学校之间积极、开放、灵活的交流机制，在区域内实现资源共享，使现有教育资源实现效益最大化，殷都区教体局决定在全区内实行“学区化”管理。本着就近、方便的原则，将各中小学分为三个学区。成立了学区工作小组，设立校长联席会议主席，由学区长担任，教体局班子成员、分包学校的中层干部和学区内学校校长定期参加校长联席会议。学区内每月召开一次校长联席会议，目的是统一思想，研究分析学区内学校的优势和困难，实现学区间教育教学资源的整合和共享；进一步发挥学区内不同特色学校的示范带动作用，定期组织中小学管理、教育教学研讨交流活动，促进学区各学校均衡发展。学区内定期开展教育教学、教师学习、培训等活动，做到备课、教学、教师培训、课程与研究成果的学区共享，提高学区教师教学能力。

学区化管理实施以来，实现了学区内教育资源的均衡配置和资源共享，缩小了校际差距，加强了校际交流，密切了校际合作，实现了优势互补，促进了共同发展。

②实行教育系统工作项目化管理

2010年，殷都区全力推进教育改革，教育工作进入全面提升教育教学质量的关键时期。区委、区政府提出工作项目化管理要求，为教体局全面谋划和部署全年工作、提高执行力和工作效率提供了良好契机。为进一步加强内部管理，完善工作机制，加大工作推进力度，在教育系统中确立“项目建设是推进工作发展的第一战略”意识，教体局决定对2010年教育工作实行项目化管理。以主体多元教育为引领，以“工作项目化管理”为抓手，按照工作项目化、项目目标化、目标责任化、责任考评化的原则，运用项目化管理科学，通过梳理教育工作，把各项工作项目化，针对项目倒排工期，建立台账，定进度、定期限、定人员，明确重点，突破难点，相互支撑，协调跟进，促进了各项工作有条不紊地扎实开展，提高了工作效率，提高了执行力。

③实行“一线工作法”

殷都区教体局实施的“一线工作法”，就是教体局领导班子成员、中层干部、全体教研员包校到班，深入一线指导课改，让工作在一线落实、问题在一线解决、难题在一线突破、创新在一线体现、成效在一线检验、形象在一线树立。

殷都区教体局为适应课改的需要将区教科所、教研室、培训中心三个业务部门进行了合并，成立了教科培中心，这一机制本身也发挥着巨大的优势。一年多来，教科培中心坚持“一线工作法”，蹲点驻校，和一线教师碰撞交流，不断地发现问题、解决问题。针对课改中的“三大重点”，即导学案、小组建设、当堂检测，以及小学科、大班额、低年级“三大难点”，共立项134个课题。教研员发挥引领带动作用，以承担的课题为抓手，指导学校开展校本教研，与一线教师共同研究学科课型。根据学科规律，通过区校两级自研，突破了课改难点，中小学各学科共研制出43种课型，学科、年段特色初步形成。

殷都区的“教研员包校制度”是“一线工作法”的具体体现。制度规定，教研员的任务一是课题研究。每个教研员根据学科特点，抓住课改中的重点问题和难点问题，确立研究内容，向教科所申报课题，把驻点学校作为试验点，组织带领课题组成员有效开展研究，带动学校，培养教师，优化课堂教学，解决学科教学中存在的主要问题，并以点带面，辐射全区。二是备课上课。每个教研人员要把课题研究与课堂教学有机结合，帮助教师备课、上示范课，在课堂教学中研究、思考，在实践中寻求突破办法，解决实际问题，完善学科教学，具体工作由所在学校根据实际情况进行安排。三是参与教研。每个教研员在驻点学校工作期间，参与学校的教研活动，为学校的教研工作出谋划策，促进学校教研工作的开展。另外，教研员还要做好自己的本职工作，完成区教研室和上级有关部门交办的其他工作。

对教研员的管理则实行双重管理制度，教研人员接受教研室和所在学校的双重管理，在学校要遵守学校的各项规章制度，在做好学校工作的同时开展课题研究或教研活动。教研室有中心工作或上级部门有其他工作任务时，需要教研室主任批准后方可离开学校。此外还对教研员一线工作的督导检查、工作待遇、考核制度、考评制度等作出了详细的规定。

正是“一线工作法”使得殷都区教研室的职能发生了转变，使教研员的角色发生了转换，教科研工作迸发出了无限的生机与活力，成为学校课改的重要支撑。

专家学者阐述高效课堂

1. 姚文俊先生对殷都区创建高效课堂“双向五环”基本模式内容的构建与设计

主体多元高效课堂教学模式是殷都区发展性教学系统的一个核心组成部分。“双向五环”在内容的构建上是遵循“双向”与“五环”各自的功能来进行设计的。

“双向”是沿着教与学的发展方向设计内容的。学的一方是：预习—合作—展示—探究—达标；教的一方是：导学—参与—激励—引领—测评。

“五环”是按照教学过程对内容进行构建的。即学生预习与教师导学，学生合作与教师参与，学生展示与教师激励，学生探究与教师引领，学生达标与教师测评。

如果说“双向”是按纵向构建设计教与学的内容，其核心是发展；那么“五环”就是按照横向构建设计内容的，其核心是结构。“双向五环”组合在一起就使教、学内容形成了一个纵成线横成面的网络化结构。

在具体研制“双向五环”的内容设置与实施途径方法上：一方面要遵循教学递进规律和学生认知发展规律；另一方面要围绕着主体与主导两个方面就“是什么”“为什么”“怎么做”等三个问题进行明确的回答。例如，“学生预习·教师导学”这一环节，从主体“学”的角度要回答：什么是预习？预习什么？有哪些途径和方法？从主导“教”的角度要回答：什么是导学？导学案怎样编写？学生在预习时，教师的导起什么作用？导学有哪些途径和方法？具体“双向五环”内容设计解读如下：

第一环：学生预习·教师导学

学生预习

预习是高效课堂教学活动的前提和基础，是贯彻“先学后教”这一教学原则的重要举措。学生预习是根据导学案的学习目标、导学问题、学习方法，尝试用自己已有的知识经验，充分利用各种学习资源，积极主动地阅读教材、独立思考、温故而知新和主动获取新知识的过程。由于学生学习能力存在着差异，教师应在课内外做好预习指导。为使预习能够达到明确重点、难点和疑点的目的，要求在预习新知过程中运用双色笔对问题作出标注。

预习一般有以下三种方法：问题标注法，即边阅读边用特色符号圈圈画画，把重点、难点和疑点等标注出来，在课堂自学、对学、群学过程中解决；温故知新法，即预习已知，联系新知归纳新知的重点，找出疑难问题；尝试练习法，即先练练试试，想想做做，生成新的问题。

教师导学

导学是指教师从指导学生预习开始培养学生的自学能力。教师课前要依据教材和“学情”认真研制编写融教案与学案为一体的导学案。一方面，根据内容，针对学情，明确重点、难点和疑点，重视学法研究，构成“预习—合作—展示—探究—达标”等一条明晰的学法线。另一方面教也要沿着“导学—参与—激励—引领—测评”的方向研制一条与学法相应的导学线。教师要以导学案为抓手，不仅明确本节课的学习目标，还要不断激发学生的学习动力，调整学习状态，创设学习情境，构建知识系统，使教师导学与学生预习融为一体。导学案的实施过程是强化学生学习品质形成和学习习惯养成的过程，使学生逐步形成课前真预习、课堂乐学习、课后善整理的学习风气。

第二环：学生合作 · 教师参与

学生合作

合作是学生在自主预习的基础上，通过课堂的自学、对学和群学等形式完成共同学习任务的有效策略。小组合作学习是实施高效课堂的组织保证，也是学生自主合作探究等学习方式得以落实的有效载体。它既能充分发展学生的主体性，又能较好地开发学生智慧的多元性，实现学生之间智慧的交流、思想的碰撞和思维方式的优势互补，进而培养学生的合作意识、合作能力、创新精神和实践能力。

学生合作首先要关注小组建设，本着“组内异质，组间同质”这一基本原则，进行学习小组的划分。小组长要具有智能长项和一定的社会技能，通过一定的民主程序产生并进行动态管理。

要研制有效的合作学习策略。首先通过同质对学力求解决“对学”过程中存在的问题，然后异质“对学”解决尚未解决的问题，最后组内群学统一解决问题的思路、方法、步骤和结果。组内不能解决的问题留白，在下一环节予以解决。

教师参与

参与是指教师角色由知识的传授者转向学生发展的促进者，由课堂的主角转向“平等”的“首席”，在课堂上教师以一位组织者、引导者、合作者的身份参与到学生动态的信息交流。

教师首先参与学习小组的组建、小组长的培训和小组管理评价机制的建立与实施。其次，要观察了解与指导各学科组长组织本组成员对照导学案开展有效的交流、合作、探究、对子帮扶，真正实现“兵教兵”“兵练兵”“兵强兵”。其三，教师要注重巡视，参与到解决问题有困难的小组及学生中去，细心观察，认真听取，准确了解信息及时进行指导点拨。同时，也要及时发现有独特、新颖见解的学生，并给以鼓励。

第三环节：学生展示·教师激励

学生展示

展示是指学生在“小组合作、教师参与”的过程中，通过自学、对学、群学对所学内容中的重点、难点、疑点和生成点的研讨结果，以小组或个人形式用简单生动的方式展示出来。

展示必须是学生深入探究的问题，而不是统一答案。展示要突出“三性”，即问题性、互动性、创生性。问题性是指组内或全班带有共性和易错的问题；互动性是指学生对重点、难点、疑点问题进行争议，各抒己见；创生性，是指学生多次思维发表自己的独特见解。

展示分两种，一种是组内展示（小展示）。目的是展示个体尚未解决的问题，或生成性的问题。另一种是组间展示（大展示），即全班范围内由教师组织的展示，各小组按照一定的方式进行班内的汇报。

教师组织展示活动时：一方面要提醒优秀学生课堂动态展示占时不要太多，将有限的机会留给潜能生。另一方面，对成功展示的潜能生给予多种形式的表扬和奖赏。

教师激励

教师主导作用的体现就像《学记》中所说的“道而弗牵，强而弗抑，开而弗达。道而弗牵则和，强而弗抑则易，开而弗达则思，和易以思，可谓善喻矣”，这个表达比较贴切。

教师要通过“激励、唤醒、鼓励”等方法培养学生浓厚的学习兴趣和求知欲望，营造生动活泼的课堂气氛。激励应该贯穿在课堂教学的全过程。

激励方法可分两种：

显性激励，对学生提出和回答的问题给予语言上的肯定并根据实际情况进行激励。如：在这个问题上，你可以当老师了；你分析问题这么透彻，老师真希望每课都能听到你的发言；这么难的题你能回答得很完整，真是了不起！你真爱动脑筋，这么难的题你都能解决！你好厉害！敢于向书本提出问题，你的勇气令人羡慕等。还可以用一些亲昵的动作、夸张的表情、加分等表示对个人及小组的激励。

隐性激励：教师要研究学生的最近发展区，适时追问、点拨、启发、引导，让学生“跳一跳能摘到桃子”，自主寻找解决问题的方法。另外课堂上老师要善于利用学生的好奇心，引导学生挖掘各科教材的兴趣点，使学生形成比较稳定的学习动机，把抽象的知识形象化为可操作的实践性知识。

第四环：学生探究 · 教师引领

学生探究

探究是指学生在教师的引领下，自主进行探索，并在探索过程中主动获取知识、应用知识、解决问题的学习活动。探究学习以培养学生创新精神和实践能力为宗旨，使学生通过对疑难问题的讨论和争辩，对知识的掌握更深刻、更准确、更全面，有利于发展学生的主体性。

探究学习一般有以下几种方法：①形成问题情境，激发学生探究欲望。问题情境的形成是整个探究活动的起因，并决定着探究活动的方向及学生探究的积极性。②在三环的基础上使用“问题生成表”，引导学生自主生成探究问题。③重视独立探究，倡导合作交流。课堂教学中要坚持让学生独立探究，允许选择自己喜欢的探究方式。④探究过程中要大胆设想，提出问题。教师除了对敢于向老师提问的学生进行表扬与鼓励外，还应根据课堂中出现的意外情况抓住机会或创造机会鼓励学生探索。⑤多向交流，有效探究，让学生体验自主学习的成功。

教师引领

在学生探究过程中，教师的角色是引领者、协调者、点拨者，教师除了要创设探究氛围，还要在学生探究的基础上，随机抛出充满智慧挑战的问题，提供解决问题的策略建议，保障自主解决问题的课堂秩序，使他们始终保持高涨的探究热情，从而让学生进行深度思维的思考，让学生成为一个真正的探究者。从知识、情感、方法等方面进行引领，但这里要特别指出我们的服务对象是学生，我们不能以为探究学习就是学生的事，教师不能说话，任由学生说到哪想到哪，教师一言不发，游离于课堂之外。教师要做到心中有数，发挥组织者、协调者、点拨者的作用，教师要恰当地引领才能使学生的探究水乳交融，相得益彰。这就对教师编写的导学案、教师的素养、教师的基本功提出了更高的要求。

教师引领一般有以下几种方法：一要呈现一些提示性的线索，不断鼓励学生能自主解决问题；二要引导学生循序渐进向深层次问题迈进，产生质疑对抗，逐步获得探究学习的自我学习法；三要鼓励学生拥有独特见解，要使学生不轻易认同别人的观点，通过自己的独立思考和判断，勇于提出自己的独特看法；四是引导学生不仅要善于发现问题，还要善于用多种方法解决问题；五是教师要及时点拨与小结，在学生探究的疑难点问题上作出引导，帮助学生走出困惑。教师也要进行及时小结，给学生探究后散乱的思绪一个明确的回答，使学生对所学知识能够有一个整体的概念，克服知识点散乱不成系统现象。

第五环：学生达标 · 教师测评

学生达标

学生达标，是对本节课学习效果的验收与评估，即学生自行整理导学案并完成当堂的达标检测。其意义在于通过导学案的整理、达标检测，对本节课的学习进行总结归纳、反刍消化、巩固反馈，把知识点连成线，绘成面，将知识转化为能力，实现“堂堂清”的目标。让学生体验“学有价值”、“人人达标”的成功的喜悦，从而增强学习的信心和兴趣。

导学案整理有两种方法：一是改错修订批注法。在前四个环节学习的基础上，把对疑难问题的再认识、新生成的知识与方法、错题的订正修改，用双色笔在指定位置标示、批注出来，达到澄清疑难问题，形成新知的目的。二是总结反思提炼法。在测评前或课后将本节课的知识点形成体系，并将所得所思整理到导学案上。

检测达标的方式不拘一格。可以是“口头”的；也可以是“笔头的”，通过导学案、“小纸条”等纸笔形式进行；还可以是“手头”的，通过动手操作进行检测。必须遵循的原则是“分层测评，人人达标”，让最后一名也过关。检测验收时，要求规定时间，独立完成。然后，小组内同质对子比照，异质对子帮扶，小组长督促检查，课代表重点辅导。总之，要对本节课的学习做到心中有数，掌握学情。

教师测评

教师测评不同于传统意义上的试卷测试和作业练习。不仅要通过巡视准确把握学情，力争人人过关堂堂清，而且要特别关注“弱势群体”，从最后一名抓起，通过热情鼓励、适当点拨、个别指导等方式，实现人人达标，培养信心、坚定决心，把主体多元高效课堂的“高效”落在实处。

教师首先要根据本节课的学习目标就重点问题分层设计达标检测题，原则是少而精，根据学情分层次，如基础题、提高题、拓展题。其次，在测评过程中巡视、观察、个别指导做到“三关注”：关注A类学生解决问题的创新点，关注B类学生解决问题的效率和准确率，关注C类（潜能生）学生对基础知识的理解掌握情况。第三，教师要遵循鼓励、赞赏的原则，对学生的学习进行恰当评价，让潜能生也能体验到“学有所获”的快乐。

2. 李炳亭先生解读主体多元高效课堂

课改的核心和最终目的，就是通过搞活课堂教学、提高课堂效率，培养学生学习能力、提升老师引导能力，并最终通过高效的课堂教与学活动，解决学生重复学习、过度学习引发的低效和抵触学习的问题。

课堂实然目标：从低效甚至负效→有效课堂的探索→实现课堂高效，通过改变课堂效益量化，旨在发挥45分钟的时间效能，原则是尽可能不浪费每一分钟。唯此，才有可能把学生从“时间＋汗水”的应试模式中解救出来，把时间还给学生，把睡眠、灵性、兴趣、发展还给学生。

课堂应然目标：从学会知识→基础学习能力→终身发展能力，实现课堂真正意义上“质”的提升。课堂即成长，既成长知识能力，也成长精神创造。

其实，课堂破局的真正奥秘在于“学习能力”，只有会学才能减少对“教师”和“教”的依赖。因而我们主张素质教育的主要素质恰是“学习能力”。课堂一旦堕落为“知识本位”时，教学就变成了灌输和死记硬背，学生便变成了“知识的奴仆”，教师则变成了“知识的贩卖者”和“二传手”。唯有敢于把学习还给学生，突出学生的主体地位，我的课堂我做主，让学生去“经历”并且“经验”，学习的过程才充满生命的律动，因律动而感动，因情感的介入而生动和灵动。所谓主体，包括自主性、主动性和创造性，三性应始终在课堂上得到体现。

高效课堂的特征：主动性、生动性、生成性。主动是学习状态，“主动”会激发潜能、乐在其中，带来效益、生成能力。生动性，是追求课堂的情感价值，突出“学乐”和“乐学”，学习如饮甘露琼浆，变“怕上学”为“怕下课”。生成性，课堂要敢于变各种“句号”、“叹号”为“问号”。追求“主体多元”，鼓励不同见解，让思维激荡思维，让思想冲撞思想，让方法启迪方法。课堂价值尽在“不可预设”的“现场生成”上，一切的预设应服务于现场，而不是服务于预设。

“超市”：体现的是对“学生”和“学习”的尊重性、选择权、自主性，同时要求课堂呈现出丰富性和多义性，琳琅满目、各取所需，谓之“知识超市”。

“狂欢”：从“知识”到“生命”，课堂立意的变化带动课堂价值追求的“质变”。课堂是学生成就人生梦想的舞台，是展演激扬青春的芳草地，是放逐心灵的跑马场。

和新课改的关系：一脉相承，是对素质教育内涵和新课改理念的“实践表述”。新课改主张的“自主、合作、探究”，正是高效课堂的“六字箴言”，落实成方法恰是：独学、对学、群学。

没有任何东西比“知识的超市，生命的狂欢”更能体现我们的主张和我们的教育理念。从教育学的角度看，高效课堂符合三个性：主动性、生动性、生成性。上课应该像过“狂欢节”。我们的课改就是从改变“学习状态”开始：降低精力流失率。

高效课堂的灵魂：相信学生、解放学生、利用学生、发展学生。

我们要促成教师转变。“开放、搞活”，“开放才能搞活”。我们要解放教师，对于高效课堂的校长来说，“变态”——改变教师的生命状态比

“考勤、扣工资”更重要。

利用学生是教师的品格。发展学生是民族的需要。

教学关系由“惟教”皈依“惟学”，从“为教者的设计”变“设计学习”。师生关系由“惟师”皈依“惟生”。在“两惟”指导下处理好主体与主导的关系。围绕“两惟”建立评价体系。什么是好课？以学评教，学生说了算。借“两惟”促进“三个转变”。转变不是转换，转变“教的方式”，转变“学的方法”，转变“评的方法”。课改不是改“方法”是改“观念”，别给马车换发动机。

教师怎样做才是“主导”？师退：放手、放权、放心“三放”；生进：话语、选择、评价“三权”。教师别“蓬头垢面”，注重形象，成立俱乐部，让学生的各种社团有所归依。

“三段一体”：课前、课中、课上；预习、展示、反馈。课前编好导学案，强调学习目标和学法指导；搞好分层目标、分层学习、分层测试、分层训练。导学案是路线图。

课堂要围绕四个“主”：学案主导、学习主动、问题主线、活动主轴。让课堂“保全”创造。创造性是主体性的最高表现，包括创新意识、思维能力、动手实践能力。

三个“动”体现课堂高境界：身动、心动、神动；打动、感动、激动。学生决定课堂的“胜负”。升学在两率：流失率和高效率。

加强对子测评、小组互评，遇到问题委托小组长或课代表想办法解决，教师起到监控作用。比如学科代表除了本人成绩要好之外，还得肩负职责，保证全班成绩要好，这样他的积极性就调动起来了，他会变着法的给学生“帮扶”，完不成职责，“下课”呀，换人干。小组长、班长也是这样。“兵教兵”“兵强兵”“兵练兵”，这就是高效课堂的理念：学生是最主要的教育教学资源，利用好呀，不用白不用，教师千万别“单打独斗”，否则会累死。我说，辛苦之人必有可恨之处。要记住一句话，叫“有困难，找学生”!

教师可不可以借让学生批改作业从而加深学生对知识的理解和掌握?这也从时间和精力上解放了教师。当然，学生改完作业，最好给老师一个反馈，这样便于老师掌握学生的“学情”。

学生自主召开“主题班会”。多给学生机会，班会由学生来组织，老师只是参与，只要学生能做的，教师一律放手，千万别鸠占鹊巢，越俎代庖。

学生通过班级论坛，做好问题征集，研究解决方案，形成“班级公约”，人人签字摁指印，就成为一部“班级大法”，像法官判案的法典一样。由学生自己讨论课堂上出现的问题，让学生自己统一达成共识，并形成班级公约。公约中拒绝空话、套话，学生共同遵守。问题越具体越好，如：课堂是否抢答？展示不参与怎么办？问题不会怎么办？成立监督部门，设立首席执行官，来监督班级公约的执行情况。惩罚措施不能是体罚、辱骂、打扫卫生，哈哈，劳动可是美德，可以罚唱歌、跑步等。首席执行的人选建议责任心强的潜能生来担任，以法治班。

创办班级报纸。报纸由学生来办，自己确定主题，查找资料，采、写、编印，可以拉赞助、登广告，这不就是综合性社会实践活动吗？几个小孩子找到你，假如你是眼镜店老板，“叔叔，赞助 200 块钱吧”，你说谁好意思拒绝？学校要设立专门的橱窗进行展示和评比，表彰一批小记者、小总编、小媒体经营人，太有趣了。

各班推选小班主任，举办多层次的班级管理论坛。由学生自己选出本班的小班主任，轮流担任。学校开班主任会让大、小班主任共同参与，学校的各项任务小班主任能及时知道并很快地行动起来，高效完成任务。对不熟悉班主任业务的低年级的小班主任，可以让高年级的小班主任来教这些低年级的小班主任。对于小班主任的考评，由各班学生自己来考评这些历任的班主任。总之，要相信学生，解放学生，利用学生，发展学生。

学校成立小广播站。广播站实行班级轮换制，每天由不同班级担任广播任务，内容要充满创意，形式要丰富多样，班级的广播员可以实行轮换制，让更多的学生得到锻炼，让广播站真正成为学生自己的一片精神天地，一个展示的平台。

殷都区教育体育局关于“全面推进主体多元教育、打造高效课堂”的实施方案（摘要）

［指导思想］

在主体多元教育理论指导下，通过学习“高效课堂模式”，坚持“全面实施、奋力突破、彰显特色、全面提升”的原则，把明确的课堂教学目标、科学的课堂教学过程、理想的课堂教学效果落到实处。

［推进目标］

①在全区全面推进主体多元教育，打造高效课堂教学模式，构建具有殷都特色的主体多元发展教学系统，树立我区教育新品牌。

②通过打造高效课堂，转变教师观念，深化课堂教学改革，全面提高课堂教学效率，促进学生全面和谐发展。

③培养一大批课堂改革的专业指导力量和教科研队伍，推动全区学校可持续发展。

④建立高效课堂的管理及评价体系，创建区域性高效课堂改革典型。

［组织体系］（略）

［实施过程］

①培训临帖，学习动员阶段

a. 学习动员

组织全区教师学习《高效课堂22条》《我要成为最佳的我》等书籍、

资料，树立教育要以学生发展为中心，诚心诚意让学生做主人，严肃严格进行基本训练、在课堂中落实三维目标的思想，做好实施前的理论准备工作。召开全区教师动员大会，统一思想，坚定信心，形成勇实践、学模式的氛围，鼓励各校大胆尝试、勇于实践探索，积极投入到打造高效课堂实践之中。

b. 外出考察

组织教科培人员和部分积极性高、专业水平高、勇做领头雁的骨干教师、名师外出考察。到杜郎口中学等高效课堂实施取得成功经验的学校学习考察。通过吸取经验、总结反思，结合实际，尽快进入课堂教学实践阶段，起到带动本校、辐射全区的作用。

c. 专家示范

聘请高效课堂专家到我区上高效课堂示范课。通过课堂展示，让广大教师直观了解高效课堂的教学环节、组织形式、教师学生的角色变化等，感受高效课堂教学的魅力，进一步树立课改信心，为下一步具体实践奠定基础。

d. 指导培训

聘请高效课堂专家对全区教师进行培训，使教师深刻理解高效课堂的本质以及实施意义，提升教师理念。同时聘请专家进驻各校，从操作层面进行课堂环节示范指导，如导学案的编写、小组建设、课堂形态等，使广大教师明确高效课堂的基本教学步骤，规范“临帖”，为具体实施做好准备。

e. 实践准备

各校要充分做好实践前的硬件和软件的准备工作。硬件包括教室黑板的补充和调整、课桌摆放，教师导学案等上课必备资料印刷的设备。软件包括高效课堂校园文化的创设，对教师思想的统一，学习的引领，以及对学生小组培训，各项制度的建立完善，指导专家的后勤保障等。

确保新学期全面推进高效课堂工作顺利进行。

②临帖实践，全面实施阶段

时间：2010 年 3 月至 2010 年 6 月

a. 驻校指导

提前把各校具体情况与专家沟通，让专家根据学校实际情况进行驻校指导。专家通过讲解、交流、示范课、听课、评课等方式对教师进行高效课堂模式的运用培训，使广大教师理解模式内涵，并逐步实施。

b. 强化训练

培训专家要对各校教师进行强化训练，3 月份每个双休日都要到校指导培训。此后，每月要根据实际至少到校指导 2 至 3 次。各校教师平时在课堂上实践探索，双休日接受专家指导，使每个教师尽快掌握高效课堂模式，上好临帖课。

c. 骨干示范

教科培中心和各个学校要在课改过程中发现积极性高、课堂转变快、善于学习提高的骨干教师，去培养帮助，给他们提供展示的平台，精心组织与安排观摩课、示范课、汇报课等，促使教师快速提高实施高效课堂的能力，促进课堂教学模式尽快转型。

d. 落实规范

各校要不折不扣地“临帖”，全面启动高效课堂改革评价机制，评价指标指向学生、学习小组、班级、教师、教研组的发展等。严格按规范操作课堂，保证每位教师不掉队。

e. 平台交流

教体局要围绕高效课堂专门举办校长论坛、教师论坛，以及小课题研究组织，定期举行不同专题的论坛活动，为全区提供交流经验、共同进步的平台。同时编写殷都区《高效课堂在行动》，报道高效课堂进展情况，编写《教育科研》，定期出刊，为教师提供经验交流、理论学习的平台。

f. 专家诊断

聘请的专家要定期对教师的课堂进行诊断，发现问题，及时提出整改意见。同时，专家要关注教师们教学中出现的共性问题，并组织教师提出问题，通过诊断，帮助教师解决问题，使高效课堂能顺利实施并真正体现高效。

g. 阶段验收

2010 年 6 月份，教体局和外聘专家组成联合验收组，对全区学校、教师进行阶段性逐人验收。通过验收检查，了解各校高效课堂运行的整体情况，督导检查教师临帖情况，确保临帖率能达到 100%，初步达到形似，并表扬先进，通报后进，树标立模。

③完善入帖，理论提升阶段

时间：2010 年 7 月至 2010 年 10 月

a. 提高完善

在临帖的基础上继续研究课堂运行模式，使教师通过反思—实践—总结—再实践—完善的过程，熟练运用高效课堂模式，并能跟进调整，守正纠偏，达到入帖的目的。

b. 分科研究

教科培中心、各学校要和专家一起组织中小学分学科的专项课堂示范课、研究课、竞赛课等活动，在活动中发现问题，解决问题。使各个学科能根据本学科特点和学生特点，在充分临帖的基础上，体现本学科特色。

c. 理论提升

在专家引领下，学校、老师要不断提高对高效课堂的深层次认识。研究课堂每个环节，完善自己认识和实践操作的不足，从原来的简单模仿到能从理论的高度来审视教学，真正提升实践能力和理论水平。

d. 积极探索

学校、教师要在实践研究过程中，结合实际，在积极探索主体多元高效课堂模式外，还要在调整教学计划、优化课堂结构、研制达标测评三个板块进行积极探索，构建完善主体多元发展教学系统。

e. 开现场会

教体局和专家组深入学校，及时发现高效课堂实施中的课改典型，帮助他们总结提升，形成特色，组织召开现场会，树立勇于探索、悉心钻研、多出成绩的风气，使学校和教师直观地进行观摩学习，推进高效课堂深入发展。

f. 督导检查

专家组、教体局要联合对各校的高效课堂实施情况有计划、有重点地进行督导检查，确保每个学校的每位老师在规定时间内入帖，推进高效课堂的顺利运行。

④总结破帖，彰显特色阶段

时间：2010 年 11 月至 2010 年 12 月

a. 资料收集

参与实践的各个部门要在整个高效课堂推进的过程中注意收集资料，不断整理归类，分析总结，以便掌握经验教训，挖掘创新因素，为我区今后主体多元教育实验的发展积累资料，提供依据。

b. 总结破帖

在高效课堂全区入帖的基础上，我们要总结高效课堂改革经验，逐步推陈出新，从临帖、入帖走向全面破帖，出台殷都区主体多元高效课堂教学模式。

c. 彰显特色

通过实践、研究、补充、提升的过程，构建出殷都区主体多元课堂教学发展系统。系统要彰显主体多元教育思想，完善调整教学计划、优化课堂结构、创建高效课堂、研制达标测评四个板块的实践研究，体现本区教育特色，树立我区的教育品牌。

d. 成果展示

进行我区打造主体多元高效课堂的成果展示。展示内容可以有静态和动态。静态包括原始资料、成果出版集、教师、学生导学案、学案、照片以及音像资料等。动态包括教师作课、学生展示等形式。通过展示体现我区主体多元教育的五项成果，即出质量、出经验、出理论、出名师、出名校。

e. 终结验收

请专家对一年来我区进行高效课堂实践的情况进行全面验收，综合评价。提炼经验、肯定成绩，找出不足，并指出今后的发展方向。教体局与专家要共同研究今后保障高效课堂常态化和下一步改革的步骤、措施。

f. 兑现奖惩

认真总结一年来的高效课堂实施工作，根据奖惩制度，对在高效课堂推进过程中涌现出来的先进学校和先进个人进行大张旗鼓的表彰。对措施不力、推行不力、效果不佳的学校和个人进行批评惩罚。

[制度保障]

高效课堂改革是一个系统工程，建立健全有关制度，才能确保其顺利实施，具体如下：

台账管理制度；督查工作制度；培训工作管理制度；实施高效课堂奖惩制度；名师、学科带头人评估制度；集体备课制度；导学案的编写、使用与检查规范；小组管理与评价方案；学生学习评价标准；高效课堂教学评价细则。

打造区域教育典型，构建高效课堂，是区委区政府结合中国教师报名校共同体高效课堂的成功经验和我区教育发展实际确定的发展目标，是实施主体多元教育的突破口，将作为我区教育下一步发展的重点工作。在实施过程中，各校一定要坚持改革方向，严格按照方案组织实施，勇于探索，扎扎实实，讲究实效，确保取得预期效果。

2010 年 1 月 7 日

殷都区主体多元高效课堂首届教学节活动方案（摘要）

[指导思想]

为了强力推进主体多元高效课堂建设，把主体多元教育实验研究引向深入，坚持"以赛促教、以赛促学"的原则，通过全区师生人人参与首届教学节活动，使每位教师基本掌握"双向五环"教学模式，使优秀教师形成"双向五环"高效课堂的教学风格，创造出适合学生发展的课堂，使学生的主体性得到积极的发展、智慧潜能得到多元的开发，实现教学相长、育人质量提升的目标，努力开创实施"双向五环"高效课堂教学工作新局面。

[活动内容与步骤]

本活动共分三个阶段，具体内容安排如下：

第一阶段（3 月 2 日—4 月 30 日）过关大练兵

①要求

掀起人人学习模式、实践模式的基层大练兵活动，形成人人过关的群众运动。"固模过关"率每校不低于 80%。

②组织单位与组织方式

a. 由学校按照区教科培中心制定的"固模过关"评价标准，组织每位教师参与"双向五环"展示课活动。

b. 由教科培中心、名校共同体组织培训后，各校组织验收团对教师逐个验收，并将"固模过关"达标者认定为"合格教师"。

c. 由专家、教体局领导、有关股长、教科培中心人员组成督导检查团，分三个片区对各校“固模过关”工作进行督导检查。采用一问（问卷调查）、二看（动态表现、静态展示）、三听（听课、听校长汇报、听师生反映）、四查（导学案、教师读书笔记、学生质量达标、校长上课听课情况）等方式，对各校“固模过关”工作的开展情况，以及三个重点（导学案、小组学习、课堂检测）、三个难点（大班额、低年级、小学科）、工作亮点和突出存在的问题进行督导检查。在督导检查过程中都要有师生代表参加，调研结果必须向师生反映，特别要听取学生的意见。

③奖惩办法

a. 以学生满意率为主要参数。凡在“固模过关”阶段成绩突出或工作不力的学校，殷都区教育体育局将给予相应的奖励与惩罚。

b. 凡在“固模过关”阶段成为“合格教师”的人员，将由学校颁发“合格证书”。

c. 凡在“固模过关”阶段，课堂教学没有合格的教师，本学期继续实践，争取早日过关，学期结束仍不过关的正式教师，将参加2010年暑期殷都区教育体育局组织的有关学习班进行培训。课堂教学没有合格的临时教师一律辞退。

第二阶段（4月30日—6月10日）百课大赛

①“百课大赛”的含义

是指全区大多数教师参加的多学科、多层次的课堂教学比赛，是一次基层练兵活动。不是指参赛节数仅有一百节课。

②举行“殷都区主体多元高效课堂首届教学节”启动仪式

时间：2010年4月22日

主要内容：

a. 在《教育时报》、《安阳日报》、安阳电视台做好媒体宣传工作，营造浓厚的首届教学节活动氛围。

b. 邀请市区领导、全国有关专家、五家主办单位领导参加教学节启动仪式，使教学节启动仪式高规格、高层次。

c. 在启动仪式上小结前阶段我区“双向五环”高效课堂推进工作，并安排布置百课大赛具体工作。

d. 由校长、教师、家长、学生代表发言。

③比赛程序与办法

片区百节优质课选拔赛：

a. 凡“固模过关”达标的“合格教师”，均可自主申报“百课大赛”校级选拔赛。

b. “百课大赛”将分三个片区进行，各片区根据申报人数、学科等情况，具体制订片区赛方案。教学节主办单位及片区有关人员从中评选出百名教师百节优质课，并经评委会合议，从中选出 30 节示范课。

10 节精品课选拔赛：

a. 评委组成：由殷都区教育体育局教科培中心、中国教师报名校共同体、《中国小学教育》编辑部、《中国教师报》编辑部、共青团中央《辅导员》杂志社、学生评议小组、家长评议组联合组成。

b. 评选办法：由评委会组织 30 节示范课入围者进行第二轮比赛，从中评选出 10 节精品课。

领军人物评选：

教学节主办单位及有关人员将从百课大赛精品课教师中，从学校校长、业务副校长、教科培中心人员中，从教体局领导中，评选出主体多元“双向五环”高效课堂 10 位领军人物进行表彰奖励。（具体评选办法另行规定）

第三阶段（9 月）总结表彰

①举行“殷都区主体多元高效课堂首届教学节”总结表彰大会

a. 命名：对百节优质课、30 节示范课、10 节精品课教师、10 位

“领军人物”和100位“最佳小组长”、10位“最佳的我”的学生进行命名表彰。

b. 奖励：奖励分荣誉奖励和适当的物质奖励。

拟定表彰大会与教师节表彰大会合并进行，各个学校、各位教师在本次教学节活动中的表现，作为教师节先进集体、先进个人表彰的主要依据。

c. 业绩宣传：教学节主办单位以及支持媒体要从不同角度对教学节、对获奖教师、领军人物、获得“最佳的我”的学生进行宣传报道。

②组织报告团

组织精品课教师及领军人物、“最佳的我”组成主体多元“双向五环”高效课堂报告团，奔赴各校及全国各地讲学、进行现场作课，全面介绍和展示主体多元高效课堂实践与成果。

殷都区高效课堂建设百师会战实施方案（摘要）

经过一学期的高效课堂教育改革实践，在取得显著成效的同时，还存在领会实质不透彻、模式运用不熟练、学科特色不鲜明、学校发展不均衡等诸多亟待解决的问题。为了巩固课改成果，深化教学改革，彰显学科特色，突出学段特点，安排中国教师报名校共同体专家和我区课改骨干教师，于2010年11月10日—12月31日，开展高效课堂实践操作百师会战活动。为此特制订本活动方案。

[指导思想]

立足于现阶段我区主体多元高效课堂“双向五环”教学基本模式的实施运行现状，遵循问题出在课堂、问题在课堂解决的原则，针对我区中小学高效课堂建设中出现的问题，围绕导学案编制与使用、小组建设、有效展示、当堂检测等高效课堂建设关键问题，组织全区优质课、示范课、精品课“三课”教师、领军人物和中国教师报名校共同体专家名师，开展百师会战活动，通过让专家和名师进校入班，现场示范，全面指导，规范教学行为，研磨教学细节，体现学段特点，彰显学科特色，进一步完善教学模式，实现“巩固、深化、求成”的课改目标。

［攻坚目标］

①中国教师报名校共同体专家团中期评估提出的问题；

②教科培中心驻校教科研人员调研发现收集的问题；

③三课名师、金耀林名师工作室成员调研发现收集的问题；

④通过专家进校入班培训，进行课堂操作指导，规范动作，研磨细节，进一步完善高效课堂教学模式，增强和提升教师高效课堂实践操作能力。

［攻坚形式］

①示范教学。由中国教师报名校共同体课改名师、我区首届教学节“三课”名师和金耀林名师工作室成员进校入班，通过名师示范，专家点评，教师研讨，交流互动，分学科培训，分学段指导，进一步规范教学行为，研磨教学细节，彰显学科特色，完善教学模式。

②专题报告。由中国教育学会小学教育专业委员会高端专家、中国教师报名校共同体课改专家和殷都区首届教学节成长中的领军者做高效课堂建设专题报告。

［攻坚安排］

百师会战分四个阶段进行：

①动员准备阶段（2010 年 11 月 8 日—11 月 12 日）

a. 制订攻坚方案；

b. 收集整理问题；

c. 召开攻坚动员大会，明确任务；

d. 百名优质课教师针对学校存在问题（示范课、精品课教师针对全区问题）进行选题备课。

②百师会战阶段（2010 年 11 月 15 日—12 月 31 日）

a. 11 月 15 日－11 月 19 日，首届教学节优质课教师在所在学校开展攻坚探讨活动；

b. 11 月 22 日－12 月 3 日，首届教学节示范课、精品课教师和金耀林名师工作室成员分别到全区各中小学进行示范引领；

c. 12 月 05 日－12 月 9 日，成长中的领军者作高效课堂建设专题报告；

d. 11 月 15 日－12 月 31 日，邀请共同体专家分片区进行大型攻坚会战。

③成果展示阶段（2011 年春季）

④总结提升阶段（2011 年春季）

安阳市殷都区教体局教科培中心

2010 年 11 月 7 日

德育系列——殷都实验中学德育实验研究样本

实验背景简述

殷都实验中学是2005年新建的一所农村九年一贯制学校，学校位于正在城市化边缘的农村，农民与市民生存方式的碰撞、计划经济残存与市场经济思维方式的交织，使学生面临的家庭环境和社会环境呈现出许多新的特点，同时学校的德育工作更加复杂化。从2006年开始，学校承担了国家级课题“少年儿童主体多元发展实验研究”。根据学校实际，在姚校长指导下，学校确立了以德育为突破口开展课题实验。学校德育是一项复杂的系统工程，它包括诸多的相互关联、相互制约、相互作用的因素。德育效果的取得有赖于诸因素的协调一致、形成合力与共同发挥作用。随着我国社会主义市场经济的不断深化，影响学校德育及作用于学生思想品德形成和发展的诸多因素都在发生着显著变化，致使学生思想品德出现许多新情况，并且形成一些新特点；深化对这些特点、要素的变化的认识，才能正确理解新时期德育工作的要求，进行一步明确我们的目标、方法和途径，才能为做好这项工作提供可能，是我们做好德育实验的重要保证。进一步研究如何加强和改革学校德育工作即显得十分重要。为此就需要对现实的德育进行一次客观分析，在认真总结成功经验和发现问题的基础上，进行思考，从德育工作的原理和学生特点出发，进而创建一个适应并促进社会进步和学生主体性发展相统一的中小学德育新格局。基于这样认识，五年多来，在德育实验中我们着重进行了一些行动研究。

分析德育现状，明确任务目标

从新中国成立以来，学生德育一直放在我国教育工作重要地位，“德育为首”成为广大教育工作者的共识。但在回顾和反思我国中小学建设特别是改革开放三十多年中小学德育建设的历程时，从中分析出以下问题：一方面，国家、学校、社会越来越认识到德育的重要性。党的十一届三中全会后党和国家领导人的多次讲话，党中央与国务院下达的多种文件，都再三强调切实重视加强和改革学校德育。小平同志提出“一定要从娃娃抓起”。江泽民同志在《关于教育问题的谈话》中指出：“教育是一个系统工程，要不断提高教育质量和教育水平，不仅要加强对学生的文化知识教育，而且要切实加强对学生的政治思想教育、品德教育。”胡锦涛同志提出了社会主义荣辱观等。2004 年 2 月 26 日，中共中央国务院发布了《关于进一步加强和改进未成年人思想道德建设的若干意见》。教育部为落实中央指示，加强学校德育工作，也采取诸多措施，多次就中小学规划进行优化和调整。长期以来，我们学校的校长、教师在德育工作中努力探索，付出了自己的心血和汗水。但从我国的德育效果来看，并不明显，学生的思想道德水准亦往往不尽如人意，在不断加强德育工作的背景下，少年儿童的德育工作却越来越形式化、成人化、虚无化和边缘化。那么，造成德育过程“投入”与“产出”明显反差的原因是什么呢？关于德育工作中存在的问题，很多人从理论上进行分析，在工作中改进方式，也得出了一些结论，但并没有从根本上找出解决的途径和方法。我们认为要想真正找出解决当前德育存在的问题的途径，就需要进行深入调查，全面客观分析，从事实中找出问题，才能针对问题有的放矢地进行解决。否则，这个问题弄不清楚就难以确定德育实验的途径、目标和任务。于是在姚文俊先生的指导下，我们围绕学生思想品德的现状和学校德育工作形势这两个问题拟定了若干个题目，通过问卷、座谈、心理咨询、个案分析等方法，向社会、家庭、教工及学生进行情况调查，然后对获得信息与资料予以综合整理统计分析，多次组织专题研讨，求得对问题的共识。经过上述一番努力，我们较为深刻地认识到：

随着我国社会主义市场经济地位的确立和改革开放的深化，社会发生了巨大变化，中小学生的思想品德也出现了许多新特点。如：他们向往未来，有一定理想目标，呈现多元化、个性化特点，但缺乏艰苦奋斗的思想准备；他们的道德认识更为丰富，但缺乏良好的道德行为习惯；他们视野开阔，思想活跃，有一定的主见，但辨识荣辱是非、美丑善恶的能力不强；他们学习条件好，学习机遇多，智力发展快，但缺乏良好的个性心理品质，非智力因素训练较差；精力充沛，喜欢交往，自尊心强，但独立生活能力锻炼不够。另外网络通信等新的信息技术使少年儿童掌握的信息量大大增加，但对信息的处理能力，分辨能力不强，社会结构变化快，学生对社会变化处理方式简单、片面等，对这些新的特点和要素，并没有成为当前德育工作的考虑因素或工作重心。

另外，据调查材料表明，随着社会的转型，学生的道德观、价值观也在发生着不小的变化。现在的中小学生：①金钱意识增强，乐于物质享受，想有钱，会弄钱，敢花钱，学生之间经济交往非常普遍，经济意识大为增强；②经济条件和社会关系攀比意识增多，同学间比吃穿，比富贵，比家庭条件、比父母能力和社会关系，家庭、社会背景对孩子的人生观影响较大；③竞争意识增强，在学习活动、荣誉面前有竞争，但竞争过程中有的自私心理增强了，集体意识淡薄了；④崇拜对象有变化，过去崇拜领袖、英雄，现在有的转向崇拜富豪、官员和明星、⑤对职业选择也发生变化，有的想当官，有的想成名成家，有的想挣大钱，工人、农民等平凡岗位职业很少被人提及；⑥交往意识增强了，现在中小学生喜欢社交，爱交朋友，但交往方式低俗化，同学间互祝生日，送礼品，还有认干亲，甚至拜把子、结团伙；⑦自主意识增强了，有的敢说敢做，不愿受约束，有机会就表现自己。目前中小学生出现的这些变化，说明人思想品德的形成和发展都具有一定的时代特色，是社会的影响，时代的反映。学校德育应主动适应社会进步和学生个性发展的需要，恰恰在这个问题上，我们调查研究不够，缺乏正确有力的对策。

德育效果不能令人满意的原因是多方面的，有社会大环境的消极影响，也有学校对德育缺乏全面深刻认识，导致德育不到位问题，但更为重要的原因则是：这些年来学校德育忽视深入研究教育对象，不去下大工夫弄清楚在改革开放和社会主义市场经济条件下学生的思想品德现状与出现的特点，以及如何从实际出发使德育真正做到“入脑入口”，提高德育工作的实效性是我们亟待解决的问题。实效性来源于针对性，对牛弹琴的教育是很难收到理想教育成果的。从目前来看，学校德育在观念、内容、方法及途径上，明显地滞后于变革的社会现实，落后于当今学生的实际需要。

这些年来，中小学德育比较注意从儿童年龄特点出发研究德育的方法方式，尽量克服成人化、形式化，力争教育的趣味性、多样性等方面进行了有益的探索，也取得了一些成绩，但研究时代特点和社会环境对儿童思想品德形成与发展的影响，以及怎样适应社会发展，按照党和国家的需要塑造一代新人的灵魂投入不够，这样一些德育活动缺失了目的性和针对性，是德育工作形式化、空洞化的重要原因。这些年来，中小学德育开始重视研究促进学生发展，注重培养学生主体意识与独立自主能力等，这在一定程度上满足了学生的道德需要，起到了较好的效果，但对学生个性品德发展研究，开展心理健康教育，进行心理辅导做得欠足，使得德育工作不尽如人意。因为心理建康教育认识上的缺失，在德育教育过程中，还经常出现将学生的一些心理现象误视为道德品质问题，不能从心理健康角度对进行分析、引导，而是进行批评，伤害了少年儿童的幼小心灵。例如对待"儿童撒谎"现象，很少有人从心理问题角度分析，而更多的是作为一个简单的道德问题去解决。

又如，在德育内容方面，过去很长一段时间，常常把某一时期党和国家的路线、方针、政策作为主要甚至唯一的内容采用成人化方式进行说教，在德育过程中未能充分重视学生生动活泼地发展，德育目的简单化现象十分普遍。教育要促进人的社会化，被片面地理解为对社会的顺应，而很少强调把人培养成改造社会的主体。现实德育内容和目的的简单化使德育工作始终存在着空泛、狭窄、无序等问题，这些问题使我们德育工作变得与少年儿童主体性发展的现实不相适应，德育工作的效果也自然会大打折扣，出力不出效成为德育工作中的普遍现象。

再如，在德育方法上，只是把学生作为一个受体，仍存在忽视学生主体地位和学生主体性的发展的现象。当前的学生并不都在平等、民主、和谐的环境中生活，他们受到来自多方面不应有的限制和束缚，独立人格得不到应有的尊重，自主权利得不到必要的保证，兴趣爱好得不到充分发挥，个性差异亦得不到合理的承认。在德育过程中，没有把学生的主动性作为德育工作的出发点，根据学生个性需要进行引导，让学生主动去做什么，而是把"不要"、"防堵"作为立足点，不注重积极疏导并调动学生的积极因素，两眼过多地盯着学生的缺点毛病，教育手段简单，将批评与惩罚作为常用的常规教育方式，学生在受动过程中接受教育。学生教育本身就是扬长教育，学生道德发展是主体性的发展，我们常规方式所培养的人常常表现为处在被人支配的地位，而不能根据自己的需要、愿望、爱好自主地选择适合自身的教育，这种方式培养的学生常常表现为缺乏进取精神，害怕困难，回避矛盾，缺少主动参与、大胆竞争等自我表现能力；常常表现为盲目随众，不善独立思考，追求循规蹈矩，缺乏理解分析与实际解决问题的能力。很显然，这种方式下培养的学生，在学生个人发展上限制了学生的主体发展，所培养的人也无法适应以高扬人的主体性为主要特征的知识经济社会的需要。

由此可见，随着改革开放和社会主义市场经济的深入发展，原有学校德育已不能很好地适应社会进步与儿童发展的需求，必须在新形势下，研究并创立学校德育的新格局。

中小学教育是面向未来的大业。未来社会将是高扬人的主体性的社会，它要求学校培养的人，必然是具有自尊自信、自我控制、独立判断决断、自觉自理等独立人格的人；必然是有较高的成就动机、强烈的竞争意识、广泛的爱好和较强的社会适应能力的人；必然是有创新意识、创造性思维能力和动手实践能力的人。这样的现代人的突出特点应该是具有为国家富强及人民富裕而艰苦奋斗的献身精神，应该不断追求新知识，具有实事求是、独立思考、勇于创造的科学精神。中小学德育是社会主义精神文明建设的奠基工程，是我国社会主义性质的一个标志，它在学生的发展方向上起着主导与保证作用，是一条培养现代人的重要途径。研究如何加强并改革学校德育工作，无疑是关系到提高整个中华民族的思想道德素质，培养社会主义现代化的建设者与接班人的大问题。因此，创建中小学德育新格局，将成为我们实验工作的一项至关重要的任务。

目标与个人发展相统一，构造德育新体系

当前中小学德育即思想品德教育，它包括思想道德教育和以文明行

为作为重点的养成教育。虽然也提及品德心理教育，但内容与力度都远远不够。学校德育有关内容的确定，往往把党和国家提出的德育目标作为依据，常常不顾学生的思想品德心理现状，致使目标要求与受教育者思想心理特点错位，德育效果不太令人满意。我们认为，构成学校德育内容体系的基本依据应是德育目标和学生发展二者的统一。以德育目标为依据，则能保证德育内容的方向性和引导性；以受教育者思想心理特点为依据，则能使德育内容具有一定的层次性和坡度，藉以增强其针对性和可接受性。结构合理的德育内容体系应建立在这两个科学依据的交汇点上。五年多来，德育实验在初步构建目标要求与学生发展相统一的德育内容新体系上，着手进行了以下探索：

1. 建立中小学德育内容体系的理念思考

现在中小学对学生进行的是马克思主义思想道德教育。随着社会的进步、经济的发展以及学生思想品德的变化，需要建立以中国传统美德为源头，以马克思主义道德教育为主流，以西方积极价值观教育为干流的新的德育理念体系。如图所示：

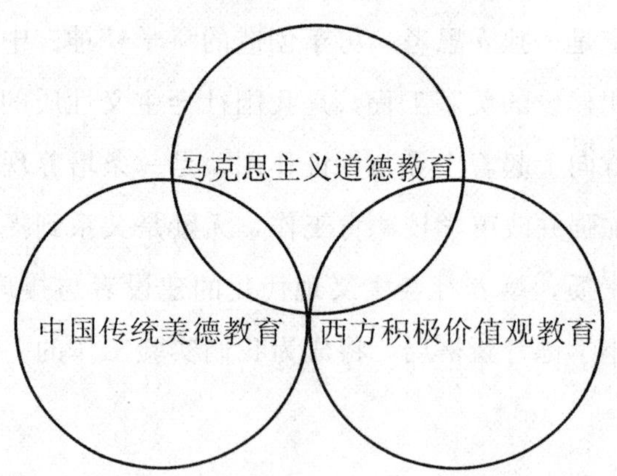

马克思主义道德教育是以“五爱”为基本内容，以集体主义教育为核心，在德育体系中居于主体地位和指导地位；中国传统美德教育是以品德修养为主要内容的做人教育，做人的核心是“仁”，即爱人、爱众，

它在德育体系中具有“根”的性质，居于基础地位和源头地位；而西方教育强调人的自我意识，注重个人价值，它在德育体系中居于借鉴地位和参考地位。新的德育理论体系的三大要素并非各自处于并列状态，而是处在一种相互联系的辩证关系之中。比如，作为马克思教育核心的集体主义教育，以及由此而来的爱国主义教育、社会主义教育、忠于人民、全心全意为人民服务的教育，完全可以从中国传统美德中摄取养料，至于人格精神、意志品质、内心修身等更是中国传统美德教育的特色。学习和继承这些美德，将会极大丰富马克思主义道德教育的内容体系。再如，西方德育中高扬的竞争观念、效益观念、正当的个人利益观念及自主自治观念等，也是我国当前建立社会主义市场经济体制进程中所提倡的。因此，创造由马克思主义道德教育、中国传统美德教育和西方积极价值观教育，这三大理论所组成的德育体系框架、蓝图，将会有力促进中小学德育新格局的建立。

2. **中小学德育内容体系的构想**

我们经历多年的德育实践，逐步认识到现在中小学德育内容体系需要予以充实完善，迅速形成以“五爱”为基本内容，以集体主义教育为核心的思想品德教育，以良好的行为习惯和正确的礼仪规范为重点的养成教育，以及以修养人格为中心的品德心理教育为主要内容的三维体系。我们在构建新的内容体系时，坚持思想品德教育以“情”为中轴，重点发展学生的认识和培养五爱情感：爱惜生命、孝敬父母、关心他人、热爱集体、报效祖国。养成教育以“行”为重点，通过实践锻炼养成五好习惯：勤学好问、勤劳节俭、文明礼貌、遵纪守法、整洁健身。品德心理教育以“人格修养”为中心，通过内化过程培养五自能力：独立自主、自觉自理、自我表现、自我调控、自我评价。以上简称“三五”教育。情感是基础，能力是核心，习惯是目的，三者之间相互联系、相互促进，组成一个有机整体。现列纲目于下：

“三五”教育
- 五爱情感
  - 爱惜生命
  - 孝敬父母
  - 关心他人
  - 热爱集体
  - 报效祖国
- 五好习惯
  - 勤学好问
  - 勤劳节俭
  - 文明礼貌
  - 遵纪守法
  - 整洁健身
- 五自能力
  - 独立自主
  - 自觉自理
  - 自我表现
  - 自我调控
  - 自我评价

3. **对学生思想品德发展的基本要求**

“三五”教育提纲，构成了学校德育的蓝图，但学生在德育过程中如何发展，达到什么水平，也必须有个明确的基本要求。为此，我们根据“三五”教育的主要内容，比较详细地制订出对学生思想品德发展的基本要求。列表如下：

①五爱情感

内容	基本要求
爱惜生命	(1) 珍惜自己和他人的生命，注意人身安全，学习自我保护。 (2) 不伤害鸟类和有益动物。 (3) 爱护花草树木。 (4) 保护环境，减少污染。

孝敬父母	（1）关心父母身心健康，父母有病时主动侍候。 （2）听从父母正确教导，不惹父母生气。 （3）在吃穿上首先想到生养自己的父母。 （4）体谅父母，主动帮父母分忧解难。
关心他人	（1）尊敬长辈，爱护幼小。 （2）尊敬老师，友好同学。 （3）主动帮助有困难的人和残疾人。 （4）亲友邻里和睦相处。
热爱集体	（1）维护集体荣誉，不做有损集体名誉的事。 （2）做集体的小主人，尽力为集体做好事。 （3）积极参加集体开展的一切活动。 （4）个人服从集体，少数服从多数，坚决执行集体决议。
报效祖国	（1）尊敬爱护国旗、国徽，会唱国歌，时刻想到“我是一个中国人”。 （2）初步了解历史和现状，树立中华民族的自豪感。 （3）祖国利益高于一切，自觉维护祖国尊严。 （4）学习继承先烈爱国精神，立志为祖国富强而勤奋学习。

②五好习惯

内容	基本要求
勤学好问	（1）喜欢与书交朋友，自觉读书学习。 （2）刻苦学习，积极思考，善于联想，勇于克服学习中的困难。 （3）喜欢问各种各样的问题，什么都想弄明白。
勤劳节俭	（1）热爱劳动人民，珍惜劳动成果。 （2）积极参加各种力所能及的劳动。 （3）不挑吃穿，不乱花钱。
文明礼貌	（1）待人接物，会用尊称和礼貌用语。 （2）诚实守信，主持公道，敢于批评不良行为。 （3）团结合作，谦让宽容。 （4）不说脏话粗话，不打架骂人。
遵纪守法	（1）在家守规矩，在校遵校纪，在社会守公德。 （2）学法、知法、守法。 （3）善于与一切违法犯罪行为作斗争。
整洁健身	（1）讲究个人和环境卫生，预防各种疾病。 （2）保护视力，注意学习卫生。 （3）天天坚持锻炼身体，积极参加文体活动。

③五自能力

内容	基本要求
独立自主	(1) 知道自己是一个独立的人，自觉维护自己的形象，不允许别人侮辱自己。 (2) 相信自己的能力，不自卑。 (3) 有主见，不盲从，独立判断决断。
自觉自理	(1) 生活上能自己照顾自己，自己能做的事情自己做。 (2) 上学时带齐学习用具，学习上不用家长老师督促。 (3) 办事有条理，能够自己解决一些生活学习上的困难。
自我表现	(1) 课堂上踊跃发言，主动参与各种活动，力求担当活动的积极分子。 (2) 大胆竞争，勇于挑战，喜欢标新立异。 (3) 敢于发表自己的看法和见解。
自我调控	(1) 遇事能三思，行为不盲从。 (2) 能自觉调节和控制自己的感情。 (3) 有毅力，能抵抗外界不良影响和干扰。
自我评价	(1) 对任何事情都有自己的看法。 (2) 能看到自己和他人优缺点，对自己和他人评价客观公正。 (3) 能做到批评和自我批评。

研究德育特点，优化实施途径

学校德育是社会总影响的有机构成，研究学校德育不能脱离社会联系孤立进行。学生的生活实践任何时候都脱离不了社会环境，他们在接受学校教育之前或同时，总是时时接受来自社会各个方面的影响，更何况学校德育本身的内容与形式也要在其影响之下发生变化。因此，我们不仅要对学校德育内部系统的可控作用加以探讨，而且还必须对其外部系统的调节作用进行研究，使德育外部调节作用与内部可控作用形成合力，才能提高德育的效果。

中小学生在每天的学习及生活中，一方面受着学校有目的、有计划、有组织的系统教育，另一方面也受到以环境教育为基本特点的家庭教育。家庭教育虽不是依据一定的大纲、教材来进行，但每个家庭的道德环境、学习环境、生活环境等对学生产生的潜移默化的教育与影响绝不能低估。特别是计划生育以来，家庭规模变小，独生子女家庭增多，再加之一些家长的道德观念、价值观念及生活方式的变化，家庭教育对孩子的作用与影响越来越大。学校教育虽然起主导作用，但它不能完全控制和掌握影响学生思想品德形成与发展的全过程中的其他因素。因此，只有把学校的系统教育同良好的家庭教育有机结合形成合力，才能保证德育任务得以全面实现。

学校德育是一个独立的实体，有其自身发展的规律及客观规律性，那种"以智代德"、"以法代德"或"完全寓他论"都是有意或无意诋毁、否定德育独立实体性及德育价值的观点，我们必须理直气壮地维护德育在学校的重要地位，并进一步强化德育功能，千方百计地将德育任务落在实处。但中小学德育又明显具有结合性、渗透性、贯穿性和蕴含性等特点，可以说它无时不有，无处不存，没有时空界限。因之，德育计划的落实同目标任务的实现，需要通过多种渠道多样途径。就学校内部而言，除专门的德育途径之外，还需要寓德育于各科教学之中，寓德育于各种活动之中，寓德育于师德建设之中，寓德育于各项规章制度之中和寓德育于学校环境之中等。基于上述认识，我们把学校、家庭、社会作为德育途径的基本要素，并构建起以学校德育为主的网络化的三维德育途径系统。在实践教程中，我们又对德育基本途径中的每一要素的功能进行具体分析，并提出了不同的任务与要求。

1. **社会：**我们认为社会途径的基本要素应该由社会教育力量、教育阵地和实践活动来组成。

(1) *教育力量*——社会教育力量虽然很多，我们认为主要有以下六种。为了有效地发挥其教育作用，我们分别组建：由在职的党政机关和村两委和企业代表所组成的社区协调教育委员会。主要任务是宣传贯彻党的教育方针，引导全社会都来尊师重教，学校把乡政府有关领导和村两委领导聘为学校发展顾问，成立顾问委员会和协调委员会，定期召开会议，就学校工作进行汇报和研究，提高了领导干部尊师重教的积极性和自觉性。由离退休的老干部代表所组成的关心下一代工作委员会，开展关工委进校园活动，利用他们丰富的政治思想工作经验，充分发挥他们的余热，对少年儿童进行传统教育，培养有理想、有道德、有文化、有纪律的社会主义建设者和接班人教育，实现革命传统教育与现代德育的对接。由各行各业中的先进人物代表所组成的模范事迹教育团。如学有所成的学校校友、成功企业家、作出突出贡献的农民等，主要是通过模范事迹，激发学生热爱社会主义祖国和社会主义事业，培养其为国家富强和人民幸福而奋斗的献身精神。由各种一技之长的人员代表组成儿童兴趣活动辅导站。主要任务一是通过到校参与学校社团辅导对学生进行德育渗透，现在学校有 5 个社团的辅导教师为社会人士；二是组织学生开展学习科学家、名人的高尚品质，进而培养他们不断追求新知、实事求是、独立思考、勇于创造的科学精神。由教子有方的家长代表所组成的家长工作委员会组成家长讲师团对其他家长进行教育。主要任务一是提高家长参与教育意识和能力，进而使家庭教育与学校教育协调一致，形成合力；二是就家庭教育方法和措施相互交流，促进家庭教育整体水平的提高。由社区干警中的代表组成校外教育活动站。主要任务一是开辟社会教育阵地，组织开展实践活动；二是通过聘请法制副校长、校外辅导员等，使他们成为学校长期社会法制教育资源，有效地对学生进行社会主义法制教育。

（2）教育阵地——社会德育阵地有显性的，如妇女儿童活动中心、烈士陵园等，这些资源的教育目的和目标都非常明确；但也有隐性的，如当地的名胜古迹、自然风光以及工厂、农村、部队、商店等。我们在德育过程中，一方面主动联系校外教育机关，如博物馆、烈士陵园、少年儿童活动中心等，充分利用当地名胜，如天盛寺、五龙庙、殷墟、岳飞庙、西门豹祠穴等，再者利用社会资源如安阳污水处理厂、水厂、消防队、蔬菜研究所等。这些都作为我们固定的经常性的教育阵地，发挥其独特的教育作用。另一方面，我们还富有创造性地开拓动态服务的教育阵地，如在各村老年活动中心建立了“红领巾之家”，在敬老院建立了“温馨服务站”，在社区还建立了送温暖“小车队”等，以便于孩子们有组织、有计划地按时到既定教育阵地多渠道开展实践活动。

③实践活动——目前初步实践以下四种活动：

城乡联谊手拉手活动，与安阳市人民大道小学、邯郸人民小学建立长期联谊活动等；夏令营、冬令营系列活动等；考察万金渠、洹河、地方风土人情系列活动等；组织学生开展社会实践周、参加三夏、三秋和到周围工厂活动等。

2. **学校**：除了校级德育、班级德育及少先队组织对学生进行德育等途径之外，还对以下几种途径进行了一些探索。

(1) 寓德育于各科教学之中

各科教学既包括科学文化知识的传播，又包括思想品德教育，是科学性与思想性的统一。各科教学应用知识本身的科学性和教育意义去吸引并影响学生，不把知识传授与品德教育割裂开来，分道扬镳。如科学课内容所涉及的自主探究精神，历史上的爱国主义精神等，真正实现寓德育于各科教学之中，实现学科知识与思想教育的统一。在姚文俊先生的指导下，我们组织编写了《各科教学实施德育细则》共十八个学科，两万余字，已成为各科教师对学生进行德育的主要依据，做到有的放矢，确保寓德育于各科教学之中的落实。

(2) 寓德育于各种活动之中

在五年多来的德育实施过程中，我们摸索出三种较好的德育活动，并取得良好效果。一是集中性的教育活动，即根据形势和任务的要求，并针对学生的思想状况，在一个时期内围绕一个主题，集中开展一些教育活动。根据学校特点，我们设计了德育活动月活动，每个月有一个主题，围绕主题开展活动，如九月份的行为习惯养成月、十月份爱国主义教育月等，实现主题活动常规化。二是传统性的教育活动，即我们按照节日制订《主要节日纪念日活动表》，出台活动指导意见，以便有计划、有针对性地开展经常性的教育活动。三是在校内外开创多种教育阵地，各班学生可在规定的时间、地点，有选择地参加自己所喜爱的阵地活动。

(3) 寓德育于师德建设之中

为了充分发挥师德的示范作用，我们根据《中小学教师职业道德规范》要求，在主体多元教育思想的指导下，制订了《师德守则》《职工道德实施细则》等，要求教师树立用智慧点燃智慧、用心灵启迪心灵、用主体唤醒主体、用生命映照生命的工作理念。对教师提出了“五要五不要”：要面向全体学生，不要只抓少数尖子；要全面关心学生发展，不要重智轻德忽视体育；要亲近尊重学生，不要用简单粗暴的态度责罚学生；要多做调查研究，不要武断处理问题；要既做学生的老师，又做学生的朋友，不要孤立、讽刺后进学生。三同六带头：与学生同受教育，同参加劳动，同上操做游戏；要带头尊老爱幼，带头使用礼貌用语，带头爱护公物，带头值日扫地，带头改正缺点错误。做到“三个一”：坚持给一个后进学生交朋友，调查分析一个学生成长过程中的发展变化、规律，经常为学生办一些好事。通过加强师德建设，使学校德育工作渗透到教师工作的方方面面，在做好学生德育工作的同时，做到教学相长，教师的师德水平也得到了不断提高。

(4) 寓德育于环境建设之中

学校环境对学生道德发展的影响是长期的、潜移默化的一个过程，我校先后投资十余万元，根据学校特点，对学校德育外部环境进行了优化，例如：用温馨提示代替要求、用名人名言激励学生、把学生座右铭、励志语言、教师对学生的期望制作成展板等方式营造良好的德育氛围，为环境育人创造了良好的条件。为有效解决学生的心理问题，防止心理问题道德化、品德化的倾向，学校在加强教师心理教育的同时，成立了心理咨询室和心语信箱，定期开展心理咨询活动，促进了学生道德心理品质的发展。

3. **家庭**：家庭教育的基本特点是环境教育。

为了提高家长教育孩子的能力，我们采取了以下措施：一是通过举办家长学校，对家长的家庭德育建设能力进行培训，提高家长创建家庭道德标准、家庭学习环境和家庭生活环境的能力，进而协同学校一起教育好自己的子女。近年来，除了按照学校家长学校教学计划每学期对家长进行不少于16个学时的培训外，每学期学校都要邀请家庭教育专业人士如：马耀昌、英才教育集团、汇智家教中心等到校给全体家长进行家庭教育报告，就家庭教育诉求、要求和途径对家长进行指导。二是开展阳光家庭创建活动，设立“书香家庭”、“爱心家庭”、“敬老家庭”等十二个阳光家庭标准，通过持续开展阳光家庭创建、评比活动，让家长积极主动有计划地改进家庭德育环境，进一步提高了家庭德育环境水平。三是开展心理咨询服务活动，及时总结推广教子有方的家教经验，让家长以身说“法”，相互学习、相互启发、共同提高，不断提高家长德育环境水平。为提高家长对家庭教育环境认识，学校根据主体多元高效课堂理念，创造性创建了“家庭教育体验式培训”模式，形成了学校特色，培训上通过让家长亲自参与模拟阳光家庭的创建，切实感受到家庭环境教育的重要性，并根据自己家庭的特点，感悟出自己家庭环境建设的方向。

发展学生主体性方法实例

主体性是人所具有的本质特性。它一方面表现为人对客观世界自觉能动的掌握，另一方面表现为人对客观世界自觉能动的创造，集中体现为人的独立性、主动性、创造性。培养学生的主体性，使其一方面具有主体意识，另一方面发展主体能力，才能真正实现生动活泼主动的发展。学校德育是一种做人的教育，它在学生主体性发展方向上起着主导作用，研究德育过程中如何发展学生主体性的方法问题是我们实验中探索的重要内容之一。现将五年来采用的方法举例如下：

1. **满足学生合理的道德需要，发展学生健康的个性**

多年来，我们常常把道德行为好不好归因于道德认识，忽视了道德需要。其实人的道德行为动机来源于道德需要。学生中表现出来的多种多样的道德行为和道德能力是由多种多样的道德需要所引出的。比如，学生到了三年级，自我表现欲望增强，有的想当个小干部，展示自己的管理才能；有的会画，想展示自己的绘画才能；有的善于表达，想给大家表演讲故事等。老师应尽力满足学生的合理要求。三年级老师对此进行了大胆尝试，让学生干部实行轮岗制，学生自己组织社团进行展示等。又如：随着学生年龄增加，在初步进入青春期后，学生就不会向低年级那样事事都直接告诉老师，学生之间的矛盾、问题老师就不易察觉，六年级教师就采用不记名写纸条的方式与学生进行沟通，用一种特殊的方法建立了新的沟通渠道，学生写纸条由一开始的“告状”，逐步发展成说好人好事，由相互指责变成相互欣赏，在做好师生沟通的同时，学生的道德认知也逐步得到升华。进入中学后学生的民主意识增强，从七年级开始，老师就组织学生实行班级全面自主管理，成立班级管理委员会，设立班级管理机构，全部岗位竞选产生，竞选者发表竞选纲领，当选后进行就职目标演讲，任期到后进行述职等。这些活动满足了学生的道德需要，促进了学生的主体性发展，起到了良好的教育效果。

2. **注重道德情感的培养，促使道德信念的形成**

情感是人特有的对客观事物的态度体验，它对人正在进行着的认识过程起评价和监督作用。它在客观事物与主体产生需要、态度观念、信念之间起着中介作用。道德情感是人们形成一定道德信念的前提和基础。它对学生主体性发展起着激发动因和方向的作用。道德信念是个人认为自己一定要遵循的并决心要去实现的信条。它不单是某种心理成分，而是深刻的道德认识、强烈的道德情感和顽强的道德意志的有机统一。它是道德动机的高级形式，是个人产生道德行为的真正内在动力，在人的道德心理结构中处于中心环节，当然它也就成为学校德育追求的最高的目标。老师在德育过程中坚持以情为中轴，通过组织学生写五爱名家名言、选五爱名言作为座右铭、讲五爱情感故事、高年级开展五爱辩论赛、根据最感动五爱名人故事制订自己的成长计划、开展心中的偶像设计大赛等，极大地丰富了学生的道德情感，促进了道德信念的形成。

3. **重视道德修养，培养良好的意志品格**

道德修养是指思想意识和道德品质方面的自我锻炼，自我教育，自我陶冶及由此达到一定的道德境界水平。一定的社会道德转化为个体的道德，关键是个体自身的道德修养。个体自身的道德修养是个体对自己进行自我观察、自我调控，核心问题是形成一定的自制力。“自制”历来是我国道德修养的必由之路。当今学校德育要培养学生的自制力，就要控制教师的教育态度和教育方法，对学生实施情感教育、民主教育。比如：根据学生不同年龄阶段教师有计划地组织学生读关于道德修养的书籍，并写出读后感进行交流，如五年级学生在读过《劳动与节俭》后写道：“……世界上一切的事物，都是劳动创造出来的，劳动可以说是万物之源。而节俭也很重要。对任何事物都得节俭，这样才能够富裕起来。

劳动与节俭，结合在一起，用劳动获取了东西而又节俭它，这就是一个很好的品质……劳动、节俭，对我们来说是多么重要，让我们热爱劳动，注意节俭，做一个道德修养高的小学生。”高年级的老师让学生就道德修养的名言进行辨析，在辨析中，学生的道德修养得到不断提高。低年级老师则是就情感控制教给学生一些方法：如受到表扬情绪激动时，把自己的心情要与老师和同学进行分享；紧张时，做几个深呼吸也是一种好方法……通过登山、远足、考察等活动让学生在实践和历练中体验提高自制力，也是促进学生道德修养的有效途径。

4. **尊重学生的人格，提高自我教育能力**

学生是一个活生生的独立主体，独立自主性是其最基本的行为特征。维护尊重学生的独立人格，提高其自我教育的能力是德育的根本任务。两年多来，在德育过程中我们始终坚持学生的主体地位，保证学生独立自主行使、支配自己的权利，培养学生自我教育的能力。如在德育活动中，我们一直支持四条原则：一是自愿选择。教师把选择活动的权利交给学生，指导但不指令。学生可以根据自己的兴趣爱好选择活动内容，听取而不听从，可以多项多次选择，直到自己满意为止。如在社团选择上，学生在一定时期内可以自由选择社团，老师根据学生的特点进行指导，但决不强迫。二是独立自主。教师把开展活动的主动权交给学生，诱导而不包办。学生在活动中可以根据现有的发展确定自己的奋斗目标。在活动过程中，学习自己管自己，自己教育自己，充分发挥自己的聪明才干。在每次学校大活动中，如升旗仪式、六一文艺会演、外出社会实践活动等，都由学生自己确定组织者，并制订活动方案，教师只是就方案进行指导，让学生在活动中自我约束，自我成长。三是实践锻炼。教师要为学生实践锻炼积极创造条件，引导而不代替。学生在实践活动中要有理想、有目标、有志气、有追求，刻苦锻炼自己的毅力，想方设法使自己有爱好形成个性特长。如在每年寒、暑假学校都要求学生开展社会实践活动，并要求学生写出方案和目标，开学后汇报实践成果。很多学生就通过主持一周家务、到工厂上班、甚至做小生意的方式锻炼自己，提高自己的道德实践能力。四是积极探索。教师要为学生提供机会，使学生在活动中能积极思考，主动发现问题及时提出问题，自觉分析问题和解决问题，进而使其创新意识得到增长，创造才干得以实现。如设计些开放性道德情景、两难问题等，学生在积极思考中，其分析能力和创新意识就会得到不断发展。

总之，在德育活动的实践中，我们进一步认识到：只有早放手才能早独创，只有早当家才能早成熟，只有在当家做主的实践中，才能促使学生主体性发展，锻炼未来的“当家人”。

活动系列

2010 年“少年儿童主体多元发展实验研究”课题到了深入发展阶段，德育、教学、活动、家教四个系列全面铺开。活动系列在殷都区教体局团工委的组织带动下，以全面实施《殷都区中小学生自主性管理、多元化发展实施方案》为主线，以自主管理、学生社团、社会实践大课堂社会化运作为抓手，组织全区中小学生开展了系列实践活动，为每一个学生展示优势潜能提供舞台，为学生的可持续发展奠基。

自主管理组织与管理

在主体多元教育改革推进过程中，为了培养学生的社会主人意识，切实提高学生自主管理能力，使学生多元化发展，我们坚持以学生为本，相信学生、解放学生，充分发挥学生的主动性，真正让学生当家做主。在校内，让学生参与班级管理和学校管理；在校外，把安阳市方方面面的社会资源变成学生的第二课堂，全面提高学生的社会实践能力。让他们不但成为学校的主人，还成为社会的主人。

2010 年教体局出台了《殷都区中小学生自主性管理、多元化发展指导方案》。各校学生积极参与“学生管理委员会”竞聘活动，自主成立了“学生管理委员会”。“学生管理委员会”参与学校管理，主持、参与学校内外活动，“学生管理委员会”委员担任校长助理，协助校长管理学校有关事务并提出合理化建议等。自主班级管理组织相继成立，学生自主制定“班级公约”，自我监督执行；班级实行岗位责任自主承包制，把班级内每一项具体事务，都细化成小岗位，分配给各小组，由小组长根据组员特点和愿望安排承包工作岗位；总之，每一个岗位都具体到人，每一块墙壁、玻璃、门窗、作业、板报、两操等都承包到人，使每一个学生既是管理者，又是被管理者，实现“人人有事做，事事有人做”，每个学生在班级里都有适合自己的管理岗位；小班主任有序地进行全班学生一周的教育管理和纪律秩序等事务，记录各项检查结果，处理本周内学生在校学习生活中的各种偶发事件，指导班干部公平、公正、认真完成班级各项工作。各校分别成立自主活动管理委员会，组织开展了学生们喜欢的艺术节、体育节、科技节、读书节等活动。

一年来全区成立了校级、班级、活动自主管理组织 800 多个，学校、班级的管理呈现学生自主管理的良好氛围，活动实现了学生自主设计、组织、开展的自主性活动新形式。自主性管理活动的开展最大限度地开发了学生的优势潜能，学生的综合素质进一步提升。

自主性活动与实践

2010 年 3 月，区委、区政府做出在全区全面推进教育改革的决定，其核心理念是变传统的“以教定学”为“以学定教”，变“知识为本”为“能力为先”。伴随着改革的东风，以“发挥学生的主体性，开发智慧潜能，使人人成为最佳的我”为目标的学生社团活动应运而生。截至目前，18 所中小学共成立文化、体育、艺术、科学等社团 485 个，开展活动

5000 余次，取得了明显成效。

学生社团是指为满足学生社团会员的共同意愿和满足其共同的兴趣爱好的，按照一定的章程开展活动的中小学生群众性团体。这些社团一般在专业老师的辅导下自主开展活动，是校园文化发展的基本单位，是学校开展正常教育教学活动的延伸和拓展，是发展学生自主管理的新型课堂，是主体多元教育改革的重要内容。

学生社团活动，充分激发学生的主体性，满足学生的个性发展需求，推动主体多元教育研究开展。学生社团活动方式灵活，活动内容丰富，为学生提供了展示自己爱好与技能的广阔舞台。这一展示舞台，锻炼学生的身体素质，促进学生身心发展；培养学生的竞争意识、合作精神和坚强毅力；丰富学生的知识，尽最大可能地发挥出学生的才智，挖掘其自身最大的潜力。

一系列学生社团活动的开展，丰富了学生的课余生活，提升了学生的综合素质，对形成积极向上的学风、校风起到了良好的促进作用。学生社团活动，满足了学生的个性发展需求，使学有专长的学生有展示自己才能的机会，真正达到了全面提高学生素质，培养合格加特长的人才目标。实验中学八年级的学生孙冲在 CCTV“挑战小勇士”比赛中获年度总冠军，2010 年 7 月份代表我国参加在美国举行的总决赛。北蒙小学的舞蹈社团排练的舞蹈《两张照片》在安阳市少儿舞蹈大赛中，荣获特等奖。精彩在课堂功夫在课外，社团活动激发了学生强烈的求知欲，学生在课堂教学中的主体意识与主体地位得到了更充分的体现，从而促进了课堂教学的不断优化，使课堂教学效益得到了不断提高。在学生社团活动推进过程中，以人为本的校园文化内涵逐渐展现，形成了各具特色的学生社团 485 个，各校学生社团活动形成了鲜明的校本特色，外国语小学的跳绳、铁西路小学的武术、殷都实验小学的科技、焦邵村小学的剪纸、殷都实验中学的鼓号、殷都外国语中学的健美操、殷都育才中学的十字绣、小屯小学甲骨文书法、纱厂路小学的合唱、北蒙小学的舞蹈等社团已在本校有一定的影响力，推进了校园文化、特色学校建设。

社会大课堂社会化运作

社会大课堂是我区主体多元教育改革的重要组成部分，是实现课内外有效衔接，促进中小学生全面发展的基本途径。教育改革从身心上激活了学生自主学习的积极性，也为学校扩展课堂，引领学生走向社会实践，培养其动手实践能力，参与社会、适应社会的能力提供了时间保障。社会大课堂旨在解放学生，开发学生，激发学生学习兴趣，培养学生的综合素质。通过利用和整合各种资源，开展丰富多彩的实践活动，改变“教育等于学校”“听课等同于学习”的做法，克服学生“只在课堂学，不到实践中做”的弊端，把学生的发展置于比课堂、比学校生活更广大的社会背景中，把学生的学习场所从学校拓展到整个社会空间中，改变学习方式，拓展学习空间，释放学生的天性，激发学生的潜能，在社会实践中培养学生的社会责任感、创新精神和实践能力，促进学生主动、活泼、和谐、全面发展。

为了使社会大课堂活动长效开展，殷都区实行了中小学生社会大课堂社会化运作，建立“以学校、教师、学生为主体，教育行政部门为主导，旅游公司独立经营”的 3＋N 运作新模式，建立“干”“管”“监”“评”的运行机制，有效消除学生活动安全问题和增加学生家庭负担的后顾之忧。

2010 年，青少年活动中心牵头成立了社会大课堂服务社，服务社牵头进行社会大课堂前期筹备工作。一是盘清资源。对教育系统内外资源进行全面调查登记，做到底数清、情况明。二是联系挂牌。积极与资源单位联系，确定殷都区中小学生社会大课堂资源单位，签订共建协议，并在实践基地挂牌。三是开发活动菜单。本着"常规+亮点"，体现目的性、系统性、选择性的原则，开发适合小学低、中、高年级和初中学生不同年龄段的需求的活动菜单。四是进行招标。委托招标公司对社会实践大课堂活动进行公开招标，确定了两家具有独立法人资格、独立经营服务、具有承办大型团体文化教学活动经验的旅行社全程运作。五是开发社会大课堂教材。在共建单位的大力协助下，开发了活动基地教材，为学生参加活动作好提前知识渗透。

2011年4月22日，殷都区中小学生社会大课堂社会化运作正式启动，实行政府买单，政府出资100余万元购买服务，学生免费参加活动，尚属全国首例。2011年4—6月份全区14000余名学生先后走进安阳市烈士陵园、水务公司、污水处理厂、殷都（龙安）消防大队、安钢、福利院、易园、人民公园、环保局等活动基地参加活动，社会大课堂活动打破教材、课堂与学校的局限性，真正使社会成为学生成长的"大课堂"。

家教系列——安阳外国语小学样本

构建家庭教育与学校教育的桥梁

家长学校不仅是学校教育和家庭教育之间的桥梁，更是学校家教系列研究的助推剂，促使学校教育与家庭教育之间形成教育合力，使学校发展得更健康、更迅速。

安阳外国语小学是殷都区全面实施国家“十一五”重点课题“少年儿童主体多元发展实验研究”的排头兵，其中家庭教育是本课题四个研究系列之一。本着课题研究工作的科学性、创新性，我们积极探索，潜心研究，转变家长的教育观念，充分挖掘家庭教育的巨大资源，加大培训力度，为学生创造良好的道德环境、智力环境和生活环境，实现家校协同，形成有利于学生全面发展的良好大空间，对实现学校教育与家庭教育达到“同步”，教师和家长达到“同心”，学校和社会达到“合力”，促进小学生主体多元发展将有着重要的促进作用。

一是明晰工作目标。

（1）通过家长学校的系统培训，提高家长素质，引导家长树立正确的育子观念，为孩子创造良好的道德环境、智力环境和生活环境，使家长们成为学校教育的一支强有力的后备军。

(2) 探索并总结学校教育联手家庭教育对学生进行"因材施教"，发展其主体强项智能的途径和方法。

(3) 建立适应现代学校制度的家庭教育指导新模式，提升家长对孩子智力因素的教育与非智力因素的教育关注度，促进小学生主体多元智能的发展。

二是确定具体措施。

(1) 健全组织机构

校长兼任家长学校校长，聘请中国教育学会小学专业委员会理事长姚文俊先生为家长学校总顾问，区关工委老干部担任家长学校的名誉校长，聘请教育专家、优秀教师任家长学校的专职教师。成立了以家长为主的三级家长委员会（学校、年级、班级）。家长学校的日常事务，如教育业务、建档、归档等工作，由家教系列成员具体负责。

(2) 建立健全各项制度

家长学校有办学宗旨、工作章程、管理制度、教育教学制度、考勤制度、评比表彰制度和档案管理制度。通过制度建设，确保家长学校的各项工作落到实处，提高工作效率。

(3) 开展形式多样的教学

①家长学校教材落到实处

结合我校家长的实际情况，在姚文俊先生的指导下，编著了具有安阳外国语小学特色的教材，内容涵盖了小学生心理发展特征、小学教育的基本原则、课程设置、教学内容与方法、家庭教育的基本特点和西方的家庭教育，重在指导家长了解基本的儿童心理学和家庭教育方法。学校采取灵活多样的授课形式，对家长进行集中和分散教育，让他们在集体授课和自由学习中掌握良好的教育方法；邀请讲学的专家根据家长学员的需求作专题讲座；各年级的教师结合家长学员的辅助读物做重点指导和推荐优秀文章，帮助学员解决家庭教育中遇到的问题，建立和睦的家庭环境。

②定期开展家庭教育活动

家长学校每学期召开 3—4 次大型的集体培训，向家长阐明一些家教理论，以及对学生进行各种教育措施并取得家长的理解和认同；在此基础上各年级依据本年级具体情况和家长的需求适当补充班级式的培训，听取家长对学校教育的意见和建议，和家长共同研究学生某些特殊事件的教育和处理；定期向家长通报学生在校情况和操行评定，加强学校与家庭的沟通、教师与家长的合作。

a. 特别加强一年级新生的家庭教育

一年级的学生和家长都是第一次接触校园生活，因此做好一年级新生家庭情况的调查和对一年级家长的培训尤为重要。在新生入学之际，以班为单位对学生的家庭情况进行调查，包括学生家庭主要成员、大致的经济状况、家长的学历层次及工作性质、家庭教育状况、可供利用的家庭教育资源等，为每位学生建立详尽的家庭档案。并对家长进行入学培训，使家长了解孩子入学后发生的心理变化，明确孩子初入学家长应做的工作，以及如何培养孩子良好的学习习惯和行为习惯，为孩子的终身发展奠定良好的基础。

b. 举办家庭教育讲座

家长学校定期了解家长中不断出现的新问题和家长比较关注的焦点问题，邀请在家庭教育方面有研究的一些教育专家或家教讲师团的成员作专项培训。内容不仅涉及较新的教育理念和具体的家教方法，还涉及儿童心理学、儿童的品德发展等方面的内容。我们曾邀请过中国家庭教育学会会员、中国家庭教育讲师团成员、家庭教育专家马耀昌老师，安阳市科学育儿培训中心主任、团中央全国连锁“知心家庭”学校安阳分校主讲师、中国家庭教育学会会员、注册高级健康心理咨询师齐悦老师，安阳市关工委主任杨奎青等知名专家到校培训，各班班主任也适时开设讲座，帮助家长确立新的理念，树立正确的教育观。

c. 开展家庭教育论坛

每学期，各年级组织1—2次家长家庭教育论坛。学生家长中不乏优秀的、有经验的教育人才，蕴藏着极大的教育潜能。因此，充分调动他们中的积极因素，召开不同主题的教育论坛，提高家长对家庭教育的认识，构建和谐、健康的家庭环境。在各年级家长委员会的支持和组织下，家长们互动热烈，积极交流孩子们近段时间的思想动态，以及家庭教育的方法，尤其是一些“教子有方”的家长在会上介绍他们的经验体会，引起家长们的共鸣，掀起热烈的讨论，从而达成科学教子的共识。

③开展问卷调查

学校开展了家庭教育问卷调查活动，基本上掌握了我校学生家长及家庭教育的有关状况，如家长的学历层次、家长的职业分布、单亲家庭所占的比例以及家长对实施素质教育的认识，了解了家长对学校工作的态度和建议，了解了学校开展“学生快乐学习”活动课程设置的方向，根据调查情况查找了学校管理存在的问题，调整了家长学校的授课内容，给予家长们更加切合实际的指导，使家庭教育更加有针对性和实效性。

④指导家长创建良好的家庭教育环境

教师指导每位家长制订一份有关良好家庭教育环境的测评表，请家长根据测评表逐条对照计分，检查是否为孩子创建了良好的环境。达到标准的家庭坚持做得更好，达不到标准的家庭对照测评表积极创建。

⑤开发利用家长资源，增设一日家长教师

班主任调查了解本班家长的专业特长、兴趣爱好、工作优势等情况，由家长自愿申报一项活动方案或授课内容，班主任为家长制订一份“课程表”。每两周由一位家长为孩子上一节课，或教孩子一种生活常识，或一项小制作、一种生活技能、一次课外活动、一次参观等。如果家长没有更好的技能，也可以兼职做“一日课外辅导员”，负责孩子一天的课外活动。

（4）搭建平台，促进家校牵手

①开课日

每学期都定期举办教学开放日，把家长请进学校，参加升旗仪式，进入课堂，与学生同上课，参与学生、教师、家长三者互动的班会，参观学生课间活动、作业和教师札记，并与教师座谈交流，填写家长意见反馈表，为学校献计献策。在参与学校教育实践的过程中更进一步地树立积极教育子女的意识，从而更好地配合学校的教育。

②异彩纷呈的校园活动

引导家长参与学校的各项活动，是促进学生与家长、学校与家庭交流情况的过程。宽松和谐的气氛能促进学生进步、家长素质的提高。邀请家长参加学校的教学开放周活动，和自己的孩子一起参加班队活动、各种比赛、学校表彰大会、孩子的入队仪式、艺术节、图书交易、综合实践活动等，使家长不仅看到自己孩子的发展，又欣赏到别的孩子的特长，调动其教育子女的积极性，增强育人的责任感。

③建立班级和教师家教工作评价体系

为了更好地把家教工作落到实处，学校层面建立对教师家教工作的星级评价制度，适当和绩效工资结合，通过鼓励先进，调动教师参与家教工作的积极性，使学校家教工作常规化、科学化，更具有生命力。

具体考核内容如下：

家访率；班级小型家长培训召开的次数和质量；家长对教师家教工作的满意度；开放日；“一日家长教师”活动的开展情况；班级家长委员会的活动开展；利用校信通或网络开展家教工作；做好本班家教工作档案。

④评定优秀家教征文

为了推广家教经验，为家长搭建相互交流、相互学习的平台，学校开展“教子有方”征文评选活动。家长参与积极，征文内容丰富，学校将优秀征文汇编成册，供家长学习交流。

⑤评选“文明家庭”和“优秀家长”

在学校开展的各项活动中，得到了很多家长的大力支持，为了倡导正确的家教方法，家长学校还开展“优秀家长”“诚信家庭”“书香家庭”等评选表彰活动，在开学典礼大会上进行隆重表彰，通过表彰先进来树立榜样，以典型引路，调动家长参与学校工作的积极性，促进全体家长素质提高。

评选条件是：积极参加家长培训班和家长座谈会，无缺席、迟到、早退现象；经常主动与学校联系，互通信息，对学校工作提出合理化建议；家庭和睦，教育方法得当，得到子女的赞许，有较高的威信；子女道德品质好，学习成绩优秀。

⑥家访

学校制订了教师家访制度，每位教师每月要进行三次家访，班主任老师每年要对全班每个学生家访一次，深入家庭，指导家教并将家访及效果填写到家访调查表。

⑦设立家长咨询室

家长根据自己的时间事先电话联系，在接待室就可以和老师、学校领导交谈，方便了家长与老师的沟通。

⑧建立校长接待日和“家长意见箱”

公布学校领导和教师电话、学校邮箱，在学校门口安装“家长意见箱”。方便家长反映问题、提出建议，做到家长与学校交流多渠道、无障碍。

⑨学校开辟了“校信通”联络渠道

学校有关家教知识的宣传内容，或重要新闻、紧急通知等均可通过发短信的方式与家长联系，约 80%以上的家长能十分便捷地收到并及时反馈信息。为使家长学员们进一步了解家教知识，学校家长学校还利用板报、校园网等平台为家长们提供家教知识，增强教师、家长的自信心。

三是取得的成绩。

开展家长培训以来，提高了家长的素质，使家长懂得了家教知识，积极配合学校教育学生，促进了学校教育工作的开展，“家长学校”被评为“河南省先进家长学校”“安阳市优秀家长学校”“殷都区家庭教育工作先进集体”。一批优秀家长获得了“殷都区家庭教育工作先进个人”“殷都区学习型家庭”“殷都区文明诚信家长”“殷都区五好文明家庭”等荣誉。

四是关于家庭教育的其他设想。

(1) 加强学习，继续调动全体教师和家长学习家庭教育相关知识的热情，更积极、主动地参与到家庭教育中来。

(2) 发挥家长委员会的作用，加强对家长思想的引导作用，进一步促进学校的和谐发展。

(3) 继续完善家庭教育工作的档案管理，使之科学化、规范化。

我们家长学校将继续把提高家长素质和科学育子水平作为主要任务，增强家长学校的吸引力和实效性，使家庭教育与学校教育、社会教育有机结合，根据不同层次的家长需要，采取有效措施，提高家长素质，办出特色，办出成效。

安阳外国语小学家长调查问卷及研究报告

[内容提要]

本调查问卷主要从家长对孩子的未来、成绩、课堂表现的希望、对学校老师的希望要求、家庭教育等几方面进行了调查。

本调查旨在通过问卷调查，剖析我校学生学习与生活环境中的主体性，增强学校教育和家庭教育的和谐统一，优化学校、社会、家庭的教育。

［调查对象］

调查共发问卷1100份（一年级、二年级、三年级、四年级、五年级、六年级的28个教学班的家长）。回收有效问卷1090份，有效回收率99.1%，可以作为研究结论的依据。

本次调查问卷采用的是结构型问卷形式，从三个大的方面共设计了20个题目，保证了问卷设计的科学性。本次调查问卷设计的三个方面分别是：家长对孩子的希望、家长对学校对老师的希望以及家庭学习环境、教育方式等。

［具体分析］

（1）家长对孩子的希望

本项内容共包括六个问题（问卷1—5题和14题）：1. 希望孩子童年快乐的占71%，希望学习的占17%，希望发展特长的占12%。2. 对孩子的学习成绩怎样看待，必须优秀的15%，中等即可的6%，努力即可的79%。3. 课余时间希望孩子写作业的占7%，上兴趣班的14%，自由安排的79%。4. 希望孩子长大后成为社会精英的占23%，有固定职业的30%，自食其力的47%。5. 心目中的好孩子希望学习成绩优秀的占17%，听话的占11%，兴趣广泛学习努力的占72%。6. 分数和快乐哪个重要选分数的占13%，选快乐的0%，选先快乐再要分数的87%。

以上可以看出，当前，我校学生家长大部分希望孩子健康发展，不再单独关注孩子的成绩和分数，这是保证学生身心健康发展的一个重要的精神基础。

（2）家长对学校和对教师的认识情况

此项目从五个方面进行了调查（问卷 6—9 题，19 题），分别是：您希望学校在家庭教育方面给您什么样的帮助？您心目中的好老师是怎样的？您希望孩子的课堂是怎样的？您愿意让孩子参加社会实践活动吗？您对学校新课程的设置满意吗？具体是：

①您希望学校在家庭教育方面给您什么样的帮助？选家教培训的占 10％，选介绍家教书籍的占 10％，选勤沟通的占 80％。②您心目中的好老师是怎样的？选严厉教学成绩好的占 17％，选上课轻松、孩子对学习感兴趣的占 83％。③您希望孩子的课堂是怎样的？选合作探究的占 67％，选老师讲学生听的占 33％。④您愿意让孩子参加社会实践活动吗？选愿意的占 93％，选不愿意的占 7％。5. 您对学校新课程的设置满意吗？选满意的占 100％，选不满意的为 0％。

从上面五道题可以看出家长心目中的好老师不再单单是教学成绩好，对教师的素质有了较高的希望，同时新学期学校新课程的设置百分之百的家长比较满意，对孩子的社会实践活动也非常重视。

（3）学生的家庭学习环境、教育方式

本项内容共包括五个问题（问卷 11—13 题，15—18，20 题），主要是从家长的专长、协助老师、孩子的学习环境、家庭关系、家庭教育等方面来进行调查的。具体情况是：

①您有什么专长？是否愿意给孩子进行辅导？选不愿意的占 40％，选愿意的占 60％。②你愿意协助班主任做一些临时班级工作吗？选愿意的占 98％，选不愿意的占 2％。③孩子在家有独立安静的学习环境吗？选有的占 78％，选没有的占 22％。④您经常与孩子进行沟通吗？选经常沟通的占 67％，选不经常的占 7％，选偶尔的占 26％。⑤您经常带孩子出去游玩吗？选经常的占 18％，选不经常的占 46％，选偶尔的占 36％。⑥您的家庭关系和谐吗？选非常和谐的占 67％，选比较和谐的占 33％，选不和谐的 0％。7. 您平时如何对孩子进行家庭教育？回答的家长

占88%。

从上面的调查可以看出多数学生家庭学习环境比较理想，在家中有自主学习的空间条件，利于学生自主能力的培养。

总体上看家长大多数能关注学生的身体健康、智力培养及心理健康，并能与学生经常性地交流思想，说明家长能够充分认识到培养健康的有用人才的重要性，及其对学生未来的重大作用。而那些占少数的不注重孩子各方面能力培养的家长认识的提高是必须的，他们的影响是不可忽视的，对家长的教育引导应坚持不懈。

[分析结论]

通过本次问卷调查的统计分析，我们对学校当前学生家庭教育情况作出如下判断：

家庭是青少年生活、学习的重要场所，是他们首先接受教育和影响的地方。家长对学生影响是巨大的，家长的教育如此重要，学校对学生的教育效果取决于学校教育和家庭教育影响的一致性。由于家长与教师所处的位置、看问题的角度及其教育水平等因素的不同，所以有时就会出现不一致，需要相互沟通、相互支持、理解。由于学生更多的是与父母在一起，加之家长对子女的拳拳爱护之情和子女对家长的依附性，往往是家庭教育的效果胜过学校教育的效果。这就需要教师和家长建立起协调一致的关系，使家庭的教育目的不仅与教师的教育活动的宗旨相一致，而且还与教师的活动相互补充，形成有利于学生成长的合力。

提高家庭教育质量，是我们应该做的，学校应加强与社区、家庭的合作，充分发挥学校教育的优势，开展多种形式的家长学校工作和学校开放日，指导和协助家庭转变家庭教育观念、改善家庭教育环境、掌握科学的家庭教育方法。可以进行相应的家庭教育辅导、引导教育消费、引导正确的教育方式、开展文明家长评选、学习型家长评选、支持教育家长评选等，要使家长们认识到家庭是学生的第一所学校，也是学生一生的学校，而家长是这所学校的教育者、影响者。

通过本次调查问题我们还应加大对策，研究实施力度，切实优化学生的家庭教育环境，提高学生家庭教育质量，增强学校义务教育实效性。

附：

安阳外国语小学家长学校家长调查问卷

尊敬的家长：

为了进一步把教育办好，需要深入地了解学生，听取您的意见。这份调查问卷就是为改进学校的工作，请您认真、如实地填写。问卷是不记名的，因此，您不必顾虑所选项目的对错。谢谢您的帮助和支持。

1. 您希望孩子的童年如何度过？请排序。（　　）

A. 快乐　B. 学习　C. 发展特长

2. 您对孩子的学习成绩怎样看待？（　　）

A. 必须优秀　B. 中等即可　C. 努力即可

3. 您希望安排孩子怎样安排业余时间？（　　）

A. 写作业　B. 上兴趣班　C. 自由安排

4. 您希望孩子长大后成为什么样的人？（　　）

A. 社会精英　B. 有固定职业　C. 自食其力

5. 您心目中的好孩子是什么样的？（　　）

A. 学习成绩优秀　B. 听话　C. 兴趣广泛学习努力

6. 您希望学校在家庭教育方面给您什么样的帮助？（　　）

A. 家教培训　B. 介绍家教书籍　C. 勤沟通　D. 无所谓

7. 您心目中的好教师是怎样的？（　　）

A. 严厉，教学成绩好　B. 上课轻松，孩子对学习感兴趣

8. 您希望孩子的课堂是什么样？（　　）

A. 合作探究　　B. 老师讲，学生听

9. 您愿意让孩子参加社会实践活动吗？（　　）

您愿意和孩子一起参加吗？（　　）

A. 愿意　　B. 不愿意

10. 您认为一学期组织（　　）次社会实践活动合适。

A. 1次　　B. 2次　　C. 3次　　D. ____次

11. 您有什么专长？（　　）是否愿意给予同学们辅导？（　　）

A. 愿意　　B. 不愿意

12. 您愿意协助班主任做一些临时工作吗？（　　）

A. 愿意　　B. 不愿意

13. 您愿意协助并参与班级的活动吗？

A. 愿意　　B. 不愿意

14. 您认为孩子的分数和快乐，哪个更重要？

A. 分数　　B. 快乐　　C. 先快乐再要分数

15. 孩子在家学习有独立、安静的环境吗？（　　）

A. 有　　B. 没有　　C. 非常必要

16. 您经常与孩子沟通吗？（　　）

A. 经常　　B. 不经常　　C. 偶尔

经常交流哪些话题？____________________

17. 您经常带孩子出去游玩吗？

A. 经常　　B. 不经常　　C. 偶尔

18. 您的家庭关系和谐吗？（　　）

A. 非常和谐　　B. 比较和谐　　C. 不和谐

对家人产生了怎样的影响？________________

A. 幸福　　B. 阳光心态　　C. 烦恼不快乐

19. 新学期的课程设置，您满意吗？（　　）

有什么好建议？建议________________

A. 满意　　B. 满意

20. 您平时如何对孩子进行家庭教育？（例如如何培养孩子的生活习惯、学习习惯、行为习惯等）

安阳外国语小学家长教育行为规范

（1）树立为国教子思想，自觉履行教育子女的职责。

（2）重在教子做人，提高子女思想道德水平，培养子女遵守社会公德习惯，增强子女法律意识和社会责任感。

（3）关心子女的智力开发和科学文化学习，培养良好的学习习惯，要求要适当，方法要正确。

（4）培养和训练子女的良好生活习惯，鼓励子女参加文娱体育和社会交往活动，促进子女身心的健康发展。

（5）引导子女参加力所能及的家务劳动，支持子女参加社会公益劳动，培养子女的自理能力及劳动习惯。

（6）关心、爱护、严格要求子女。不溺爱、不打骂、不歧视，保障子女的合法权益。

（7）举止文明、情趣健康、言行一致、敬业进取，各方面为子女做榜样。

（8）保持家庭和睦，创建民主、平等、和谐的关系，形成良好的家庭教育环境。

（9）学习和掌握教育子女的科学知识及方法，针对子女的年龄特征、个性特点实施教育。

（10）要和学校、社会密切联系，互相配合，保持教育的一致性。

安阳外国语小学家教读本（摘要）

第一章　小学生心理及发展特征

小学阶段是学生个体心理发展的关键时期，他们在学校里学习知识、接受教育，在认知、情感、个性、品德、社会行为诸多方面引起了巨大的变化，在身心发育和内心世界产生了诸多显著特点。

从认知发展特征来看，小学生观察缺乏系统性，是从模糊笼统的知觉发展到比较精确的知觉。小学生的无意注意仍起着主要作用，有意注意正在发展，注意的集中性差，注意的分配和转移力不强，注意范围较小。从情感发展来看，情感内容不断丰富，情感的深刻性不断增加，情感的稳定性日益增强，高级情感逐渐发展。从小学生个性特点来看，小学生的自我意识在入学后加速发展，自我评价的能力进一步发展起来，小学生的情绪逐渐丰富和发展，并在六年级时出现高峰，小学高年级的学生表现出明显的独立性。小学生的理智特征呈稳定发展趋势，其中，求知欲在整个小学阶段都在不断发展，到六年级达到高峰。从小学生品德发展特点来看，是从比较肤浅的、表面的，逐步过渡到比较精确的、本质的理解。在道德品质的评价上，从只注意行为效果，过渡到较全面地考虑动机和效果的统一。道德判断从受外部情境的制约，过渡到受内心道德信念的制约。从小学生社会发展特点来看，小学生具有亲社会行为及特点和反社会行为特点。

由上述小学生心理及发展特征可以看出，家庭教育在促进学生生动活泼、主动和谐的发展中起着重要作用，家庭教育能力提升任重而道远。

第二章　小学教育的基本原则

现代教育学一般将教育区分为广义的教育和狭义的教育。广义的教育是指自人类产生以来就已产生的教育，这种教育存在于各种生产和生活的活动之中。其定义一般为：教育是人类社会特有的一种社会现象，是培养人的一种社会活动，广泛的说，凡是有目的增进人的知识技能，影响人的思想品德的活动，不管是有组织的还是无组织的、系统的或零碎的，都是教育。狭义的教育一般指学校教育，即教育者按一定社会要求和受教育者身心发展规律，对受教育者进行有目的、有计划、有组织的教育活动。

在教育过程中，我们应该遵循以下原则：一、正面激励原则：实施正面激励的途径，从小事着手，从适当的期望目标开始，掌握即时的原则，不要与批评同时进行。二、培养典型，树立榜样原则：树立的榜样必须有群众基础，有威信，有教育感染力。明确向榜样学习的目的，激发其学习榜样的动机，增强自觉性。三、循序渐进原则：依据教学内容的客观顺序，考虑到学生的接受能力，一步一步地进行诱导，使学生能够由浅入深、由近及远、有步骤地学习。四、正面教育原则：要对学生进行耐心细致的正面教育，坚持正面启发，积极诱导，使学生掌握正确的道德认识和道德行为标准，调动学生的积极因素。对学生的缺点和错误要给予批评并指出努力方向，但要注意防止简单粗暴，严禁体罚和变相体罚。

第三章　课程设置、教学内容与方法

教学计划（课程计划）：是课程设置的整体规划，它规定不同课程类型相互结构的方式，也规定了不同课程在管理学习方式上的要求及其所占比例，同时，对学校的教学、生产劳动、课外活动等作出全面安排，具体规定了学校应设置的学科、课程开设的顺序及课时分配，并对学期、学年、假期进行划分。

教学计划内容根据一定的教育目的和培养目标制订的教学和教育工作的指导文件。它决定着教学内容总的方向和总的结构，并对有关学校的教学、教育活动，生产劳动和课外活动、校外活动等各方面作出全面安排，具体规定一定学校的学科设置、各门学科的教学顺序、教学时数以及各种活动等。教学计划、课程标准和教科书互相联系，共同反映教学内容。

根据《国务院关于基础教育改革与发展的决定》和《基础教育课程改革纲要（试行）》构建符合素质教育要求的新的基础教育课程体系的要求，设置义务教育阶段的课程。课程设置应体现义务教育的基本性质，遵循学生身心发展规律，适应社会进步、经济发展和科学技术发展的要求，为学生的持续、全面发展奠定基础。

教学原则是根据教育教学目的，反映教学规律而制订的指导教学工作的基本要求。教师在教学过程中常用的教学原则表现在：直观性原则、启发性原则、系统性原则、巩固性原则、量力性原则、理论联系实际原则、因材施教原则。

第四章　家庭教育

家庭教育是指在家庭内由父母或是年长者对新生一代和家庭其他成员所进行的有目的、有意识的教育。家庭教育从其含义上讲也有广义和狭义之分。广义的家庭教育，主要是指一个人在一生中接受的来自家庭其他成员的有目的、有意识的影响作用。狭义的家庭教育，主要是指一个人从出生到成年之前，由父母或其他家庭长者对其所施加的有意识的教育。首先，家庭教育是认识的第一篇章，是个体社会化的最初摇篮；其次，家庭教育也是学校教育的重要补充；再次，家庭教育更能适应个体发展。

家庭教育是一门特殊的学问，掌握并非容易。随着独生子女家庭的逐渐增多，关心和重视家庭教育的人越来越多。但有的家长不掌握家庭教育的基本特点，不是积极地为孩子创造良好的家庭教育环境，即道德环境、智力环境和生活环境，使其受到德、智、体、美、劳诸方面的教育和熏陶，而是脱离家庭教育的实际，照搬封建家教或学校教育的一整套做法，结果付出很大，收效甚微。

通过家庭教育问卷调查及大量的事实表明，现代的家庭中凸显出这样几种家庭教育类型：溺爱型、强制型、脱离实际型、急功近利型、失控型、科学型。

每个家庭都会进行家庭教育，但是在进行家庭教育时父母很容易有专制的做法。其实有效的家庭教育，互相尊重、互相理解正是其基础。有位家庭教育专家说过：没有成功的子女，就没有成功的人生！优秀孩子的背后一定有优秀的教育方法。家长在对子女实施教育的过程中，必须根据孩子的身心发展特点、个性、品德形成的规律和社会公德的要求，遵循以下基本原则：协调一致、要求统一的原则，因材施教、全面发展的原则，循序渐进、量力而行的原则，寓教于实践活动的原则，关心爱护与严格要求相结合的原则，身教与言教相统一的原则。

有句话说得好：渴望是种子，实践是沃土，诱导是春风，激励是雨露。作为家长和教师，我们都应创设一个宽松的支持性的环境，让孩子在体验中不断成长，因为成长如同生命，都是一次性的，成长是需要体验的。然而孩子在家庭中的时间要多于在学校的时间，由于父母与孩子的亲情关系的影响，他们往往对来自家庭中的教育因素的影响接受得更快一些，更多一些。所以要培养孩子的优良品德和行为习惯，必须要有家庭教育的配合才能达到预期的教育目的。

第五章：了解世界

西方国家育儿的着眼点是培养孩子具有适应各种环境和独立生存能力的社会人。基于这种观念，西方国家的很多家庭都十分重视孩子从小的自身锻炼。他们普遍认为孩子的成长必须靠自身的力量。西方国家的家长从锻炼孩子的独立生活能力出发，对孩子的教养采取放手而不放任的方法进行。所以西方国家的少年儿童从小就表现出：具有很强的自立能力和适应市场经济的头脑，以及适应社会环境的本事。

美国家庭教育具有这样的特点：独立个性、民主开放、经济意识。这也集中反映了美国家教的全貌。日本的家庭教育享誉世界，非常重视对子女的礼仪教育，从小就培养孩子自主、自立的精神；孩子受到挫折，父母鼓励他们自己去克服困难；从小重视对孩子创新人格的培养，重视培养孩子的好奇心和冒险精神。拥有世界第一竞争力的芬兰，也拥有世界一流的教育。芬兰赋予家庭相当大的教育责任，芬兰父母从小就有在家阅读、念报给孩子听的习惯，让孩子在家中种下喜欢阅读的种子。在寒暑假里，他们不送小孩去补习英文、数学，而是为孩子安排各种学习生活技能、户外旅游或是游泳、滑雪、运动的夏令营等活动。父母从小就带孩子们上图书馆，参加婴儿、幼儿的读书会，借书、读书，让他们养成阅读的习惯。博物馆也常为儿童、青少年举办种种活动、演讲或课程，让家长们乐于带孩子去参加。由此看来，芬兰的家庭教育，的确是打造世界第一竞争力的基石。德国的家庭教育格外重视对孩子善良品质的培养，爱护动物、善待生命、怜贫惜弱、宽容待人是德国教育的有机组成部分。

附：

安阳外国语小学德育知行四字经

古都安阳　历史辉煌　甲骨周易　文化发祥

安阳外小　坚持改革　人性为本　德育领先

主体多元　理论创新　开发智慧　激活精神

五爱情感　五好习惯　五自能力　三五实验

传统美德　时代特点　古为今用　扬长避短

蕴含渗透　结合贯穿　提高实效　促进发展

一、五爱情感

爱惜生命

茫茫宇宙　万物竞生　人类幸福　生态平衡
时珍本草　拯救生灵　徐童保树　绿化环境
保护植物　爱护动物　珍惜资源　爱惜生命

孝敬父母

双亲生养　孝敬应当　遵循教诲　关心体谅
为父温席　九龄黄香　替父从军　木兰女将
孝敬父母　古今提倡　少年儿童　自觉弘扬

关心他人

人人为我　我为人人　助人为乐　奉献爱心
尊敬师长　立雪程门　尊老爱幼　雷锋精神
情系残疾　学有榜样　一人有难　众人相帮

热爱集体

集体主义　德育核心　做人处世　认真遵循
公仆裕禄　一心为民　少年赖宁　救火献身
楷模引路　催我奋进　热爱集体　幼小扎根

报效祖国

中华儿女　豪杰众多　忠心赤胆　气壮山河
岳飞抗金　精忠报国　世昌海战　可泣可歌
天下兴亡　匹夫有责　从小立志　报效祖国

二、五好习惯

勤学好问

求知之法　多思多问　学问之道　读书做人
苏秦苦学　刺股提神　孔子入庙　每事必问
欲获真知　大疑大进　勤学好问　成才为民

勤劳节俭

勤能补拙　俭以养廉　奢侈败业　懒惰生贪

屋脊繁森　节约风范　林州愚公　战地斗天

艰苦朴素　不挑吃穿　浪费可耻　勤劳节俭

文明礼貌

华夏民族　仁义之邦　彬彬有礼　源远流长

曾参教子　让梨孔融　将相之和　清官包拯

诚实谦让　宽容公正　文明礼貌　发扬继承

遵纪守法

没有规矩　何成方圆　国法校纪　行为规范

洪刚少云　临危不惧　胡兰江姐　严保秘密

遵纪守法　刻心铭记　公民意识　少小树立

整洁健身

建设祖国　身体为本　幼年健康　受益终身

祖逖舞剑　主席游江　亚萍球技　堪称榜样

整洁健身　养成习惯　跑跳投攀　素质磨炼

三、五自能力

独立自主

万物显灵　人为根本　做人基础　自主自尊

渑池相会　晏子使楚　国格人格　理当维护

自爱自信　自主自强　完美品格　幼小修养

自觉自理

雏鹰试飞　他日千里　婴儿学步　独行自立

峨嵋成洁　文登海迪　谋求生存　苦练不移

学习活动　生活劳动　皆我之事　自觉自理

自我表现

天生我材	必有其用	施展才华	积极主动
毛遂自荐	外交取胜	甘罗拜相	赵国割城
儿童少年	参与为先	敢于竞争	勇于表现

自我调控

人不自控	天马行空	自控自胜	心似明镜
修养要则	总理自鉴	制怒高悬	则徐自勉
行不违反	言不伤人	克制己短	养性修身

自我评价

君子之患	患不自知	自见自闻	少有过失
三省吾身	论语格言	知己知彼	兵法诵传
知己之长	明己之短	扬长补短	最优发展

上述所言	纲领规范	师生共济	目标实现
千教万教	教人求真	千学万学	学做真人
知行教育	注重实践	跨世人才	群星灿烂

Part 3
第三部分

阶段成果

阶段成果综述

研究历程

“少年儿童主体多元发展实验研究”这一课题自2006年向中国教育学会小学教育专业委员会提出立项申请，开题实验，到2007年升格为中国教育学会“十一五”重点课题，成立殷都全国教改实验区，再到2008年10月底顺利通过中国教育学会专家组阶段性验收，直到2009年初由点到线再到面地全区铺开，至今已历时五年。

经过选题立项，定点突破，开展教育思想大讨论，确立主体多元教育思想，由点到线再到面，全区铺开，再到创建高效课堂，开展小课题研究解决课改难题，拓展育人环境，研制多元评价体系，激励学生主体多元、全面和谐地发展，五年来，经过前期准备、初步探索以及深入发展阶段的攻坚基本达到预期目标。学生发展态势喜人，教师专业成长迅速，学校办学质量提升，理论框架渐具雏形，教改实验经验丰富。目前，已经向中国教育学会申请向“十二五”滚动发展，并获批准。

十项措施

1. **思想变革抓学习**

教育改革首先是教育思想的改革，教育创新首先是教育思想的创新。理论指导实践，思想决定行动。在改革之初，我区通过多种形式对全体教师进行理论培训。在课题负责人姚文俊先生的精心策划、亲自引领下围绕“六观”，即教育观、教学观、课程观、质量观、教师观、学生观，自上而下由点到面开展了教育思想大讨论。全区上下初步形成共识。区委书记李南沉不仅支持教育，而且亲自参与、引领教育改革。仅2009年以来，针对教育改革就曾作了10余次讲话，其中3次是面向全体教师，就教育理念、教育改革作了深入阐述。开展读书活动，为全区教师配备了李南沉书记推荐的《民主主义与教育》《马克思的人学思想》《巨人传》《爱弥儿》等教育名著，教体局编写了《主体教育读本》《高效课堂基本模式解读》等学习材料。通过学习交流，在全区树立了“以人为本”的教育理念。

2010年1月，召开了“全面推进主体多元教育，打造高效课堂动员暨培训大会”。殷都区四大班子领导、市教育局领导、殷都区特聘教育专家、中国教师报名校共同体专家参加了动员会，全面启动主体多元高效课堂教育改革。同时，名校共同体专家作了专题报告，进一步解决教师的理念问题，指明了高效课堂的路径和方法。

2. **方向引领人为本**

“课改难，难于上青天”，很多课改学校都这样感叹，但是殷都课改区域整体推进却能“排除万难争取胜利”，其关键在于“三个人”，即决策人、执行人和引领人。殷都区教育发展离不开以李南沉书记为核心的区委区政府领导决策人的重视和支持，决策者真正把教育放在重要的战略地位来抓，能够起到方向性的引领作用，这需要一种责任、勇气和智慧。执行人主要是指以教育局长李志宇为首的管理者，他提出“三个尊重”即尊重思想，尊重规律，尊重人才。尊重思想才能产生思路，尊重规律就是规避蛮干，尊重人才就是以人为本，解放教育生产力。所谓引领人，是指以姚文俊为代表的专家引领团队。殷都区教育改革的推动，离不开这个集理论与实践于一体的专家智囊团，来进行整体而系统的引领和规划，借智借力来引领发展。

3. **实践操作抓突破**

区域性课题研究头绪繁多，不同的阶段抓不同的关键点，集中力量重点突破。前期准备以实验校为突破口，实验初期实验校以各自的侧重点为突破口；全面推进阶段，把高效课堂建设作为主体多元教育实验研究的突破口，集中力量抓突破，以此带动其他三个系列的发展。再如，固模过关阶段，广大教师观望情绪较浓，对运用模式存在着畏惧心理，成为课改推进初期的难点。为了突破这个难点，我们举办首届教学节，要求全员参与固模过关，结果全区 1056 名教师中有 1032 名教师参加了赛课活动，达到了以赛促训的目的，迈出了课改的第一步，取得了良好效果。深化阶段进行“百师会战”，集中骨干力量研究模式创新，通过名师带动，集体攻坚，研制出不同学科的课型。

4. **深化发展抓过程**

恩格斯在《过程论》中指出：客观世界不是彼此孤立，一成不变的简单堆积，而是普遍联系和永恒发展的统一体。因此在教改实验深化发展阶段特别重视过程，紧抓一个点，带动一条线，形成一个面，逐步推进。然后通过开专题“现场会”观摩学习，通过经验交流会启发借鉴，通过研讨会进一步提升。在这个探索过程中，达到推进教改实验工作深化发展的目的。比如，教科所在调研中发现了问题及时召开“规划课题及重点课题研究推进会”，一段时间的推进之后，发现优秀阶段成果又现场举办"发展性教学系统阶段性经验交流会"。又如"高效课堂推进"安阳外国语小学现场会、"高效课堂督评制度"殷都实验小学现场会、"学生自主管理"梅东路小学现场会，都是点线面带动发展的成功范例。

5. 教育创新抓典型

研究意味着发现，改革意味着创新，都没有现成的路子可走，所以要从无到有，针对阶段性主要矛盾抓一个试点，培育一个典型，总结提炼，规范完善，坚持先有后完善，在修正中完善，在完善中发展。高效课堂建设中的模式使用和督评机制、学生自主管理和自主社团活动、学生评价机制、家教联系创新等工作，都是得益于先有后完善，才得到了深化发展。以课堂督评机制为例，殷都实验小学在建立制度之初，派出一批教师到天卉中学学习督评制度，回来之后着手尝试改造，先建立起来，再逐步修订完善，在不断地尝试中，寻找最佳的改造方案，而不是在实施之前就去凭空改造，实践尝试是发展的基础。

6. 科研引领抓课题

教育改革必须坚持科学、严谨的态度，坚持科研跟着课改走，课题建在问题上，坚持依靠课题研究牢牢把握改革方向，破解改革难题。高效课堂建设经过行政推动、技术培训实现固模过关之后，各个层面都存在着亟待解决的问题，课改进入深化阶段。我们通过实施"课题引领抓方向"的措施，梳理课改重点、难点，审批 134 项课题立项研究，校长、教科研人员、一线骨干教师均申报或参与课题研究，形成了"问题变课题、课题出成果、成果明方向"的良好局面。成熟一个课题，结题一个，推广一个。多次召开课题研究经验交流会，进行科研课题的成果评选，对形成研究成果的个人和集体进行表彰和成果推介。

7. 专业发展抓培训

实验之初，培养实验骨干，建设实验队伍，都是从培训开始。深入发展阶段，根据改革实施方案的安排，中国教师报名校共同体派驻专家、名师对教师进行专题讲座、驻校指导，面对面，手把手，一对一地对教师进行高效课堂基本模式操作培训，达到人人过关、堂堂过关的目的。

8. **健全机制抓规范**

区域性教改实验是项复杂的系统工程，健全机制规范程序，扎实有效地推行是关键。比如，在学生的管理上我区出台了《中小学生自主性管理多元化发展实施方案》对培养学生课堂内外的自主管理能力作了详细规划，让学生广泛参与教育教学、学校管理的全过程，为培养“阳光、开放、向上、张扬”的殷都新人打下基础。又如集体备课制度和督评制度的健全都在紧抓规范，有效实施。

9. **质量提升抓评价**

评价指导教育教学行为，我区的评价体系侧重其激励作用，旨在促进学生主体多元发展，激励校长、教师在教育改革中勇于创新，多出成果。研制评价激励校长的《校长职级制》，评价激励教师的《教师职级制》。对学生评价由一元变多元，把纯静态测评变为动静结合型，研制出具有殷都特色的“学生多元评价方案”，实行“三考”，融考试、考核、考评为一体。

10. **加大投入抓保障**

区委、区政府一方面继续加大课改经费投入，至 2011 年又增设课题研究经费 10 万元，全力推进高效课堂建设投资 300 万，另一方面也着力改善薄弱学校办学条件。经济投入保障了教改实验顺利进行。

五种成果

1. **出理论：确立了主体多元教育思想，转变了教师理念，构建了教学模式，创新了评价方式。**

①在实验过程中形成了先进的主体多元教育思想，构建了主体多元

发展模式

主体多元教育思想是在马克思人学思想的指导下，在“儿童中心论”和“教学做合一说”的基础上，融主体教育思想与多元智能理论为一体的先进的教育思想。主体多元教育的目的在于调动学生学习的自主性、主动性和创造性，让学习成为学生的一种内在精神需求，不仅愿意学，而且会学；不仅学习课本知识，而且学习课本以外的知识，懂得知识是怎样来的；不仅学习知识，而且获得学习知识的能力。这是一种对传统教育的颠覆，是一种从思维到行为的质的发展变化。

②构建了主体多元发展的“一二三四五”模式

一个中心：以学生全面和谐、主动发展为中心。

两个原则：诚心诚意让学生做主人，严格严肃对学生进行基本训练。

三个重点：第一，强化理论学习，注重教育思想创新；第二，加强校本培训，不断优化组合教师队伍；第三，研究制度创新，构建质量评价体系。

四个系列：德育系列、学科系列、活动系列、家庭教育系列。

五出：出质量、出经验、出理论、出队伍、出名校。

③围绕主体多元教育思想，殷都教育逐步实现了“五改”

改思想，就是改变以教为中心、以分定优劣、重统一轻个性、重结果轻过程的传统教育思想，倡导以生为本，激发主体性，尊重差异的主体多元教育思想；改课堂，就是改变以知识传授为主、忽视学生发展的传统课堂，倡导以学生自主学习、师生双向互动的高效课堂；改学生，就是改被动接受的知识容器、统一规范的标准件为自主、全面发展的人；改教师，就是改师道尊严的维护者、学习的统治者、知识的传授者为学习中的首席、学生发展的促进者；改管理，就是改命令式、挤压式、惩罚式管理为服务式管理，建立学校、教师、学生三级主体自主管理新模式。

在思想的改变上，铁佛寺小学张静老师说：实验之初，不接受主体多元思想，不接受高效课堂理念，上课总是怕学生学不会，不停地讲，总给学生抢风头，结果嗓子累心也累，课堂还不精彩。经过一段实验之后，我班孩子大胆了，大方了，自信了，讲台上，小老师雨后春笋般地涌现。看到这情形哪里还用领导讲，自己就给自己洗脑了！

创建高效课堂以来，通过举办殷都教育论坛，邀请教育专家、课改专家作专题报告，传递教改新思潮，广泛组织教师学习区委书记李南沉同志推荐的教育名著和殷都区编撰的主体多元教育学习资料，对照自身，开展反思，教师的教育观念得到进一步转变，主体多元教育思想的统领地位得到进一步确立。

说起教师课堂角色的转变，殷都实验小学李凤茹老师说："一要当倾听者，倾听学生在说什么，思维跟着孩子走，此时无声胜有声；二要当点拨者，当学生的说法出现偏颇时，及时点拨，让学生看到'柳暗花明又一村'；三要当煽动者，把课堂学习的氛围煽动起来，把学生学习的兴趣调动起来，一石激起千层浪；四要当干预者，掌握好课堂学习的大方向，当学生走偏时，能及时引导回来，当学生争执不休时给出明确决断，干预而不干涉，心中自有青山在。"

老师的观念变了，看学生的角度多了，终于发现：学生之间没有差距只有差异，孩子们的差异恰恰是财富。因为我们的社会分工越来越细，需要的人才越来越多元。主体多元教育就是要创造适合每个孩子发展的机会和环境，达到"人人成为最佳的我"的目标。

④构建了主体多元"双向五环"教学模式，形成了主体多元高效课堂建设策略

课堂，是点燃求知欲和道德信念火把的第一颗火种。课堂应该成为最大的育人场，而非知识的训练场。

我们要打造的是主体性发展和多元智能开发相融合的高效课堂，即

把激活学生的自主性、主动性和创造性作用于学生多元智能的开发上。这样的课堂应该是：以学生发展为中心；既要诚心诚意让学生做主人，又要严肃严格进行基本训练；围绕知识和能力、过程与方法、情感态度与价值观；坚持教师主导、学生主动、问题主线、活动主轴的原则；把学生预习与教师导学、学生合作与教师参与、学生展示与教师激励、学生探究与教师引导、学生达标与教师测评融为一体。

⑤调整评价作用，创新评价体系

对学生采用多元评价促其全面、个性地发展，实行融考试、考核、考评为一体的“三考”，对校长、教师重在激励，研制职级制评价方式。

2. 出经验：积累了促进少年儿童主体多元发展的实践经验：一个中心，四条途径，多种特色

一个中心：以学生全面和谐、主动发展为中心。

四条途径即四个系列。

教学系列：在基本模式的基础上，凸显高效课堂学科特色和年级段特色。

针对课改中的“三大重点”（导学案、小组建设、当堂检测）和“三大难点”（小学科、大班额、低年级），共立项134个课题，以课题为引领，进一步加强区校两级自研，课改难点得到有效突破。全区形成了学科、年级段研究的浓厚氛围，教研室组织了15次不同学科不同年级课型研讨会，学校申报了涵盖9个年级、19个学科、63个特色突破项目，形成英语等13个学科的听说课型、阅读提升课型等43种课型。低年级、大班额、小学科取得了重大突破，低年级的导学案编写和应用不断创新，形成低段特色。各学科导学案逐渐规范，在各种课型设计中彰显了学科特色。

德育系列：针对目前德育途径单一，而学校德育又涣散软弱，说起来需要、做起来次要、忙起来不要的现象，根据德育的结合性、贯穿性、渗透性和蕴含性等特点，构建了多种渠道有机结合的德育网络。这个网络以学校为核心，以学校、家庭、社会为渠道，以各科教学、各种活动、各种规章制度、各类人员的言传身教及各种文化建设为途径，形成合力，充分发挥整体效应。

活动系列：以学生自己组织、自主活动、自我评价为中心，开展自主管理，参加社会大课堂实践以及丰富的社团活动，提高学生综合能力，促进其主体多元发展。

家教系列：根据家庭教育以亲情为核心的熏陶性特点，针对家庭教育的常见问题，提出了主体多元发展家庭教育原则，开展家长教育培训，拓宽家校沟通合作渠道，建立优秀家长评选机制，以多种方式提高家庭教育水平，使家校形成合力，提升育人质量。

3. **出质量：改革初见成效，育人质量得到提高**

主体多元教育的质量观，不是单纯看考试成绩，更关注学生的主体性发展和智慧潜能的开发，注重的是全面育人，因此我们提出的是“育人质量”。实验开展以来，学生开发得以全面拓展。

学生：我的课堂我做主，我的活动我组织，我的成长我评价。

学生学会了自主性地发现问题，创造性地解决问题，不再单纯地迷信课本，迷信老师，逐渐有了自己独到的见解，并为自己的见解寻找有力的证据。一部分学习成绩稳步提高，分数已经成为高效课堂的副产品，不存在吃不饱的问题，只是如何吃好的问题，不存在分数上不去的问题，只是分数高的同时全面发展的问题。

经过一段时间的全面实施，我们从两个方面看到了孩子们可喜的变化。

知识方面：一是学生基础知识掌握牢固了。通过自学掌握知识的30%，在小组学习中掌握了30%，在全班交流展示学习中掌握了30%，剩下10%老师给予点拨讲解，知识当堂消化，彻底减轻了学生负担。二是学生的学习兴趣提高了。学生表现积极，发言踊跃，主动参与，在轻松愉悦的氛围中自主学习、合作学习，体验到了学习的快乐。我区在期末考试中，发现中学平均分比去年增加了 15 分，小学平均分比去年增加了 10 分。2010 年的中招考试中，我区地处偏远农村的外国语中学 92 名中学毕业生，43 名同学考进省重点高中，6 名同学被安阳市一中正式录取，创造了我区中招录取的新高，得到了家长、社会的充分肯定。

能力培养方面：一是竞争能力提高了。教室里四面都是黑板，学生人人都能板演讲解；学生人人演讲发言，上台不再是优秀学生的专利。课堂上教师退居幕后，充当导演和首席学生。学生从不愿意竞争到敢于竞争，从敢于竞争到善于竞争，从善于竞争到乐于竞争，发生了一系列可喜的变化。二是合作能力提高了。他们按照优中差两两结成对子，六人结成小组，由小组长负责进行合作学习，不同的学科由不同的学生担任小组长。通过合作，学生学会了欣赏，学会了倾听，学会了表达，能够利用团队的智慧和力量解决学习中的问题。三是创新能力提高了。学生学会运用发散性思维，学会了质疑，并创造性地解决问题，不再单纯迷信权威。

学生自主管理、社团活动和社会实践推进了学生自主性开发，提升了整体素质。学生全程参与学校和班级管理，自主开展社团活动，开阔视野，了解社会事务，培养社会责任感，学生主体文化初步形成，综合素质得到提升。安阳外国语小学跳绳社团的《花绳飞舞》节目被推荐为中央电视台、中国教育电视台等联合举办的“第十一届全国校园春节联欢晚会”演出节目，铁佛寺小学足球社团参加省“小足球”比赛，获得优异成绩，展示了我区学生社团的风采。

2010 年殷都实验中学 8 名小选手代表河南省参加中央电视台“挑战小勇士”获得优异成绩，被中央电视台节目主持人“月亮姐姐”称为“农村学校的一朵奇葩”。

2011年6月15日，钢城小学代表队参加省教育厅组织举办的第三届语文风采大赛活动荣获团体最高奖项，并取得代表河南省参加全国语文风采大赛总决赛的参赛资格。

钢二路小学在安阳市“阳光伙伴”小主持人比赛和少年儿童才艺大赛中共有8名同学获奖，其中5名同学都是班里的优秀小组长。

梅东路小学近三年有30名学生获市级科技创新奖，实验小学的小记者作品见大报。

从这些比赛的成绩可反映出我区的育人质量得到全面提升，孩子们全面发展打基础，个性发展有特长，人人都将成为最佳的我。这也正体现了主体多元教育的质量观：育人质量是课堂的生命力，分数升学率是检测质量的一种手段，而不是质量本身。我们所追求的质量不是口号式的“办学质量”“管理质量”“教育质量”“教学质量”等外在的东西，而是学生生动、活泼、主动的发展，即学生主体性的发展和多元智能的开发。

家长的心情由课题实验初期的疑虑，伴随着开放周走进课堂的脚步变为欣喜。外国语小学五（2）班吴立群的家长在自己的博客中写道：“高效课堂让独生子女不再孤独。主体多元高效课堂，让孩子们组建小组，每个孩子都有自己应尽的义务。他们合作交流，共同探索，每个孩子都在不知不觉中感受着：小成功靠自己，大成功靠团队。我发觉自己的孩子变得大度了，和小伙伴在一起懂得了谦让，想不到，团队的力量竟然如此神奇！”实验小学三年级学生家长张元花说：“把孩子交给学校，我很放心。谢谢老师给孩子展示自己的机会，培养了孩子的信心！”

专家领导充分肯定，热情鼓励。2011年3月18日下午，第十届全国人大常委会副委员长、全国关工委主任顾秀莲，在河南省人大副主任蒋笃运、省关工委副主任吴全智，以及安阳市张笑东、李发军、郑俊峰、彭志安、李祖卫等领导的陪同下，视察安阳市殷都区教育工作。当她听完殷都区区委书记李南沉等人介绍殷都区主体多元教育改革情况后，还饶有兴趣地邀请两位学生代表进行座谈，并详细询问了他们在推行教育改革后的学习情况和切实感受。座谈会后，顾秀莲由衷地感叹：“只有孩子说好，改革才是真的好!”并衷心祝愿殷都区的改革取得成功。

2011年1月22日下午，中央民族大学调研组一行6人在区委书记李南沉、副区长王学军的陪同下莅临殷都实验小学调研我区教育改革工作。调研组和教体局领导到教室看课，听李志宇局长汇报2009年以来我区全力推进的以高效课堂建设为突破口的教育改革工作进展情况。调研组就教育改革中的有关问题和教师、学生、家长进行了交流，孩子们阳光的心态、精彩的发言博得了调研组专家的阵阵掌声。专家们对我区改革的理论基础、改革内容、推进方式给予了充分肯定。他们一致认为，从孩子们的表现就可以看出教育改革的效果，相信主体多元教育改革的明天会更好。

4. 出名师：教师素质得到进一步提升

广大教师积极投身教改实验，充分认识到了教育改革对殷都教育发展的重要意义。参加首届高效课堂教学节年龄最大的王凤莲老师已经53岁，仍积极参加赛课。通过赛课，涌现出了胡俊华、刘爱先、李文峰、侯彭燕、张素峰等70名优质课教师、20名示范课教师、10名精品课教师、3名领军者和7名成长中的领军者。这些课改优秀教师，成为高效课堂建设的中坚力量。《教育时报》在头版头条以“侯鹏燕：在不断自我否定中成长”为题，专题报道外国语小学侯彭燕老师的成长历程，同时她被评为“河南省第二届最具成长力优秀教师”。另有45人获省名师、学科带头人、骨干教师称号，有151人被评为市名师、学科带头人、骨干教师，99人被评为区级名师、学科带头人、骨干教师。

教改实验进入深化阶段之后，广大教师积极主动地组织起来，研究起来，克难攻坚，形成了教育改革的合力，并积极为兄弟县区友好学校讲学作课。

进入 2011 年，有张士锋副局长、杜晓波校长、白艳红书记、刘爱仙副校长、刘艳丽副校长、魏中秀老师等一百多位校长和教师应中国教师报名校共同体的邀请，先后到广州、安徽、郑州、开封、许昌、濮阳、林州等地讲学、做示范课、进行体验式培训等交流活动，受到受邀单位广泛的好评，提高了个人的专业素养和殷都教育的知名度。

5. **出名校：课改磨砺了一批富有特色的区域名校**

一是小屯教育集团初见成效。积极探索教育集团化运作模式，成功组建小屯教育集团，统一了办学理念，明晰了办学特色，挖掘殷商文字、文化、文明资源，开发集团校本课程，集团工作成效初显。

二是实验区工作独具特色。我区以高效课堂建设作为实验区课题研究教学系列的突破口，其他三个系列协调推进，“少年儿童主体多元实验研究”课题取得丰硕成果。2010 年 10 月，在中国教育学会全国教改实验区工作会议上，我区作了典型发言，独具殷都特色的主体多元教育改革受到了与会专家的好评，产生了较大影响。

三是殷都教育广受关注。我区的教育改革得到了市、区领导的高度关注。安阳市市长助理张善飞到安阳外国语小学调研改革进展情况；区委书记李南沉亲自陪同中央民族大学调研组到殷都实验小学调研，并和教师、学生、家长代表座谈；区委副书记、区长张建国在殷都实验小学六（1）班听课，并进行座谈；区委副书记薛忠文到殷都实验中学、安阳外国语小学、高楼庄小学听课调研。我区的区域课改引起了省内外教育同行和新闻媒体的高度关注。截至目前，我区已经成为《中国教师报》“区域课改联盟”和《教育时报》“县域教育局长行动联盟”的中坚力量，2010 年 8 月，承办了“县域教育局长行动联盟”殷都高效课堂研讨会。2010 年下半年以来，河北、安徽等省内外 8000 余名教育同行到我区考察学习。《中国教师报》《香港文汇报》《教育时报》《安阳日报》《安阳电视台》等新闻媒体对我区课改经验进行详尽报道。

2011年3月9日，新华社记者郭久辉在河南省接待办副主任王载文陪同下，到安阳市殷都实验中学就殷都区整体推进的教育改革对学校做全面采访，进课堂，看校园文化，与学生、家长、教师代表座谈。郭记者最后说：“我去过很多学校，第一次见到如此富有激情的教师。整个下午，我被殷都实验中学的学生、家长、老师们积极的情感、热情的工作态度、乐观向上的精神所感动、所鼓舞。”

郭久辉记者在报道中写道：“教师整体素质提高了，学校的教育教学管理也不断地创新发展着。记者在梅东路小学看到，学生正在老师的带领下认真地吟诵古诗词。该校是安阳市诗词学社的一个分社，古诗词诵读是学校的一大特色。而小屯小学则以‘殷商文化与甲骨文’为切入点，以千古文明来引领学生了解历史，培养民族自豪感。”

2011年6月19日殷都实验小学经河南省审核和抽样实地考察被评为为“河南省青少年科技教育基地学校”。赵验军校长在“首届河南省青少年科技教育高峰论坛暨河南省青少年科技教育基地学校挂牌仪式”作了关于科技教育工作的交流展示报告，他先进的教育理念、扎实的科技教育工作，受到了与会领导、专家的肯定与赞赏。

最近，我们殷都区最偏远的北蒙小学也迎来了河北省武安市教育考察团的参观学习。北蒙小学的领导和教师跟武安的各位教育同仁进行互动交流，现场解答他们提出的问题，深得参观者的赞许。

感悟与思考

“少年儿童主体多元发展实验研究”经过四年的选点实验，三年的由点到线再到面的全区推进和一年多的“高效课堂”的有力突破等实践证明：“我们的选题是正确的，发展是健康的，成效是显著的，但问题是存在的”。这些问题虽然是发展过程中的操作性问题，但透过现象看本质，从感性认识到理性思考，发现前进中的问题有三个：

1. **“主体多元”已经成为殷都最靓的语言符号，但这种教育思想还没有融入血脉**

“主体多元”是一种以马克思主义人学为基础的融合了主体教育论和多元智能论为一体的先进教育思想。我们试图创造出一种“学生发展教育论”，构建出一种适合每个孩子主体性发展和多元智能开发的教育。经过五年的实验探索，主体多元教育改革实验已经在殷都生根、开花、结果，这个主题词已经成为殷都最富魅力的语言符号，主体多元教育思想的统领地位已经得到确立。但是，它的创建和实施需要一批“主体多元”的忠实信仰者，并形成一个融入血液，化作灵魂，像当年打天下的毛泽东等信仰共产主义而为此牺牲奋斗的精英团队。目前，我区主体多元的忠实信徒为数不多，积极进行理论研究又大胆进行实践探索的骨干队伍尚未形成。

2. **强国必先强教，强教必先强师**

国家的振兴在教育，教育的振兴靠教师，所以，必须建立一支素质较高的、结构合理的教师队伍。课堂是教师的主战场，是提升育人质量的生命线。因此，在实验推进过程中特别重视对教师队伍的培训，教师整体水平有显著提高。但是由于历史原因，殷都教师队伍基础理论和文化专业素养欠缺，是制约质量提升的一个关键。我们重视了教师高效课堂的技术操作方面的培训，但对主体多元教育的思想研究和实践探索引领不到位，存在理念与实践的严重脱节。实践证明，提升育人质量必须建设一支既热爱教育，又终身从事教育；既有丰厚文化底蕴又有国际教育视野；既积极进行理论研究又大胆进行实践探索的专业化教师队伍。这个问题的解决需要时间，需要力度，需要财力。

3. **殷都教育领导者、决策者的思维方式、工作方法有待改善**

近年来殷都教育的领导者和决策者重视教育、支持教育，把教育放在优先发展的战略地位上，这种情怀和魄力让人感动和敬佩。“坚持科学发展观，依靠教育科研，落实主体多元，促进内涵发展，全面提升育人质量”这是殷都教育人的指导思想。但现实的领导团队不是依靠科研，深入一线，课题突破，培育典型，总结推广，以点带面来体现领导价值；而是会议灌输多，任务布置多，检查评比多，整体工作显得浮躁、显得忙乱，静不下来学习、反思；蹲不下来调查、研究、实践、创新。开始可以“领导运动群众”，但最终要形成“群众运动”。只有领导者和决策者彻底转变思维方式，改变工作方法，才能上行下效，让群众运动起来。

“小荷才露尖尖角，教改实验天地新”，殷都区的教育改革遵照国家“培养创新型人才”的明确指令，和着素质教育的节拍前行，正在走向“学生快乐学习，教师幸福工作”的明天。

媒体报道

2010年，殷都教育在区委区政府的高度重视下，全面实施主体多元教育改革，以课堂为突破口，区域性整体推进主体多元高效课堂建设，在改革中焕发了无穷的生机和活力，教师彻底告别了传统课堂，形成具有殷都特色的“主体多元双向五环”高效课堂教学模式。学生开发不断深入，育人质量全面提升，改革取得了显著成效。

在此基础上，坚持“主体多元”教育思想和“一个围绕三个尊重”的工作理念，把2011年定为深化年，坚定不移把改革向纵深推进，全面提升殷都教育知名度和美誉度，打造全国区域课改典型，创建教育强区。

在改革之初，就高度重视争取家长和社会各界的关注、支持，把社会参与作为教育改革的一部分。“三大举措”充分发挥家长、社会力量，“十大员”为学校发展建言献策，教育改革进入良性循环。

殷都的区域课改引起了各级领导的高度重视。全国关工委主任顾秀莲、国家总督学顾问柳斌等领导到殷都区视察教育改革工作，对教育改革理念和成效给予高度评价，并提出了殷切期望。省内外教育同行纷纷到殷都参观学习，截至目前，殷都区已经成为《中国教师报》“区域课改联盟”和《教育时报》“县域教育局长行动联盟”的中坚力量，河北、北京等省内外8000余名教育同行到殷都区考察学习。

殷都的区域课改同样引起了新闻媒体的高度关注。《中国教师报》分九个版面以“殷都的课改试卷”为题对殷都区课改经验进行详尽报道，引起了强烈反响。2011年3月份以来，殷都区获得12项省市荣誉，被河南省评为教育均衡先进县区，被安阳市评为教育改革先进县区。

2010年5月22日、29日，《教育时报》头版头条《学生快乐学习，教师幸福工作》用7000余字的篇幅对殷都区教育改革进行了深度报道，在教育界引起了较大反响。之前，曾对殷都区教师从“学习型”如何向“研究型”转变，进行了详细介绍，提供了可资借鉴的经验。2010年12月3日，《安阳日报》称区域课改使“殷都教育改革谱新篇”。2011年3月9日，新华社以“让孩子们快乐起来”为题，对殷都区推进高效课堂以来师生发生的巨大变化进行了纪实报道。2011年6月7日，《香港文汇报》以采访李南沉书记的方式，对殷都教育现象进行了全方位解读。还有《中华儿女报刊社》等都有相关报道。

各大网站也积极关注殷都区的主体多元教育。除了“安阳教育信息网”报道次数超过35次和“河南省教育网”超过45次外，“中广教育网”“中国知网”“黄河新闻网”“河南党建网”“新郑教育信息网”“广西新闻网”网站，对殷都区的区情、殷都实验小学、小屯集团铁西路小学、外国语小学等课改进展情况进行了详细报道。

课改在进行，报道在持续。相信在社会广泛关注和支持下，殷都的区域教改会走得越来越坚实，课改之路会越来越宽广。

大量的媒体报道引起了《新华社》和《香港文汇报》的关注，他们这样报道殷都区的教改实验——

“让孩子们快乐起来”——河南安阳市殷都区推进高效课堂建设纪实

为了扎实有效地推进主体多元高效课堂，殷都区还对学校考试进行了一次深层次的改革。改革后的考试与以往相比是一次颠覆性的五大变脸：功能新，变一张书面考卷为多元考试；组织形式新，变统一监考为诚信考试；结果呈现形式新，变百分制为星级制；结果反馈方式新，变分数排名为成绩密封档案袋，单独向学生反馈；试卷评语新，变“以分数论英雄”为多元评价。考试、分数和主体多元绝对不是对立的，只是说让学生获得知识的方法不同、效果不同。“先让孩子快乐起来”，这是对素质教育推进过程中出现的困难开出的一剂猛药。

《新华社》

解读“殷都教育现象”

记者：殷都区的教育改革理念是什么？教育改革包括哪几个层面？主体多元又怎样去理解？

李南沉：真正的教育改革绝不是技术层面的事。改革有道、法、术、技几个层面，道不改，法不改，体制、理念不改，只在技术层面改，改来改去还是表面的改变，因为你体制没改，评价标准没改。这种改革是假改革、瞎折腾，是必定要失败的。

我认为，单纯减负是非常简单的思维。本来学习和玩耍是儿童的天性，这是人类学研究的公认结论，孩子的天性是学习，却把它当成负担去减，这根本不是正确的教育理念。如果把这些也当成教育改革，那就误入歧途了。

有人说，中国教育改革已经到了深水区，我不赞同这种说法。整体来说，中国教育改革还没有真正启动。

殷都区的教育改革是五个层面：第一个，哲学上是以人为本；第二个，理念上是主体多元；第三个，课堂是双向五环教学法；第四个是校园文化；第五个是校外的社会实践大课堂。这五个方面构成了殷都教改的完整体系。

2007年殷都区开始向全区推行“主体多元”教育，主体就是以学生为主体，一切从孩子的眼光去看问题，一切从学生的爱好和兴趣出发，来布局教育。多元，就是尊重学生的多元发展。我们并不是提倡偏科，但绝不反对偏科。不能用一个模子来要求和评价孩子，来把我们那么多孩子的鲜活生命装在套子里。所以，我们叫主体多元教育。

所谓的双向五环教学法，就是再也不是教师满堂灌，学生被迫学，整个课堂活跃起来了，孩子可以在课堂上争论，可以走动，可以和外组交流，可以在白板上写，它是一个动态的课堂。

《香港文汇报》

国家级报刊

区域课改的“殷都试卷”

姚文俊:教育从儿童出发

课改:为了培养一代新人

让“种子”自然生长

区域课改的“殷都试卷”

殷都试卷

从"新"开始的幸福

教育是一种信仰

殷都试卷

课改:为了培养一代新人

殷都试卷

透视殷都课改的"智慧"

中國教師報

清华百年校庆 胡锦涛发表重要讲话

区域课改的"殷都试卷"

特别报道

从总书记讲话中寻找动力

区域教育周刊

李南沉:课改是最大的政治

河南省安阳市殷都区

"双向五环"模式下的区域课改

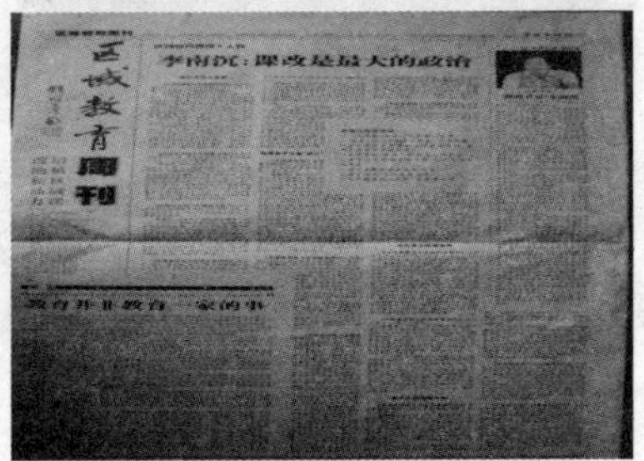

区域教育周刊

李南沉:课改是最大的政治

教育并非教育一家的事

教育家周刊

张建国:教育怎样重视都不为过

“博士区长”的课改哲学

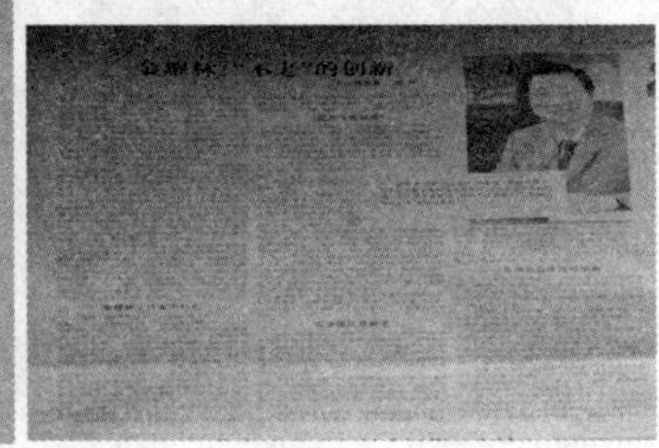

省市级报刊

政教科文

“我行,我是最棒的!”

政教科文

让孩子们快乐起来

教育时报

真正的教改绝不是技术层面的事

安陽日報

ANYANG RIBAO

"中国民营企业500家"名录全新出炉

我的课堂我做主

从执政高度认识政协工作

大手笔带来新面貌

"小小鼠标点开了俺的致富大门"

各界反响

领导评价

只有孩子说好，改革才是真正的好，衷心祝愿你们的改革取得成功。

——第十届全国人大常委会副委员长、全国关工委主任　顾秀莲

主体多元教育思想非常先进，符合当前的教育发展需要。

——原教育部副部长、国家总督学顾问　柳斌

殷都教育，大有可为。

——教育部基础教育司副司长、博士　王定华

义务教育要均衡发展，就必须优化教育资源，殷都区实施的农村义务教育资源整合对教育发展起到了重要的作用。希望殷都区继续坚持教育改革，创造更多更好的经验，为其他县区树立学习的榜样。

——安阳市市委书记　张广智

专家评价

在中国古老文明的发源地，创造新文明的辉煌。

——中国教育学会常务副会长　谈松华

“少年儿童主体多元实验研究”课题与我国教育改革的大目标一致，具有超前性和实用性，是非常先进的课题，具备很高的研究价值。

——中国教育学会副会长　张民生

师生在主体多元高效课堂模式运用上更加娴熟了，学生在课堂上分享着快乐——学习语文的快乐、知识探究的快乐，教学改革正在稳固、深化。

——北京光明小学特级语文教师　武琼

同行评价

课改之路是学校发展的正确之路，你们是课改的一面旗帜、先行者，必将掀起一场学习的革命。

——汝南县教育体育局

看到了殷都教育改革的今天，就看到河南教育的希望。

——洛阳市洛龙区教育局局长　张欣

推行力度空前，课改成效显著，指导思想科学，办学特色鲜明，教师热情高涨，学生自主活泼，我们将组织全县校长分期分批到殷都来参观学习。

——清河县教育局党委书记　刘英祥

海纳百川　课改弄潮　谁与争锋　我辈同行

——河北省兴隆县六道河中学

殷都区是中国教育改革的先行者，值得我们学习和推广，学校文化建设、管理和高效课堂模式很值得学习。各科导学案清晰条理，三维目标得到了充分体现，并体现了教师的集体智慧。课堂气氛活跃，自主探究展示，培养了学生自主合作意识，学生能力有很大提高，促进了个性发展。

——安阳市林州东姚镇下庄学区　王新昌

改变一种教学方式，几乎就等于改变教师的日常生活方式，心有存主，重心所在。你们迈出了课堂教学改革坚实而可感、可敬的一步。当学生成为课堂活动的主体，精彩而充实，扎实而丰富的课堂学习生活将由此开始。随潮而歌，踏浪而行，相信你们一定会在课堂改革汹涌的大潮中一路领先，你们的课堂让我们充满着迷恋。

——安阳县曲沟镇二中

灵动的课堂　鲜活的思想　个性的张扬　身心的解放

——新乡市凤泉区实验学校

课改只有起点，没有终点。

——开封市尉氏县教研室　周根学

Part 4
第四部分

附　录

殷都区人民政府关于申报
中国教育学会教育改革实验区的报告

殷政函〔2007〕15号

中国教育学会：

殷都区是河南省安阳市工业、金融、文化的汇聚地，是工业强区，文化大区。西依巍巍太行，东接安阳古城，北望幽幽燕赵，南据富庶粮仓，美丽的洹河横穿东西，国家大动脉京广铁路、107国道纵贯南北。辖区有安钢集团公司、安阳电厂、豫北棉纺公司等多家省、市重点企业，有市中行、市农行、市建行、保险公司等多家金融单位和市水务总公司、公路管理局、安阳人民广播电台、安阳电视台等公用事业单位，有被列入世界文化遗产的甲骨文发源地——殷墟。

近年来，殷都区委、区政府对教育工作高度重视，真正把教育摆在优先发展的战略地位，先后实施了教育人事制度改革、农村中小学布局调整、学前教育布点，启动了名师工程、引进了一大批像姚文俊、安士侠等有能力、有影响力的优秀人才。全区中小学办学条件极大改善，教育教学质量明显提升，素质教育进一步强力推进，率先在全市乃至全省范围内实现了城乡教育一体化，2006年又被市政府命名为“教育工作先进区”。

我区教育改革和快速发展备受省市领导的重视，并引起了中央电视台、中国教育报等新闻媒体的高度关注。河南省教育厅厅长蒋笃运，安阳市委书记靳绥东，副书记张启生、林宪斋、李发军，政协主席赵薇，常委秘书长李连庆，市政府副市长陈明今、朱明等领导先后对我区教育工作进行了考察，对我区教育工作尤其是农村中小学布局调整工作给予了高度评价，并先后在不同会议和场合上明确要求全省各市、县（区）要学习殷都区教育改革的先进经验。《中国教育报》头版刊登了《几代人的梦想终于变为了现实——河南省安阳市殷都区以农村基础教育城市化为突破口，拉动了农村城市化进程》一文，用近万字的篇幅宣传报道了我区教育改革先进经验；中央电视台、河南电视台、河南广播电台、《河南教育时报》《安阳日报》等新闻媒体也专题播出、报道了我区教育工作的先进做法。

为了更好地进行教育改革，提高教学质量，提升教育水平，打造教育品牌，殷都区委、区政府专题学习了中国教育学会教育改革实验区申报和管理办法，并进行了全面对比。目前，我区教育现状已完全具备了教改实验区的基本条件。为此，殷都区诚恳申请成为中国教育学会教育改革实验区。

一、殷都区认真贯彻党和国家的教育方针，办学思想端正

殷都区认真贯彻党和国家的教育方针，坚持“一切为了学生，为了学生的一切，为了一切学生”的教育理念，以校园文化建设为切入点，大力实施素质教育。

二、有一定科研教改基础

1. 教育改革成果全市先进。自 2002 年起，殷都区先后实施了校长聘任制、教师结构工资制、教师分流制、业务副校长公开选拔制、校长职级制，积极探索校长年薪制，激活了用人机制，激发了教育工作者的创新热情。启动了名师工程、举办了殷都教育论坛，在广大教师中，营造了终身学习、投身教科研的良好氛围，打造了优良的校长队伍、教师队伍和科研队伍。各学校办学有特色、有品牌，学生乐学、家长满意，殷都区在教育改革和快速发展方面已成为兄弟县区的领军强区。

2. 教育改革基础夯实。2004 年，殷都区实施了农村中小学布局调整工程，按照高起点设计、高标准建设、高水平管理的要求将原来的 29 所农村中小学合并成 5 所“10 年不维修，20 年不落后，30 年留有发展空间”的现代化学校，工程总投资 7500 万元，建筑总面积 40000 余平方米。2006 年，又启动了城区学校改造工程。殷都区已经在安阳市乃至河南省率先实现了城乡教育一体化。此项工作引起了国家、省、市新闻媒体的关注，中央电视台栏目对殷都区教育城乡一体化工作进行了报道，《中国教育报》在头版头条也进行了专题介绍等。2006 年，河南省教育厅将殷都区作为典型在全省推广。教育资源的整合，为科研教改奠定了扎实的物质基础。

3. 课题研究得到显现。大力开展教育科研工作，本着“重过程、求特色”的原则，按照“问题课题化、工作科研化、结果成果化”的思路，力求实效。《注重情感、提高语文教学效益》等一批通过省市验收的教研成果在最短的时间内就一线教学中运用，并且收到了良好的效果。2006 年，我区“小学生主体多元发展实验”课题被中国教育学会小学专业委员会批准立项，同时确定了三所学校为重点实验校，并在全区学校中推广。其中，铁西路小学作为“新教育”实验校，课题研究已取得显著成效。

三、师资队伍优秀，科研氛围浓厚

1. 资深专家引领，教育快速发展。殷都区成立了教育改革领导小组，并且聘请学校管理、教育科研等方面的权威专家为教育发展顾问，引领殷都区教育走上高标准快速发展之路。

2. 强化两层培训，提高师资素质。近几年来，殷都区每年拿出数百万元经费用于师资培训。2004 年，殷都区在安阳市所属县区中率先启动了“名师工程”，对名师给予了每人一台笔记本电脑和 3000 元培训费的重奖，充分激发了广大教师自觉学习，主动研究，争当“研究型”“学者型”教师的热情。2006 年，创办了安阳市首家县区级教育论坛，邀请姚文俊、史根东、陈锁明、肖川等全国知名教育专家到殷都区讲学，进一步拓宽了教师培训渠道。论坛开办以来，先后培训教师 10000 余人次。同时狠抓校长队伍建设，几年来，曾先后几十次组织学校领导赴北京师范大学、上海师范大学等全国知名院校学习，学校领导学习了新理念和先进的教育管理方法，为今后在学校的课程改革中做好“带头兵”“冲锋雁”奠定了坚实的基础。

3. 四海广纳贤才，精英齐聚殷都。近几年，我区面向社会公开引进市级以上名师、学科带头人。所招聘的市级名师除享受我区名师待遇外，在原职务工资档次基础上，一年内工资上浮三个档次，每年增加 2000 元培训费等。所引进优秀教师凡要求为配偶调动工作的，区政府负责妥善安排，职级待遇不变。三年来全区共引进人才 120 余名。并构建了与市内师范、中学教育的横向沟通、纵向衔接的教育体系，形成了“高帮中，中帮小，小帮幼”的发展格局，实现了全区可持续发展的大教育良好局面。

4. 举办大型活动，共商教改大计。殷都区多次承办国家、省、市大型教科研活动，邀请全国各地教育界人士共同研讨，培训了教师，扩大了殷都教育的影响力。2004 年主办“殷都之春”全国名师课堂教学观摩报告会，邀请窦桂梅、孙双金、卢志文、徐鹄、华应龙等多位专家作了观摩课和讲座。2006 年，殷都区承办了全国“创新杯”教学艺术大赛暨教育学会“十一五”课题“现代教学艺术研究”开题会。

四、有完善的教育体系和三级科研机构

1. 组建高端智囊团。聘请全国知名教育行政官员、著名科研人员、教师培训人员、优秀校长、特级教师为我区教育发展智囊团成员。负责对我区培训工作进行专业引领、培训辅导。

2. 率先成立教科所。率先成立了安阳市首家教科所，特聘中国教育学会小学教育专业委员会姚文俊理事长为教科所所长和我区教育发展顾问。同时，姚文俊也是我区和中国教育学会联络的固定人员。

3. 完善各级教科室。成立了区教研室、校教研室和教研组三级教研机构，并逐步完善了教科研室各项制度，目前已日臻完善，日渐发挥重要作用。

五、自愿接受中国教育学会的管理并执行管理办法的各项规定

殷都区教育在区域发展上具有典型性，各方面条件都已具备，诚意申请成为中国教育学会教育改革实验区

请予批准！

二〇〇七年四月七日

中共安阳市殷都区委文件

殷发〔2010〕5 号

中共殷都区委　殷都区人民政府 关于在全区推进教育改革的决定

（2010 年 3 月 9 日）

为大力发展我区教育事业，提升教育整体水平，构建各级各类教育优质、均衡、协调发展的新体系，更好地为我区经济社会发展服务，区委、区政府决定在全区范围内全面推进教育改革。

一、重要意义

教育事业在社会各项事业发展中，具有基础性、先导性、全局性的作用。同时，教育直接关系着人民福祉，是社会发展成果的直接体现。近年来，我区完成了教育资源整合，实施了名师战略，进一步优化了教师队伍结构，教育教学质量明显提升，初步实现了城乡教育一体化。但教育整体水平同人民群众对公平、优质教育的需求，学校、教师的教育理念和方法同素质教育的要求还存在着一定差距。为改变这一现状，必

须在一个时期内全力推进教育改革，进一步在全社会营造理解教育、支持教育的良好氛围；进一步调动社会各方资源，参与教育改革发展；进一步优化教育资源配置，培育市内知名学校；进一步转变学校办学理念，促进学生健康活泼发展；进一步提高教师教育教学水平，全面提升育人水平。

二、指导思想

全面实施素质教育，以主体多元教育理论为引领，坚持尊重思想、尊重人才、尊重规律，积极优化教育结构，有效整合教育资源，不断增强教育活力，推进树品牌、促均衡两翼发展。以主体多元教育思想为引领，确立“以生为本”的教育理念，培育自主型、创新型、复合型人才，努力探索符合我区经济社会发展特点和现代教育发展方向的改革之路。

三、总体目标

依托全国教改实验区，以“十一五”课题《少年儿童主体多元发展实验研究》统领全区教育教学工作，完成主体多元高效课堂新模式构建，全面提升教育教学质量，拓宽思路，聚力创新，充分利用社会各方资源，用2—3年的时间，建立公办主导、民办主体互助发展的学前教育模式，培育1—2所在安阳市有影响的名校，组建中国小屯教育集团，建设一所“省级示范性”民办高中和一个新概念的职业教育集团，打造学前教育、义务教育、高中教育、职业教育协调发展的教育新体系。

四、主要任务

（一）稳步推进，加强全国教改实验区建设

深入开展全国“十一五”课题《少年儿童主体多元发展实验研究》研究，抓住“主体性”和“多元性”这两个素质教育的核心问题，实施“1234”工程。“1234”工程的核心内涵为：围绕一个中心，即以学生全面和谐、主动活泼发展为中心。贯彻两条原则，即诚心诚意地让学生做主人和严肃严格地进行基本训练。把握三个重点，即一是强化理论学习，注重教育思想创新；二是加强校本培训，不断优化组合师资队伍，研究制度创新；三是构建质量目标评价体系。搞好四个系列，即一是以学会做人为重点的德育系列；二是以构建发展性教学系统为重点的教学系列；三是以塑造师生主体性人格为重点的活动系列；四是以培养学生学会生活、学会认知、学会做人的优良品质为重点的家教系列。

同时，以课题研究统领教育各方面工作，提炼成功经验，提高科研成果转化率。

（二）吸纳借鉴，构建殷都特色高效课堂教学新模式

课堂教学是实施素质教育的主渠道，我区推行的主体多元教育包含了素质教育的核心理念，打造高效课堂是实施主体多元教育的突破口。

构建高效课堂教学新模式，就必须借助中国教师报名校共同体团队力量，充分发挥教育专家和驻校名师的引领和指导作用，在全区牢固树立“相信学生、利用学生、解放学生、发展学生”的“以生为本”思想，彻底改变落后的“以师为本”的传统教育模式，牢固把握高效课堂“主动性、生动性、生成性”的原则，重建“惟学”“惟生”的新型教学、师生关系，确立“以学定教”的课堂评价制度，努力构建具有殷都特色的主体多元高效课堂教学模式，使我区学校的课堂真正成为“知识的超市、生命的狂欢”。

（三）内外兼修，实现殷都教育形象新突破

加大培强力度，培育名校。内引外联，合理开发我区优质教育资源，实现教育效益最大化。构建全新评价机制，激发广大教职员工干事创业的热情，实现殷都教育形象新突破。

1. *实施名校推动战略，提高殷都教育美誉度。*树立品牌意识，实施名校推动战略，选择基础好、有发展潜力的学校，通过政策倾斜、物质支持、师资调配等措施，下苦功、练真功，将其打造成为安阳有影响的名校。

2. 组建教育集团，探索学校发展新路径。依托殷商文化品牌，组建"中国小屯教育集团"，逐步扩大集团的办学规模，吸收和合并不同形式的教育机构，形成以公办基础教育为主体，多体制、多形式、多层次的办学机构并存，集学前教育与义务教育、普通教育与职成教育、学校教育与社区教育、国内教育与国外教育于一体的教育实体。把集团建设成为一个具有规模优势的个性化、现代化、信息化和国际化的国内一流、国际知名的综合性教育集团。

3. 创新评价机制，促进教育健康有序发展。重视发展性评价，坚持过程性和终结性相结合、专项和综合相结合、定量和定性相结合的原则，结合殷都区实际，建立具有殷都特色的学校、校长、教师、学生评价制度，使其实现在"最近发展区"的自我超越，促进教育健康有序发展。

建立学生成长档案，实现学生快乐学习、全面健康发展。建立教师成长档案，通过定期到高等院校培训、到教育发达地区和国外名校访学、讲学等措施，搭建成就人生价值的发展平台。在全区教育系统营造"追求事业、成就人生、身心健康、和谐氛围"的工作大环境。

（四）拓宽思路，构建殷都教育新体系

树立开放教育理念，积极引进民间资本，创新办学体制，探索学前、民办教育发展新路径，完善教育体系。充分利用社会教育资源，广泛开辟社会教育阵地，营造社会化大教育氛围。

1. 成立学前教育协会，发展高品质学前教育。成立学前教育协会，合理规划布局，加强政策、资金、师资扶持力度，以公办幼儿园等区域优质园为龙头，创新学前教育管理模式，探索"联盟并举、互助共进"的学前教育互助发展共同体，提升我区整体办园水平。依托辖区幼儿园，建立学前教育指导站，提供学龄前儿童亲子教育服务，逐步建立以幼儿园为主体的学前教育网络。适时引进国内外知名学前教育机构到我区办园。

2. 创办民办普高教育，彰显教育改革成果。创办一所践行主体多元教育理念的“省级示范性”民办高中，提高我区高中入学率，实现主体多元教育理念向非义务教育阶段的延伸，使我区教育改革成果跟现行高考制度顺利对接。

3. 坚持开放办学理念，筹建新型职业教育集团。我区致力于农村城市化，必然面临农村劳动力城市化的问题。构建以政府为主导、企业为依托、社会力量为补充的多样、灵活、开放、实用的新型职业教育集团就成为当务之急。新型职业教育集团以职业教育技术学校、劳务派遣公司、用人单位为成员，遵循市场规律，结合市场人才需求，针对农村剩余劳动力开展服务经济发展的职业技能培训，可以有效解决农村劳动力城市化的问题，为促进农村城市化打下基础。

4. 开发利用社会资源，建立教育社会化大课堂。积极开发利用市内外各类社会资源，如安钢、电厂等工业资源，殷墟、文字博物馆等文化资源，污水处理厂、气象观察站等科学资源，农业研究所、田间地头等农业资源，广泛建立学生社会实践基地，建立教育社会化大课堂，开展社会实践活动，培养学生的动手实践能力和创新能力。

5. 筹建教育发展促进会，助推教育发展。筹建教育发展促进会，聘请离退休老干部、社会知名人士、民营企业家出任名誉会长，担任顾问，参与工作，发挥他们的社会影响力，发动热心教育事业的社会各界人士捐款捐物，助推殷都教育发展。

五、保障机制

牢固确立教育优先发展的思想，将教育改革列为政府工作目标，充分发挥政府管理公共事务的职能，做到规划优先安排教育发展，财政优先保障教育投入，公共资源优先满足教育改革需要，确保教育改革目标顺利实现。

（一）加强组织领导

1. 成立殷都区教育改革领导小组。加强对教育发展的有效管理，发挥政府主导作用，强化宏观统筹，落实有效措施，用更大的精力、更多的财力推动教育事业全面协调持续健康发展。成立由区委、区政府主要领导牵头的领导小组，全面规划、统筹、指导全区教育改革工作，听取工作汇报，协调解决相关问题。

2. 成立殷都区教育改革领导小组办公室。办公室设在区教体局，下设综合协调、联络督办、办学条件、教师队伍、基层指导、宣传报道等专职工作小组，具体负责推进教育改革的相关工作。

3. 加强基层领导，推进各项工作。西郊乡、各街道，区直有关部门要成立相应的工作小组，并指定专人负责与区推进教育改革工作办公室协调相关工作；积极配合区教体局、辖区学校优化育人环境，加大整治力度，合力共建和谐校园、平安校园、生态校园、文明校园。

（二）完善保障措施

1. 加强协调，营造良好环境氛围。要通过全面推进教育改革工作，进一步形成全社会重视教育、各部门支持教育的良好机制。全区领导干部要做教育工作的积极倡导者、推动者和实践者，充分发挥人民群众尊师重教的积极性，动员和引导全社会重视、关心、支持教育事业；组织、财政、人事劳动保障、发展改革、国土资源、建设环保、教育等部门要紧密结合教育改革实际，加快职能转变和体制机制创新，不断提高为建设教育强区服务的水平，在财政预算、计划立项、人事编制等方面，要优先保证教育事业发展的需要；在城市规划布局中，要合理预留教育用地。

2. 加大投入，确保教育条件和教育资源的均衡。要认真执行国家法规，按照省市有关标准，结合我区经济社会发展实际，保证教育投入“三个增长”，保证财政性教育经费占本区 GDP 的比例逐年增长，并略高于全市平均水平。

3. 实行问责，提高执行力。西郊乡、各街道，区直有关部门要全面落实在教育改革中的责任，将目标层层分解，具体到人，并认真实行“问责制”，切实提高工作的执行力。

4. 加强考核，发挥激励机制的作用。要建立健全教育改革目标管理责任制，把教育改革工作纳入乡、街道，区直部门，学校的年度工作目标考核，对工作完成较好的单位、个人予以表彰，对落后的予以批评惩戒，以此推动我区教育改革工作健康、快速、持续发展。

主题词：教育　改革　决定

中共安阳市殷都区委办公室 2010 年 3 月 9 日印发

（共印 500 份）

关于申请成立中国教育学会小学教育专业委员会全国小学师资培训殷都基地的报告

中国教育学会小学教育专业委员会：

殷都区是河南省安阳市工业、金融、文化的汇聚地，是工业强区，文化大区。世界文化遗产甲骨文的发源地——殷墟就在殷都境内。

近年来，殷都区委、区政府对教育工作高度重视，真正把教育摆在优先发展的战略地位。全区中小学办学条件极大改善，教育教学质量明显提升，素质教育进一步强力推进，率先在全市乃至全省范围内实现了城乡教育一体化。

我区的教育改革和快速发展备受省市领导的重视，并引起了中央电视台、中国教育报等新闻媒体的高度关注。目前，我区教育已由平原期走向高原期，正朝着内涵式发展的道路前进。

河南是全国人口大省又是基础教育的大省，安阳不仅是豫北名城而又处于河南、河北、山东、山西四省交界的中心，如果把我国小学具有权威性的师资培训基地建在中华民族文化发祥地殷墟故里和具有当代红旗渠精神的安阳殷都，不仅对安阳而且对河南乃至全国小学校长、小学教师的培养和提高必将会产生积极的影响并带来一定的社会效益和经济效益。因此，创建全国小学师资培训殷都基地是必要的、可行的、有益的。

殷都区政府十分重视全国小学师资培训殷都基地的创建，专门成立了“全国小学师资培训安阳殷都基地”领导小组，政府副区长、教体局局长陈贵臣亲自担任组长，教体局党工委书记常迎花担任副组长。成立了“培训基地管理机构”，机构成员由一支精干的胜任教学管理工作的人员组成，负责组织实施工作，并配备专职人员从事培训教育管理工作，工作职责明确。初步建立了工作制度、班级管理制度、奖惩制度、实践考察管理制度、综合考核考评制度等相关制度。培训收费按主管部门的有关规定执行，以提高校长和教师的综合能力和素质为目的，不以营利为目的。

培训基地设在安阳外国语小学，学校占地53亩，建筑面积9000多平方米，是安阳市西部规模最大的小学。校园布局合理，环境优美。有现代化的多媒体学术报告厅、语音教室、计算机教室、图书室、舞蹈厅等12个功能室和教师宿舍、师生餐厅、班车等服务场所和设施。学校修建有标准的体育活动场地，铺设有200米标准塑胶跑道。教室、办公室配备有电脑，夏有空调，冬有暖气，办学条件优越舒适，硬件设施在安阳市的小学中独一无二。培训基地能够保证学员们的学习、生活、休息等条件。

殷都区教育在区域发展上具有典型性，培训基地各方面条件都已具备，诚意申请成为中国教育学会小学教育专业委员会小学师资培训殷都基地。

望批准！

河南省安阳市殷都区教育体育局

2007年6月10日

关于成立国家级科研课题
《少年儿童主体多元发展实验研究》课题组的通知

般教发〔2007〕66 号

机关各股室、教研室，区属各中小学、幼儿园：

2007 年 7 月 13 日，我区正式成为中国教育学会全国教育改革实验区，并确定以国家级科研课题《少年儿童主体多元发展实验研究》为实验课题，通过理论研究和实践探索，全面实施素质教育。为此，殷都区教育体育局研究决定，成立国家级科研课题《少年儿童主体多元发展实验研究》课题组，以课题组形式开展研究工作，对《少年儿童主体多元发展实验研究》课题进行集中攻关，组成人员如下：

组　长：姚文俊

副组长：罗　杰　张宏敏　张士锋　张继昌　张如伟

成　员：李银旺　赵海燕　陈合芹　陈春玲　张素峰　白艳红
　　　　王志红　李艳红　黄晓娟　李继红　李延生

课题组下设办公室，办公室主任由李银旺兼任。

安阳市殷都区教育体育局

2007 年 10 月 31 日

殷都区教育体育局
关于成立殷都区教科培中心的通知

般教发〔2009〕44 号

区属各中小学、幼儿园、机关各股室：

为实现教研、科研和培训一体化，节约人、财、物，使三个部门在创建国家教改实验区中发挥更大的功能，现成立“殷都区教科培中心”。

殷都区教科培中心实行区教体局教研室、教科所、培训中心三块牌子一套班子的管理模式。根据工作需要，设置4个内设机构：办公室、教研室、教科所、培训中心。

殷都区教科培中心隶属殷都区教育体育局，副科级单位。

殷都区教育体育局

2009年8月11日

殷都区教育体育局
关于印发《“少年儿童主体多元发展实验研究”由点到线再到面实施方案》及《“少年儿童主体多元发展实验研究”“五个一”课题指南》的通知

殷教发〔2009〕18号

区属各中小学、幼儿园：

中国教育学会殷都教改实验区“少年儿童主体多元发展实验研究”课题经过一年来的实验研究，取得了阶段性成果。经殷都区教育体育局研究决定，将该课题的实验研究在殷都区教育系统内全面铺开。现将《“少年儿童主体多元发展实验研究”由点到线再到面实施方案》及《“少年儿童主体多元发展实验研究”五个一小课题指南》印发给你们，望遵照执行。

附：

1. “少年儿童主体多元发展实验研究”由点到线再到面实施方案（承前省略）

2. “少年儿童主体多元发展实验研究”“五个一”课题指南（承前省略）

2009年3月5日

关于殷都区主体多元发展性教学系统立项课题的通知

区属各中小学：

殷都区主体多元发展性教学系统实验研究课题的评审立项工作已经基本就绪。教科所针对我区申报的 154 个课题组织专家评审委员会，进行了严格的初评、复评，最终确立了 8 个规划课题，31 个重点课题，75 个一般课题，20 个小课题。望各中小学迅速开题研究，并将开题报告和开题会具体时间及时报送教科所，以便统筹安排。

殷都区教育科学研究所

2010 年 11 月 3 日

附：

主体多元发展性教学系统课题立项表

序号	课题名称	单位	负责人	课题编号
规划课题(8 个)				
1	主体多元高效课堂理念下的学校文化研究	安阳外国语小学	张士锋　刘艳丽	[2010]－jks－gh01
2	关于主体多元双向五环基本教学模式校本化的研究	殷都实验中学殷实中	杜晓波　李继红	[2010]－jks－gh02
3	如何加强教学常规管理的实践与研究	殷都实验小学	赵验军　白艳红	[2010]－jks－gh03
4	主体多元教育下优化校本课程促进学生自主发展的研究	安阳外国语中学	张海滨	[2010]－jks－gh04
5	主体多元高效课堂中学生创新精神与品质的培养的实践研究	铁西路小学	原绿色　杨　娟	[2010]－jks－gh05
6	殷都区“主体多元无分数考核评价”实施策略	段邵村小学	张素峰　史长生	[2010]－jks－gh06
7	关于主体多元双向五环基本教学模式学科特色的研究	铁佛寺小学	贾向阳　刘爱先	[2010]－jks－gh07
8	关于高效课堂“堂堂清”的实验研究	钢二路小学	唐有刚　张瑞娟	[2010]－jks－gh08

序号	课题名称	单位	负责人	课题编号
重点课题(31 个)				
1	主体多元高效课堂背景下小学语文导学案编制与使用——三年级语文导学案落实知识与技能目标的研究	教研室	赵继红	[2010]－jks－zd01
2	主体多元高效课堂背景下小学语文导学案编制与使用——五年级语文导学案落实知识与技能目标的研究	教研室	侯瑞玲	[2010]－jks－zd02
3	主体多元高效课堂背景下小学语文导学案编制与使用——六年级语文导学案落实知识与技能目标的研究	教研室	赵海燕	[2010]－jks－zd03
4	主体多元高效课堂背景下小学语文导学案编制与使用——四年级语文导学案落实知识与技能目标的研究	教研室	杨常青	[2010]－jks－zd04
5	高效课堂背景下的写作教学研究	教研室	刘敏杰	[2010]－jks－zd05
6	主体多元高效课堂背景下学生学习动力的研究	培训中心	燕　晖	[2010]－jks－zd06
7	主体多元“双向五环”小学英语教学模式的研究	教研室	王会臣	[2010]－jks－zd07
8	关于学生自主学习动力的研究	梅东路小学	陈　颜	[2010]－jks－zd08
9	关于高效合作学习特征的研究	殷都外国语中学	马伟霞　李文峰	[2010]－jks－zd09
10	关于导学案“导学性”的实践研究	殷都实验中学	张爱红　郭华君	[2010]－jks－zd10
11	主体多元高效课堂背景下的班级文化建设研究	殷都实验中学	刘萍华　李景丽	[2010]－jks－zd11
12	在高效课堂背景下如何培养小学生自学能力	殷都北蒙小学	王春锋　杜新庆	[2010]－jks－zd12
13	主体多元“双向五环”基本教学模式数学学科特色	铁佛寺小学	段爱红　郭慧平	[2010]－jks－zd13
14	组员之间合作与竞争的研究	钢二路小学	唐有刚　吕　莉	[2010]－jks－zd14
15	关于小组长培养方法与策略的研究	钢二路小学	唐有刚　邢丁未	[2010]－jks－zd15

序号	课题名称	单位	负责人	课题编号
16	关于促进学生高效学习的评价方式的实践研究	殷都育才中学	杜艳红　常　玮	[2010]—jks—zd16
17	主体多元高效课堂中黑板的作用与高效使用	殷都育才中学	齐红霞　李　静	[2010]—jks—zd17
18	高效课堂背景下低年级小组合作研究	梅东路小学	黄晓娟	[2010]—jks—zd18
19	关于促进学生高效学习的评价方式的实践研究	梅东路小学	王　艳	[2010]—jks—zd19
20	关于促进学生英语高效学习评价方式的实践研究	钢城小学	余传云　王　磊	[2010]—jks—zd20
21	科学有效的预习与自学方法的研究	安阳外国语小学	刘艳丽　程普峰	[2010]—jks—zd21
22	关于发挥小组内对子作用的实践研究	安阳外国语小学	赵淑英	[2010]—jks—zd22
23	关于高效课堂“堂堂清”的实践研究	安阳外国语小学	魏中秀　宋金涛	[2010]—jks—zd23
24	开发小组长领导潜能的实践研究	安阳外国语小学	邵秀峰　吕文霞	[2010]—jks—zd24
25	高效课堂建设中二年级语文预习有效性研究	殷都实验小学	田玉娟	[2010]—jks—zd25
26	关于高效课堂小组文化建设的研究	殷都实验小学	孙　巍	[2010]—jks—zd26
27	科学有效的预习与自学方法的研究	殷都实验小学	杨馥琴　赵燕玲	[2010]—jks—zd27
28	主体多元高效课堂“双向五环”教学模式下学生语文预习习惯的培养	钢三路小学	岳　键	[2010]—jks—zd28
29	主体多元背景下“自主探究快乐体验展示自我”高效美术教学模式建构和应用的研究	教研室	王爱玲	[2010]—jks—zd29
30	构建具有学科特色的主体多元“双向五环”教学模式的研究	安阳外国语小学	和志君	[2010]—jks—zd30
31	关于中段学生科学有效的预习与自学方法的研究	殷都实验中学	孙艳芬　史丽敏	[2010]—jks—zd31
一般课题(75 个)				
1	殷都区主体多元高效课堂背景下的学生评价研究	小屯小学	骈俊玲　王　艳	[2010]—jks—yb001
2	关于高效课堂“单元清”的实践研究	高楼庄小学	张　勇	[2010]—jks—yb002

序号	课题名称	单位	负责人	课题编号
3	关于提高在校生时间效率的研究	殷都实验中学	韩志强	[2010]—jks—yb003
4	小学生全面发展与个性特长培养的研究	殷都实验小学	赵验军　刘雪娇	[2010]—jks—yb004
5	高效课堂背景下学生行为习惯的研究	焦邵村小学	杜　雪	[2010]—jks—yb005
6	关于高效课堂“堂堂清”的实践研究	高楼庄小学	张　勇	[2010]—jks—yb006
7	小学低年级养成教育的研究	钢三路小学	王　飞	[2010]—jks—yb007
8	关于学生自主学习动力的研究	殷都外国语中学	牛　敏	[2010]—jks—yb008
9	小组展示策略与激发学生学习兴趣的研究	殷都实验小学	郜欣丽　王　莉	[2010]—jks—yb009
10	关于主体多元双向五环教学模式体育学科特色的研究	铁佛寺小学	李　华　和　宝	[2010]—jks—yb010
11	关于主体多元高效课堂“导”“学”关系的研究	殷都育才中学	张志豪　杨运清	[2010]—jks—yb011
12	主体多元教育校本课程的研制与编写的研究	殷都实验小学	马　娟　史素芬	[2010]—jks—yb012
13	关于学生有效合作学习方法的研究	殷都实验小学	杜海红　田　苗	[2010]—jks—yb013
14	关于主体多元“双向五环”小学英语教学模式学科特色的研究	铁佛寺小学	杜　岩　黄亚琳	[2010]—jks—yb014
15	小学低年级绘画创作教学研究	铁佛寺小学	骈清霞　杜丹丹	[2010]—jks—yb015
16	主体多元教育背景下小学语文单元整体教学研究	殷都洹滨小学	张忠芳　索彩霞	[2010]—jks—yb016
17	高效课堂背景下一年级学生纪律性研究	殷都实验小学	李保丽　李卫红	[2010]—jks—yb017
18	培养低年级学生良好作业习惯的研究	铁佛寺小学	戚俊英　黄雪芹	[2010]—jks—yb018
19	高效课堂背景下低年级学生纪律性研究	小屯小学	闫永红　王爱萍	[2010]—jks—yb019
20	高效课堂背景下的数学课堂小组合作研究	铁佛寺小学	王　瑜　史利娜	[2010]—jks—yb020
21	大班额合作学习高效性的研究	殷都实验小学	孙　慧　利康霞	[2010]—jks—yb021
22	小学生自主养成良好习惯课题研究	殷都实验小学	张　颖　王　芳	[2010]—jks—yb022

序号	课题名称	单位	负责人	课题编号
23	导学案编写	殷都实验小学	田　菲	[2010]—jks—yb023
24	主体多元高效课堂"双向五环"教学模式下学生自主探究能力的培养	钢三路小学	李　丽	[2010]—jks—yb024
25	主体多元高效课堂"双向五环"教学模式下学生有效展示的探究	钢三路小学	马海燕	[2010]—jks—yb025
26	主体多元发展性教学中美术生活化教学的研究	钢二路小学	马媛媛	[2010]—jks—yb026
27	中小学体育教学中自主教育的实验研究	殷都外国语中学小学部	董利超　张华波	[2010]—jks—yb027
28	高效课堂背景下学生行为习惯的研究	小屯小学	宋　丹　尚珂冶	[2010]—jks—yb028
29	小学语文课堂教学小组合作学习	铁佛寺小学	郭　爱　宋云飞	[2010]—jks—yb029
30	关于高效课堂达标测评方式与策略的实践研究	钢二路小学	钟　颖	[2010]—jks—yb030
31	关于学生高效合作学习途径与方法的研究	小屯小学	贾　丽　王　波	[2010]—jks—yb031
32	高效课堂背景下小学数学教学中学生审题能力的培养	铁佛寺小学	陈艳娥　王　叶	[2010]—jks—yb032
33	小学数学有效预习的研究	殷都北蒙小学	张志明	[2010]—jks—yb033
34	主体多元高效课堂"双向五环"教学模式下小学生语文学习习惯的培养	钢三路小学	李延生	[2010]—jks—yb034
35	如何加强教学常规管理的实践与研究	钢城小学	徐保周　魏天义	[2010]—jks—yb035
36	关于优化学生倾听行为习惯的研究	钢城小学	徐保周　杨运波	[2010]—jks—yb036
37	导学案编写与研究	梅东路小学	朱凌丽	[2010]—jks—yb037
38	关于小组长培养方法与策略的研究	殷都育才中学	杜卫华	[2010]—jks—yb038
39	主体多元高效课堂"导"与"学"关系的研究	纱厂路小学	陈春玲　王新国	[2010]—jks—yb039
40	数学教学过程中如何指导中年级学生课前预习	铁佛寺小学	孙园园　张玉丹	[2010]—jks—yb040
41	小学高年级语文阅读教学的读写结合研究	铁佛寺小学	董喜娟　索彩香	[2010]—jks—yb041
42	关于小组组织建设的研究	殷都北蒙小学	张志明　王卫臣	[2010]—jks—yb042

序号	课题名称	单位	负责人	课题编号
43	高效课堂背景下学生学习习惯的研究与探索	铁西路小学	牛荣芹	[2010]—jks—yb043
44	关于以写作社团促进教师写好反思的实践研究	殷都北蒙小学	孙志勇　杜新庆	[2010]—jks—yb044
45	关于高效课堂达标测评方式与策略的实践研究	殷都实验中学	骈向丽	[2010]—jks—yb045
46	小学数学导学案编制有效性的研究	教研室	程丽华	[2010]—jks—yb046
47	科学有效的预习与自学方法的研究	外国语中学	程验军　马文国	[2010]—jks—yb047
48	高效课堂背景下学生行为习惯的研究	殷都育才中学	魏艳芬	[2010]—jks—yb048
49	科学有效的预习与自学方法的研究	殷都育才中学	卢福娣	[2010]—jks—yb049
50	大班额小组合作学习高效性的研究	钢二路小学	程红利	[2010]—jks—yb050
51	小学英语导学案编制的有效性研究	教研室	李　莎	[2010]—jks—yb051
52	主体多元背景下“玩味多元素”高效音乐教学模式的建构与应用的研究	教研室	杨　静	[2010]—jks—yb052
53	优化中学英语课堂教学模式提高课堂教学效果	教研室	王宏伟	[2010]—jks—yb053
54	高效课堂背景下一年级学生课堂行为研究	安阳外国语小学	王艳霞　卫军燕	[2010]—jks—yb054
55	关于学生自主学习动力的研究	安阳外国语小学	张炜部　麦　芹	[2010]—jks—yb055
56	大课间的初步探索——花样跳绳	安阳外国语小学	侯树成	[2010]—jks—yb056
57	主体多元高效课堂小学数学课堂的小组建设与小组合作学习的有效性研究	教研室	郭俊清	[2010]—jks—yb057
58	关于学生有效交流方法与保障机制的研究	教研室	李俊玲	[2010]—jks—yb058
59	主体多元背景下低年级小组长培养方法与策略的研究	殷都洹滨小学	赵云芬	[2010]—jks—yb059
60	高效课堂背景下学生行为习惯的研究	梅东路小学	王桂玲	[2010]—jks—yb060

序号	课题名称	单位	负责人	课题编号
61	小学数学小组合作学习的有效性研究	教研室	白领娣	[2010]—jks—yb061
62	双向“五环”模式下的初中数学分层教学	教研室	周继红	[2010]—jks—yb062
63	高效课堂下的当堂达标检测如何完成	教研室	韩晓红	[2010]—jks—yb063
64	高效课堂背景下低年级小组合作研究	安阳外国语小学	梁书霞　赵俊英	[2010]—jks—yb064
65	高效课堂背景下学生行为习惯的研究	安阳外国语小学	郭丽君　郭彦斌	[2010]—jks—yb065
66	大班额情况下导学案使用与批阅的研究	铁西路小学	孙爱芬	[2010]—jks—yb066
67	科学有效的预习与自学方法的研究	铁西路小学	王　叙	[2010]—jks—yb067
68	高效课堂背景下小学生语文学习习惯的研究	殷都外国语中学小学部	牛海霞	[2010]—jks—yb068
69	多样化的英语评价	小屯小学	李　洁　王晓芬	[2010]—jks—yb069
70	物理学科有效自主学习“导学性”材料编制的实践研究	殷都外国语中学	李艳军	[2010]—jks—yb070
71	殷都区高效课堂下的教师成长档案	小屯小学	骈俊玲　李爱红	[2010]—jks—yb071
72	主体多元高效课堂双向五环教学模式下小学生语文有效合作学习习惯的培养	钢三路小学	刘志霞	[2010]—jks—yb072
73	主体多元双向五环音乐教学中学生欣赏能力的培养	铁佛寺小学	徐　静　许　娟	[2010]—jks—yb073
74	关于主体多元双向五环教学模式语文学科特色的研究	铁佛寺小学	郑秋霞　王丽芳	[2010]—jks—yb074
75	主体多元高效课堂背景下小学科学考核与评价的研究	教研室	刘芳	[2010]—jks—yb075
小课题(20)				
1	关于学生自主学习动力的研究	殷都外国语中学小学部	霍云丽	[2010]—jks—x01
2	关于小组长培养方法与策略的研究	殷都外国语中学小学部	马祥	[2010]—jks—x02
3	高效课堂背景下低年级学生行为习惯的研究	殷都外国语中学小学部	李云娟	[2010]—jks—x03

序号	课题名称	单位	负责人	课题编号
4	关于小组长培养方法与策略的研究	殷都外国语中学小学部	朱艳玲	[2010]—jks—x04
5	主体多元教育班级教学形式下的小组教学研究	殷都外国语中学小学部	牛秀娟	[2010]—jks—x05
6	关于高效课堂“堂堂清”的实践研究	殷都外国语中学小学部	张俊霞	[2010]—jks—x06
7	组际之间合作与竞争的研究	殷都外国语中学小学部	王东	[2010]—jks—x07
8	高效课堂背景下学生行为习惯的研究	殷都外国语中学小学部	张新红	[2010]—jks—x08
9	关于学生自主学习动力的研究	殷都外国语中学小学部	王军伟	[2010]—jks—x09
10	关于高效课堂“堂堂清”的实践研究	殷都实验中学	徐会玲　连丽娟	[2010]—jks—x10
11	关于小组组织建设的研究	殷都实验中学	史秀荣	[2010]—jks—x11
12	小组文化建设的研究	殷都实验中学	尹书瑞　范艳茹	[2010]—jks—x12
13	《提高小学生作文实践与评议能力的探索》	北蒙小学	周秀芹　樊树丰	[2010]—jks—x13
14	关于提高在校生时间效率的研究	铁西路小学	王秀荣　裴燕敏	[2010]—jks—x14
15	主体多元背景下小组组织建设的研究	殷都洹滨小学	索化兵	[2010]—jks—x15
16	主体多元高效课堂背景下中年级学生口算能力培养的研究	殷都洹滨小学	刘庆娥	[2010]—jks—x16
17	主体多元背景下小学语文教学中预习策略的研究	殷都洹滨小学	齐艳霞	[2010]—jks—x17
18	音乐教学中双向互动的有效性策略研究	梅东路小学	魏淑芳　杨　静	[2010]—jks—x18
19	主体多元教育背景下拓展性课程的研究	安阳外国语小学	张俊梅	[2010]—jks—x19
20	小学生守时行为习惯的培养	安阳外国语小学	魏俊彦　张　华	[2010]—jks—x20

区教科所关于“十一五”结项课题与表彰优秀科研成果的决定

区属各中小学、幼儿园：

随着素质教育的深入发展，“科研兴校”“科研兴教”已成为我区广大教育工作者的自觉行动。2006 年经区教科所批准立项的 36 项“十一五”规划课题经各实验校的实验研究，取得了一定成绩。经教科所审核鉴定，同意其中 17 项课题结项，确定其中 12 项课题为优秀阶段性科研成果，现予以表彰。希望获奖单位和个人再接再厉，作出表率，积极开展教科研工作，为实现我区教育事业内涵式发展作出贡献。

附：

1. 殷都区“十一五”规划课题结项课题名单
2. 殷都区“十一五”规划课题优秀阶段性科研成果名单

2009 年 6 月 12 日

殷都区“十一五”规划课题 2009 年结项课题名单

1. 单位：安阳外国语小学

课题：《少年儿童主体多元发展实验研究——教师专业化成长规律及途径》

负责人：张士锋　李艳红

2. 单位：安阳市梅东路小学

课题：《少年儿童主体多元发展实验研究——发展性教学系统的构建》

负责人：张如伟　张　勇　黄晓娟

3. 单位：殷都实验中学

课题：《中小学衔接实验研究——学生行为习惯的养成》

负责人：许庆堂　刘巧娟

4. 单位：安阳市钢城小学

课题：《家校协作，培养孩子健康人格的实践与研究》

负责人：杨素娟　王军杰

5. 单位：安阳市钢城小学

课题：《在语文教学中渗透德育》

负责人：魏天义　薛　洁

6. 单位：殷都外国语中学

课题：《自主教育与良好习惯的形成》

负责人：李联合　赵海付

7. 单位：殷都外国语中学

课题：《主体发展、多元智能与低年级语文课堂教学策略研究》

负责人：郭爱芹

8. 单位：殷都外国语中学

课题：《学生自主参与班级管理》

负责人：牛海霞

9. 单位：安阳市钢二路小学

课题：《诵读经典美文营造书香校园》

负责人：唐有刚　王振光

10. 单位：安阳市钢三路小学

课题：《〈弟子规〉教学方法比较研究》

负责人：李延生

11. 单位：安阳市铁佛寺小学

课题：《提高课堂教学实效性，促进教师

专业化成长的研究》

负责人：葛海庆　白艳红

12. 单位：安阳市纱厂路小学

课题：《小学阶段学生基本能力培养的策略性研究》

负责人：陈春玲　王新国

13. 单位：殷都实验小学

课题：《小学生自主学习教学模式与指导策略研究》

负责人：赵验军　孙　巍

14. 单位：殷都北蒙小学

课题：《小学生主体发展与多元智能相融合的课堂教学研究》

负责人：孙志勇杜新庆

15. 单位：安阳市高楼庄小学

课题：《营造书香校园，开展大阅读特色教育》

负责人：田文霞

16. 单位：殷都区区直幼儿园

课题：《借鉴多元智能理论，促进幼儿主体性发展》

负责人：辛　靖　巴永梅

17. 单位：殷都实验中学

课题：《体验式学习与学习兴趣培养的实

验与研究》

负责人：张玉昌

殷都区“十一五”规划课题优秀阶段性科研成果获奖名单

一等奖

安阳外国语小学　《小学生主体多元发展实验研究——教师专业化成长规律及途径》

安阳市梅东路小学　《小学生主体多元发展实验研究——发展性教

学系统的构建》

殷都实验中学　《中小学衔接实验研究——学生行为习惯的养成》

二等奖

殷都外国语中学　《自主教育与良好习惯的形成》

殷都外国语中学　《主体发展、多元智能与低年级语文课堂教学策略研究》

殷都外国语中学　《学生自主参与班级管理》

殷都实验小学　《小学生自主学习教学模式与指导策略研究》

殷都实验中学　《体验式学习与学习兴趣培养的研究与实践》

安阳市钢城小学　《家校协作，培养孩子健康人格的实践与研究》

安阳市钢城小学　《在语文教学中渗透德育》

安阳市钢二路小学《诵读经典美文营造书香校园》

安阳市钢三路小学　《〈弟子规〉教学方法比较研究》

安阳市殷都区教体局关于表彰先进科研单位、先进课题组、先进科研个人的决定

殷教发〔2009〕36号

区属各中小学、幼儿园：

随着素质教育的不断深入发展，校长的办学思想，教师的教育教学观念发生了根本性的变化。“科研兴校”“科研兴教”已成为我区广大教育工作者的自觉行动，并取得了较大成绩。为充分肯定和展示“十一五”期间课题研究取得的阶段性科研成果，现决定对涌现出的安阳外国语小学等3个先进科研单位，殷都外国语中学等12个先进课题组，吴志海等42位先进科研个人予以表彰（名单附后）。希望受表彰的单位和个人再接再厉，做出表率，带动我区教科研工作取得更加丰硕的成果。

附：先进科研单位、先进课题组、先进科研个人名单

2009 年 6 月 12 日

安阳市殷都区教体局先进科研单位、先进课题组、先进科研个人名单

先进科研单位

安阳外国语小学　安阳市梅东路小学　安阳市殷都实验中学

先进课题组

学　校	课题组
安阳外国语小学	《小学生主体多元发展实验研究》课题组
安阳市梅东路小学	《小学生主体多元发展实验研究》课题组
殷都实验中学	《中小学衔接实验研究》课题组
殷都实验中学	《体验式学习与学习兴趣培养的研究与实践》课题组
殷都实验小学	《小学生自主学习教学模式与指导策略研究》课题组
殷都外国语中学	《自主教育与良好习惯的养成》课题组
殷都外国语中学	《主体发展、多元智能与低年级语文课堂教学策略研究》课题组
殷都外国语中学	《学生自主参与班级管理》课题组
安阳市钢城小学	《家校协作，培养孩子健康人格的实践与研究》课题组
安阳市钢城小学	《在语文教学中渗透德育》课题组
安阳市钢二路小学	《诵读经典美文　营造书香校园》课题组
安阳市钢三路小学	《〈弟子规〉教学方法比较研究》课题组

先进科研个人

吴志海　李联合　张彦庆　郝素玲　王军杰　刘丙生　薛　洁

李　丹　崔国庆　张瑞娟　张卫华　陈　颜　庞爱敬　张素平

刘　敏　赵　玲　巴永梅　梁利玲　索文英　樊树丰　赵淑英

和志君　周慧萍　李　莹　吕文霞　张丽华　魏红新　黄晓娟

张　勇　张伟利　徐玉芬　宋红伟　王　艳　张　静　刘巧娟
李景丽　张玉昌　殷贵平　范　瑛　孙燕庆　王红利　郭华君

殷都区首届教学节百课大赛荣誉榜

1. 领军人物（3 人）

姚文俊　金耀林　安士侠

2. 成长中的领军者（7 人）

赵验军　李艳红　唐有刚　张素峰　元文松　杜晓波　赵继红

3. 精品课教师（10 人）

胡俊华　白艳红　崔国庆　张国会　刘爱先　徐玉芬　李　莎
侯彭燕　杨　勇　郭　静

4. 示范课教师（30 人）

冯秀清　王军杰　王　艳　牛　敏　王振光　王　瑜　孙　巍
孙艳芬　李文锋　李艳军　周　洁　侯树成　段海英　殷　慧
秦晓燕　徐文玲　贾文秀　崔文静　魏中秀　魏淑芳　李　莎
侯彭燕　杨　勇　郭　静　胡俊华　白艳红　崔国庆　张国会
刘爱先　徐玉芬

5. 优质课教师（100 人）

朱秀敏　杨　娟　张熙洲　庞爱敬　张　莹　李凤茹　杜庆军
梁丽玲　周庆云　张艳梅　王启明　温新玲　郭素芳　肖艳青
王秀荣　孙爱芬　赵艳芳　马庆华　王新国　李　平　张伟利
李　洁　王桂玲　牛苗苗　王　叶　陈艳娥　张俊淑　宋利娜
杜　岩　王艳明　张卫华　裴晶晶　洪艳萍　冯菊红　谷　芳
马媛媛　刘艳丽　郭丽君　侯君如　申　娜　范艳华　张忠芳
张志明　樊树丰　杜新庆　范　瑛　牛荣芳　骈向丽　牛利芬
刘巧娟　张爱红　齐红霞　牛海霞　张彦庆　张艳华　范慧丽

范先玲　杜艳红　赵海燕　侯瑞玲　杨常青　白玲娣　王爱玲
王会臣　程丽华　杨　静　刘　芳　韩晓红　王宏伟　罗　杰
刘爱先　徐玉芬　冯秀清　王军杰　王　艳　牛　敏　王振光
王　瑜　孙　巍　孙艳芬　李文锋　李艳军　周　洁　侯树成
段海英　殷　慧　秦晓燕　徐文玲　贾文秀　崔文静　魏中秀
魏淑芳　李　莎　侯彭燕　杨　勇　郭　静　胡俊华　白艳红
崔国庆　张国会

6. 最佳的我（10 人）

郭玥昕　石宜鑫　吕紫怡　牛浩远　丁晨曦　樊佳佳　牛梦瑶
牛攀科　王艺培　宋幕午

7. 优秀小组长（87 人）

李岩聪　周哲涵　陈乐凡　郭欣洁　李煜宸　刘　洁　朱珂丹
李雅欣　张雅琴　韩　锐　索安娜　王心宜　王子岩　史雨珂
钟一平　王梦阳　王俊茜　张乐瑶　付东雨　丁一帆　马晨晨
陈　琛　蒋旭颖　汪奕文　张舒怡　侯冰函　任珂含　李骄阳
张雨欣　元　铭　牛蕙砉　杜小佩　冯茂林　李张瑞　杨芷晴
王一明　王梦莹　马祥宇　焦雨茵　刘思涵　耿皓楠　张思艺
王子楠　马佩瑶　李思瑶　高　畅　孙洋洋　魏阳阳　张珂欣
骈丹丹　姚　蒙　孟新海　刘明怡　李嘉慧　戚坤伟　包怡澜
段雪纯　刘贝贝　段雪培　贾锦锦　张　悦　董焕焕　赵现乐
李　昕　孙佳佳　侯　龙　刘蔓蔓　吴莎莎　张　敏　李园月
牛彩琪　史佳煊　范慧娟　范雪婧　申壹瑄　王懋恒　王若曦
张静宇　林仕举　董欣玮　张语歌　张乃文　王俞宁　李泽辉
吴　洁　魏梦迪　张锐佳

教育发现书系隆重推出

类　别	书　名	作　者
高效课堂篇	善待杜郎口——李镇西教学随笔	李镇西 著
	教育即道德	田保华 著
	杜郎口“旋风”（修订版）	李炳亭 著
	高效课堂22条	李炳亭 著
	高效课堂九大“教学范式”	李炳亭 著
	我给传统课堂打0分	李炳亭 著
	课改立场：一个区域教育的实践样本	李炳亭 褚清源 张志博 著
	高效课堂导学案设计	张海晨 李炳亭 著
	问道课堂：高效课堂理念与方法的26个追问	李炳亭 褚清源 著
	发现高效课堂密码	于春祥 著
	中国当代课改档案	李炳亭 洪湖 著
学校管理篇	发现班主任智慧：追求充满人性的教育	郭文红 著
	班级问题诊断	高影 编
	治班有招	高影 编
	治班有道	高影 编
	问题学生诊断	高影 编
	学校管理智慧：教师成长	吴盈盈 编
	学校管理智慧：管的艺术	吴盈盈 编
	学校管理智慧：找到学校的魂	吴盈盈 编
	学校管理智慧：校长成长	吴盈盈 编
	学校智道	褚清源 著
	校长之道	姚文俊 著
教师成长篇	蒋自立与自我教育	蒋自立 著
	李平老师讲语文	李平 著
	做幸福的老师	翟幸福 主编
	使人成为人	司家栋等 著
	课堂问题与争鸣	叶飞 编
	教师成长密码	叶飞 编
	问道中国教育：仰望教育的天空	雷振海 李炳亭 编
	问道中国教育：撬动教育的支点	雷振海 李炳亭 编
	问道中国教育：追寻教育的幸福	雷振海 李炳亭 编
	问道中国教育：改变教育的思维	雷振海 李炳亭 编
	问道中国教育：追溯教育的原点	雷振海 李炳亭 编
区域课改之殷都样板	殷都样板：小学低年级导学案点评	姚文俊 金耀林 主编
	殷都样板：小学英语导学案点评（3—6年级）	姚文俊 金耀林 主编
	殷都样板：小学数学导学案点评（3—6年级）	姚文俊 金耀林 主编
	殷都样板：小学语文导学案点评（3—6年级）	姚文俊 金耀林 主编
	殷都样板：中学导学案点评	姚文俊 金耀林 主编
	为了学生的学	姚文俊 金耀林 主编
	分数大变脸	姚文俊 金耀林 主编
	做智慧教师	姚文俊 金耀林 主编
	模式就是生产力	姚文俊 金耀林 主编
	“主体多元”在殷都	姚文俊 金耀林 主编

地 址：山东省济南市英雄山路189号山东文艺出版社
购书热线：0531—82098775
投稿热线：0531—82098789
邮 编：250002
投稿信箱：jiaoyufaxian@126.com
读者交流QQ群：69362448